本专著得到河南省重点研发与推广专项项目（项目编号：202102310623）资助

乡村振兴视角下
产业融合理论与实践研究

XIANGCUNZHENXING SHIJIAOXIA
CHANYERONGHE LILUN YU SHIJIAN YANJIU

靳晓婷◎著

中国经济出版社
CHINA ECONOMIC PUBLISHING HOUSE
·北京·

图书在版编目（CIP）数据

乡村振兴视角下产业融合理论与实践研究／靳晓婷著. --北京：中国经济出版社，2020.9

ISBN 978-7-5136-6330-4

Ⅰ.①乡… Ⅱ.①靳… Ⅲ.①农业产业-产业发展-研究-中国 Ⅳ.①F323

中国版本图书馆 CIP 数据核字（2020）第 174166 号

责任编辑 姜静
责任印制 马小宾
封面设计 任燕飞装帧设计工作室

出版发行 中国经济出版社
印 刷 者 北京建宏印刷有限公司
经 销 者 各地新华书店
开　　本 710mm×1000mm 1/16
印　　张 15.5
字　　数 221 千字
版　　次 2020 年 9 月第 1 版
印　　次 2020 年 9 月第 1 次
定　　价 68.00 元
广告经营许可证 京西工商广字第 8179 号

中国经济出版社 **网址** www.economyph.com **社址** 北京市东城区安定门外大街 58 号 **邮编** 100011

本版图书如存在印装质量问题，请与本社销售中心联系调换（联系电话：010-57512564）

前　言

党的十九大报告开启了中国特色社会主义进入新时代的篇章，拉开了实施乡村振兴战略的新帷幕。实施乡村振兴战略，是党中央着眼于社会主义现代化事业全局作出的重大战略部署，是决胜全面建成小康社会、全面建设社会主义现代化国家的重大历史任务，是新时代做好“三农”工作的总抓手。乡村振兴战略的总要求是“产业兴旺、生态宜居、乡风文明、治理有效、生活富裕”，从整体部署总要求看，产业兴旺是实施乡村振兴战略的基础和根基，只有乡村产业兴旺了，实现农业强、农村美、农民富才有扎实的经济基础。党和国家高度重视“三农”问题，也出台了各种支农惠农政策，近些年农业农村发展成效明显，但是乡村产业发展还存在农业生产质量不高、农产品竞争力弱、组织化程度低等问题，要实现农业高质量发展和农业现代化，产业融合发展是根本路径。

2015 年，国务院办公厅发布了《关于推进农村一二三产业融合发展的指导意见》（国办发〔2015〕93 号），对乡村产业融合作出了具体部署。该文件初步构建了支持乡村产业融合发展的政策框架和行动指南，全国各地广大农村地区纷纷探索实践产业融合。本书内容基于产业经济学研究理论视角，梳理产业融合相关理论，从历史发展视角梳理我国关于农业农村的政策演变及其逻辑，剖析乡村产业融合实践基础和实践发展演变过程，深刻阐述产业融合对于乡村振兴的重要意义。此外，本书内容还基于实践视角，通过作者对多地产业融合实践的调研，在调查我国产业融合现状基础上，基于实践案例调查，归纳和梳理了产业融合的主要模式，探索构建了产业融合评价指标体系，给出了基于层次分析法的农村资源型文化产业竞争力评价模型，并提出了推动产业融合深化发展的对策。本书对于目前深化乡村振兴和产业融合的理论研究，客观反映我国产业融合现状，明晰我国产业融合存在的问题和制约因素，找到产业融合发展的可行性对策，制定产业融合和乡村振兴发展规划具有理论参考意义和借鉴价值。

作者

2020 年 6 月

目　录

第一章　乡村产业融合的理论基础与内涵 …………………………… 1

第一节　乡村产业融合的理论基础 ………………………………… 2

第二节　乡村产业融合的内涵 …………………………………… 10

第二章　乡村振兴战略与产业融合的关系辨析 ……………………… 19

第一节　乡村振兴的现实意义和总体要求 ………………………… 20

第二节　乡村振兴的首要目标是产业兴旺 ………………………… 25

第三节　产业融合是实现乡村产业兴旺的基本路径 ………………… 28

第四节　产业融合发展是乡村产业兴旺的必由之路 ………………… 33

第三章　乡村产业融合发展的相关环境分析 ………………………… 39

第一节　政策环境分析 ………………………………………… 40

第二节　经济环境分析 ………………………………………… 46

第三节　技术环境分析 ………………………………………… 49

第四章　乡村产业融合发展的政策演变与实践 ……………………… 53

第一节　我国乡村产业化发展政策演变及实践 ……………………… 54

第二节　中国乡村产业融合发展的政策演变及实践 ………………… 59

第五章　国外乡村振兴及产业融合的经验 …………………………… 71

第一节　美国乡村经济的演变及振兴经验 ………………………… 72

第二节　英国的乡村产业发展政策及经验 …………………………… 76
第三节　德国乡村的衰落问题及振兴经验 …………………………… 84
第四节　日韩的乡村产业融合发展经验 ……………………………… 90

第六章　乡村产业融合的动因及经济效应分析 ………………… 103
第一节　乡村产业融合的动因分析 ………………………………… 104
第二节　乡村产业融合对乡村振兴的经济效应分析 ……………… 124

第七章　中国乡村产业融合的现状与问题分析 ………………… 133
第一节　中国乡村产业融合发展现状 ……………………………… 134
第二节　乡村产业融合发展中存在的问题 ………………………… 143
第三节　乡村产业融合发展中的制约因素 ………………………… 148
第四节　“互联网+”新技术对乡村产业融合的制约 ……………… 152

第八章　乡村产业融合的模式与测度 …………………………… 159
第一节　乡村产业融合模式的理论 ………………………………… 160
第二节　乡村产业融合模式与案例 ………………………………… 162
第三节　构建乡村产业融合评价指标 ……………………………… 175
第四节　基于 AHP 的农村资源型文化产业竞争力评价 …………… 182

第九章　以产业融合推动我国乡村振兴的策略 ………………… 193
第一节　疫情危机警示需守住“三农”基本盘 ……………………… 194
第二节　坚持农业农村优先发展 …………………………………… 195
第三节　借鉴美国工农协调发展模式，构建基于城乡共生的产业融合模式 ……………………………………………………………… 202
第四节　借鉴英国注重自然人文保护发展模式，依靠“绿水青山”建设中国“美丽乡村” ……………………………………………… 205

第五节　借鉴德国逆城市化建设模式，实现中国“小村庄、大战略”发展 …………………………………………………………………… 209
第六节　多模式推进中国的乡村产业融合 ………………………………… 211
第七节　加快数字乡村建设　助力“互联网+农业”发展 ………… 218
第八节　完善乡村产业融合的政策保障和公共服务体系 ………… 222

参考文献 ………………………………………………………………………… 228

重要学术术语索引 …………………………………………………………… 236

第一章

乡村产业融合的理论基础与内涵

第一节　乡村产业融合的理论基础

一、交易成本理论

交易成本理论[1]（Transaction Cost Theory）是由诺贝尔经济学奖得主罗纳德·哈里·科斯（Coase，Ronald H）于1937年提出的。交易成本理论又称交易费用，是用比较制度分析方法研究经济组织制度的理论。科斯认为，交易成本是获得准确市场信息所需要的费用，以及谈判和经常性契约的费用，交易成本通常是由信息搜集成本、谈判成本、缔约成本、监督履约成本等构成。交易成本理论的根本观点是用交易费用理论解释企业的性质。科斯在《企业的性质》一书中认为，交易成本是通过市场价格机制组织产生的、最明显的成本，也就是完成交易的成本，并认为交易成本是市场上发生的每笔交易的谈判费用、签约费用及监督合同履行的费用。科斯认为，企业和市场是两种可以相互替代的资源配置方式，有限理性、机会主义、不确定性使得市场交易费用较大；为节约交易费用，企业作为代替市场的资源配置方式应运而生，通过市场完成的交易成本相对偏高，而形成企业组织，可以通过企业内部配置资源，实现节约交易成本的目的。

科斯提出交易成本的概念，诺贝尔经济学奖获得者威廉姆森则将交易成本理论系统化。威廉姆森开创了交易成本经济学理论，并成为新制度经济学的创始人。威廉姆森的交易成本理论以经济组织为研究对象，将市场经济条件下人们之间的各种交互活动看作经济交易，以交易为基本分析单位。他广泛考察和研究了资本主义的各种主要经济制度，并开创性地把交易成本的理论应用到各种经济制度的比较和分析中，建立了一个全新的研究视角和体系。威廉姆森在1985年出版了《资本主义经济制度》一书，书中以交易为基本单位，以合同为研究对象，研究制度的效率和经济的效率。该书已成为经济学的经典名著，影响经久不衰。由于交易成本的存在，经济交易是稀缺的，进行科学的交易选择安排，实现节约交易成本，进而优化资源配置是经济学研究的核心问题。本书研究乡村产业融合发展，产业融合是节约交易成本的产业创新，农村第一、第二、第三产业融合是通过产业间的资源重组和优化配置，实现产业附加值的提升和农民收入的增长，最终实现产业兴旺。

在基于交易成本理论的产业融合研究方面，梁伟军[2]从交易成本理论视角，对现代乡村产业融合发展机制进行了研究。常耀中[3]从交易成本理论视角，辩论了林毅夫和张维迎之间的产业政策。吴悦、周晓冬[4]等人以新疆库尔勒香梨合作社为例，对基于交易成本理论的果品产业合作社规模优化问题进行了研究。

二、产业链理论

产业链（Industrial Chain）是产业经济学中的一个概念，是各个产业部门之间基于一定技术的经济关联，并依据特定的逻辑关系和时空布局关系客观形成的链条式关联关系形态。产业链是一个包含价值链、企业链、供需链和空间链四个维度的概念。这四个维度在相互对接的均衡过程中形成了产业链，这种“对接机制”是产业链形成的内模式，作为一种客观规律，它像一只“无形之手”调控产业链的形成。产业链的特征包含产业层次、产业关联程度、资源加工深度和满足需求程度等。

在西方研究文献中，与“产业链”相关的概念是“产业关联效应”“供应链”和“价值链”等概念。1958 年赫希曼在《经济发展战略》一书中提出产业关联效应理论，并利用产业关联效应理论论述了产业的链条关系及相关概念，后来逐渐表述为产业链。供应链是基于经济全球化和知识经济时代的到来，企业整合外部资源快速响应市场需求，形成一条贯穿供应商—制造商—经销商—分销商的链条，相邻企业之间表现出一种需求与供给的关系。价值链是由迈克尔·波特提出的，他认为，“每个企业都是在设计、生产、销售、发送和辅助其产品的过程中进行种种活动的集合体”，每个环节都是一个价值创造过程，所有活动可以用价值链表示出来。企业的价值创造是通过一系列活动构成的，这些活动可分为基本活动和辅助活动两类，基本活动包括内部后勤、生产作业、外部后勤、市场和销售、服务等；辅助活动包括采购、技术开发、人力资源管理和企业基础设施等。这些相互分工又相互关联的生产经营活动，构成了一个价值创造的动态过程，即价值链。产业链形成的原因在于创造，产业链是产业价值实现和增值的根本途径。

产业链分为接通产业链和延伸产业链，接通产业链是指将一定地域空间范围内间断的产业部门借助某种产业合作形式联结起来；延伸产业链则是将一条原有的产业链尽可能地向上游或下游拓展延深，产业链向上游延伸一般使得产业链联结到基础产业环节和技术研发环节，向下游延伸则进入到市场拓展环节和营销环节。产业链的实质就是产业内不同企业之间的关联关系，而这种产业关联关系的实质则是产业内的企业之间的供求关系所决定的。本书研究的乡村产业融合发展就是通过延伸乡村产业链，降低交易成本，提高生产效率，实现乡村产业价值链的增值和利润的增长。

在中国经济面临产业结构升级的背景下，产业链在促进企业发展、提升产业竞争力、优化产业结构上的作用越来越重要。基于此，肖小虹[5]以产业链为主线，对产业链的内涵、产业链的形成、产业链的构建、产业链的优化与整合理论进行了综述，为我国的产业结构升级和乡村产业融合提供了理论和实践指导。

任何产品的价值只有通过销售和最终消费才能实现，否则所有环节的价值都不能实现。同时，产业链也体现了产业价值的分配，随着产业链的形成和发展，产业价值的分配由在不同企业进行分配转变为在不同产业链节点上进行分配。产业链也是为了创造产业价值最大化，它的本质意义在于实现“1 +1 >2”的价值增值效应。这种增值缘于产业链的乘数效应，也就是说当产业链中的某一个节点的效益发生变化时，会导致产业链中的其他关联产业相应地发生倍增效应。谭明交[6]在《农村一二三产业融合发展：理论与实证研究》一文中，对农村第一、第二、第三产业融合中的价值增值效应进行了研究和实证。

理论和实证证明，产业链的本质是用来描述一个具有内在联系的企业群集合，它是一个相对宏观的概念，存在结构、价值二维属性。产业链中企业之间大量存在产品上下游关系和相互价值的交换，上游企业向下游企业提供产品或服务，下游企业向上游企业反馈信息和提出需求信息。

随着科技的发展，社会分工的细化和专业化程度不断提高，分工与交易的细化与复杂化，使得不同分工单元之间的相互联结形式成为研究的重点。企业的组织结构随分工的细化而变得更加复杂，单一的企业日渐难以孤立应对复杂的分工与交易，不得不依靠企业间的相互关联，这种搜寻最佳企业联结关系的动力与实践就成为产业链形成的先决条件和内在动力。同样，健全产业链[7]、乡村产业链延伸[8]、产业链增值[9]、农村区域异质性与扶贫产业链式融合发展[10]研究，都成为促进农村第一、第二、第三产业融合发展研究的热点。

三、产业集群理论

产业集群理论（Industry Cluster Theory）是在20世纪20年代出现的一种西方经济学理论，是在区位理论基础上发展而来的。作为产业经济学的一个重要研究领域，阿尔弗雷德·马歇尔与韦伯的产业区位理论奠定了产业集群理论的最初思想基础，迈克尔·波特的产业集群理论、克鲁格曼的集聚理论的产生，标志着产业集群理论的形成。1990年，迈克尔·波特在《国家竞争优势》一书中首先提出了产业集群的概念[11]，其含义是：在一个特定区域的一个特别领域，集聚着一组相互关联的公司、供应商、关联产业和专门化的制度和协会，通过这种区域集聚形成有效的市场竞争，构建出专业化生产要素优化集聚洼地，使企业共享区域公共设施、市场环境和外部经济，降低信息交流和物流成本，形成区域集聚效应、规模效应、外部效应和区域竞争力。迈克尔·波特同时提出了产业集群对规模经济的作用、政府的政策与经济集聚的关系等重要命题。

理论研究领域一致认为产业集群通常具有如下7个特征：①集聚性。即区域邻近性和产业关联性。区域邻近性是指构成产业集群的经济主体在区域上是邻近的，具备区域邻近地理优势；产业关联性是指各经济主体之间内在的经济联系，邻近地理区域的大部分企业基本围绕同一产业、相关产业或上下游产业从事产品开发、生产和销售等经营活动。地理空间上的集聚和产业上的关联使区域经济形成系统整体功能，具备明显的竞争力。②专业分工。产业集聚区内部企业之间具有某个或某几个显著的产业特征或产业联系作为联结点，产业内部企业之间基于专业分工形成产业组织关系。③竞争性。集聚区内的企业遵循市场经济"优胜劣汰"的竞争规律，竞争促使企业的创新和发展，进而促进集群整体发展壮大。④低采购成本。集群内成员企业之间通过市场供需关系联接，实现地理临近本地化采购，形成整个集群的成本优势。产业链的当地化不仅降低了企业的采购和供应成本，更重要的是推动了上下游企业之间的沟通互动，从而为双方在技术创新中协作和学习创造了条件。⑤规模优势明显。产业内部的单个企业绝大部分属于中小企业，规模不大，但是整个集群却具有显著的规模优势和很高的市场占有率。⑥市场渗透力强。集群产品销售具有极强的市场渗透力，部分集群在发展过程中形成了产业集群和地区专业市场互动发展的局面。⑦集群企业具有明显的学习效应。一个企业的成功往往会带动一大批具有分工合作关系的企业产生并进行学习和创新，其学习效应呈裂变式扩张。

围绕产业集群理论，苏毅清、游玉婷等人[12]结合分工理论对农村第一、第二、第三产业融合的内涵进行了定义，分析了农村第一、第二、第三产业融合使农业获益的机制，建立了观察我国农村第一、第二、第三产业融合状况的分析框架，以浙江、安徽、山东、河南、湖北和重庆六个代表性省和直辖市为例，对我国农村第一、第二、第三产业融合发展的现状特点和存在问题进行分析，并提出了政策建议。易醇、张爱民[13]运用实证分析方法，从城乡比较劳动生产率、二元对比系数、城乡产业结构各项指标及变化趋势的角度，对城乡一体化背景下的城乡产业融合协同发展模式进行了研究。刘国斌、李博[14]从理论基础、现实依据、作用机制及实现路径等视角，研究了农村第一、第二、第三产业的融合发展问题。

总之，乡村第一、第二、第三产业融合发展可以改变乡村产业链单一的状况，降低乡村产业发展的交易成本，提高农业生产效率，获得乡村产业的外部规模经济并形成产业集群，实现规模经济，实现乡村产业利润最大化。

四、乡村产业化理论

乡村产业化（Agriculture Industrialization）是以市场为导向，以经济效益为中心，以主导产业、产品为重点，优化组合各种生产要素，实行区域化布局、专业化生产、规模化建设、系列化加工、社会化服务、企业化管理，形成种养加工、产供销、贸工农、农工商、农科教一体化经营体系，使农业走上自我发展、自我积累、自我约束、自我调节的良性发展轨道，形成现代化经营方式和产业组织形式。乡村产业化也称作农业生产、经营、服务一体化，起源于二战后农业振兴时期的美国，而后传入西欧、日本等发达地区和国家，它主要依靠经济和法律关系将农业生产的产前、产中、产后等环节有机地联系起来，其核心是一体化结构体系的建立和运作[15]。

从实质上看，乡村产业化是指对传统农业进行技术改造，推动农业科技进步的过程。这种经营模式从整体上推进传统农业向现代农业的转变，是加速农业现代化的有效途径。与传统封闭的农业生产经营相比，乡村产业化具有市场化、区域化、专业化、规模化、一体化、集约化、社会化、企业化等特征。

靳相木、胡继连的《有中国特色的乡村产业化理论》一文[16]指出，“乡村产业化只是我国农业转型发展过程的一个阶段；乡村产业化需要进一步整合乡村产业内各生产者之间的垄断竞争关系，以实现农业规模经济和竞争活力的兼得”。芦千文[17]为揭示乡村产业融合的运行机理和理论基础，在梳理交易费用、契约选择、合作互惠、集体行动等制度经济学理论的基础上，通过建立利益联结机制，形成完善的契约网，降低交易成本；通过分工协作优势互补，建立稳定的合作互惠关系，提高产业经营效率；通过风险防范和内部约束，增强彼此信任和依赖感，达成集体理性行动，提升整体竞争力；及时将实践经验固化成规则制度，形塑制度演化路径，形成规范运营体系。提出的这一现代乡村产业化联合体经营模式、理论和案例，对解决农业产需失调、供需错配，农业稀缺要素导入不畅，经营主体功能定位不清等问题，具有一定的理论意义和实用价值。窦祥铭[18]将理论与实践相结合，通过对联合体有关理论的系统阐释和发展典型——蔬乐园瓜菜联合体的个案分析，提出了推进联合体健康发展的若干思考。

五、产业融合理论

产业融合[19]（Industrial Convergence）是指在时间上先后产生、结构上处于不同层次的农业、工业、服务业、信息业、知识业在同一个产业、产业链、产业网中相互渗透、相互包含、融合发展的产业形态与经济增长方式，是用无形渗透有形、高端统御低端、先进提升落后、纵向带动横向，使低端产业成为高端产业的组成部分，实现产业升级的知识运营增长方式、发展模式和企业经营模式。产业融合以第五产业知识产业为主导，第一产业农业为基础，第二产业工业为中介，第三产业服务业为核心，第四产业信息业为配套，是在产业层面通过资源优化配置实现资源优化再生、推动产业升级的系统工程。产业融合以第三产业为核心，既体现了以人为中心的发展观，又能多维度提高产业、产品的附加值，不断形成新的经济增长点；是通过资源优化配置实现资源优化再生的智慧经济与科学发展观的重要组成部分。现代化经济体系通过产业融合实现产业升级。产业融合是城乡融合区域融合的本质，是城乡融合区域融合的核心、纽带与催化剂[20]。

产业融合是在经济全球化、科技迅速发展的大背景下，产业提高生产率和竞争力的一种产业模式和产业组织形式。技术创新是产业融合的内在驱动力，技术创新研发出了更高效率的技术和工艺、更高级的产品，然后通过相关产业渗透扩散到其他产业之中，从而实现技术的溢出效应，并改变原有产业的生产技术方式和生产过程，从而改变了原有产业的生产函数和成本函数，为产业融合提供动力；同时，技术创新改变了市场的需求特点，给原有产业带来了新的市场需求，从而为产业融合提供了新的市场空间。追求范围经济和竞争的压力是产业融合的内在动力，企业为了在激烈的竞争环境中实现持续发展和扩展，着眼于不断探索如何更好满足消费者需求，不断进行技术创新，以实现利润最大化目标，并努力获得长期的竞争优势。企业在技术创新的同时，也努力在竞争中实现合作，在合作中通过联合创新实现某种程度的融合，实现范围经济效益。放松管制为产业融合提供了外部条件，不同产业之间存在着产业边界，形成产业边界的原因在于不同产业存在着进入壁垒。美国学者施蒂格勒认为，进入壁垒是新企业比旧企业多承担的成本，各国政府的经济性管制是形成不同产业进入壁垒的主要原因。

李晓琴[21]基于产业融合理论，以低碳技术的广泛应用为主线，借助旅游业内部以及第一、第二、第三产业的不同融合方式，研究了具有良好低碳导向、低碳技术和市场竞争力的各类旅游产品和服务形态的“低碳旅游业态”及其创新路径。孙军、高彦彦[22]认为“互联网 +”时代的到来，产业融合范式将发生改变。互联网通过直接外部性和间接外部性两种方式作用于传统产业，具有促进传统产业增长的“外溢效应”和抑制其增长的“极化效应”，对产业融合的理论范式与路径选择进行了研究。周春波[23]基于省级产业数据，运用全面可行广义最小二乘法（FGLS）分析了我国文化产业与旅游产业融合动力的影响效应，并运用面板工具变量法（IV - Panel）、动态面板模型（SGMM）验证了该影响效应的可靠性，对提升文化与旅游业的消费需求驱动效能，强化文化与旅游产业链的跨界技术创新效应，发挥文化与旅游产业演进期的政府规制作用起到了理论指导作用。荣慧艳[24]从产业兴旺、生态宜居、乡风文明、治理有效、生活富裕等角度，探析了乡村产业融合发展的实现路径。

从以上研究成果可以看出，产业融合的结果是出现了新的产业、新的产业增长点或产业链延长。乡村第一、第二、第三产业的融合发展，将出现诸如休闲农业、观光农业、体验农业、现代农业、农村电商等新产业形态，能够提供更多的就业岗位，对延伸乡村产业价值链、实现乡村产业价值倍增等起到了积极促进作用。

第二节　乡村产业融合的内涵

一、乡村产业融合的概念

通俗地说，乡村产业融合（也称农村产业融合）就是乡村第一、第二、第三产业的融合。针对乡村产业融合的概念，目前尚没有严格、统一的定义，众多学者从不同的视角进行了阐述。综合来看，有关乡村产业融合的表述，可以大致分为结果论、过程论、目的论、性质论，但大都围绕农村的第一、第二、第三产业融合展开研究。在本书中，作者所述的农村第一、第二、第三产业融合和乡村第一、第二、第三产业融合是等同的。

从结果论的乡村产业融合研究成果看，持有该观点的研究者主要包括：何立胜、李世新[25]认为乡村产业融合就是要让农业与其他产业在技术、产品、服务、市场等方面相互融合，创造另一种形式的价值体系；赵海[26]认为，农村第一、第二、第三产业融合是各类乡村产业组织通过延伸产业链条、完善利益机制，打破农产品生产、加工、销售相互割裂的状态，形成各环节融会贯通、各主体和谐共生的良好产业生态。

从过程论的乡村产业融合研究成果看，持有该观点的研究者主要包括：王昕坤[27]将乡村产业融合界定为发生在具有紧密联系的产业或同一乡村产业内部不同行业之间，原本各自独立的产品或服务在同一标准元件束或集合下，通过重组完全结为一体的整合过程；梁伟军在《产业融合视角下的中国农业与相关产业融合发展研究》[28]一文中提出“产业融合既可理解为一产业创新过程，也可理解为产业创新结果，其主要表现为产业边界的日趋模糊和具有融合性产业性质的新型产业形态的出现”。

从目的论的乡村产业融合研究成果看，持有该观点的研究者主要包括：马晓河[29]认为以农业为基础和依托，通过多种形式的要素跨界集约配置，实现乡村产业链延伸、价值链跃升、功能拓展、多主体共赢，让农民参与第二、第三产业、分享增值收益，达到实现农业现代化、城乡一体化、农民增收目的。

从性质论的乡村产业融合研究成果看，持有该观点的研究者主要包括：宗锦耀[30]将农村第一、第二、第三产业融合界定为一种经营方式，认为是各类经营主体以农业为基本依托，以农产品加工业为引领，以资产为纽带，以创新为动力，通过产业间相互渗透、交叉重组、前后联动、要素集聚、机制完善和跨界配置，将农村第一、第二、第三产业有机整合、紧密相连、一体推进，形成新技术、新业态、新商业模式，带动资源、要素、技术、市场需求在农村的整合集成和优化重组，最终实现产业链条和价值链条延伸、产业范围扩大、产业功能拓展和农民就业增收渠道增加的经营方式。

此外，姜长云在《推进农村一二三产业融合发展新题应有新解法》一文[31]中提出，农村第一、第二、第三产业融合发展根本上属于产业融合，其以农村第一、第二、第三产业间的融合渗透和交叉重组为路径，以产业链延伸、产业范围拓展和产业功能转型为表征，以产业发展和发展方式转变为结果，通过形成新技术、新业态、新商业模式，带动资源、要素、技术、市场需求在农村的整合集成和优化重组。

本书内容基于乡村振兴视角，研究乡村第一、第二、第三产业融合的政策演变、相关理论、实践及模式等，并进行深入实证分析。

二、乡村产业融合的特征

（一）产业分工方面交叉融合

亚当·斯密最早提出分工理论，认为分工可以提高劳动生产力，是促进社会财富增长的重要因素。马克思对斯密的分工理论进行了继承和发展，将分工与协作联系起来，并区分了社会分工和生产组织内部分工。马歇尔延续斯密将企业内部分工等同于社会分工的观点，认为社会分工及外部经济的自然增长是促进企业规模扩大的主要因素。斯蒂格勒用分工理论来解释生产的制度结构和长期经济增长之间的内在联系，从产业生命周期角度分析了“市场容量决定分工”这一命题的正确性。产业融合是指随着产业间技术融合、业务融合、价值融合等不断发生，原来分立的产业之间出现了不同程度、不同形式的融合趋势。融合是分工的反义词，然而，产业融合并不是对传统产业分工路径的否定；相反，产业融合不断催生新的产业，成为产业分工的新路径和新起点。

乡村产业融合发展是在农村第一、第二、第三产业分工的基础上，第一产业农业与第二、第三产业的交叉融合，这种融合是对传统农村第一、第二、第三产业分工的拓展和提升，其产生的多种新型业态是乡村产业分工和社会分工进一步深化的体现。

（二）形式上实现横纵向融合

从 2015 年至今，我国的乡村横向产业融合主要指农村第一产业与第三产业之间的融合，也就是通过农业开发和拓展，如开展生态休闲、旅游观光、文化传承、农业体验等，提升农业的功能性，赋予农业更多的科技、文化、教育、环境等价值，进而实现农业与文化、旅游、康养、教育、环保等产业的融合发展。乡村横向产业融合的代表形态包括休闲农业、体验农业、观光农业、生态农业、创意农业等。乡村纵向产业融合主要是通过垂直一体化、分工合作、产业集聚、循环经济等模式，引导乡村多元产业的融合发展。

垂直一体化的乡村纵向产业融合模式大都通过以合作社或者大型企业为依托，将链条向上游延伸到农产品生产、生产资料供应乃至产品研发等环节，并将下游扩展到产品销售、售后服务环节。不难看出，该模式能够涵盖研发、供应、生产、加工、流通、销售、服务等领域，实现了贸、工、农一体化和产、供、销一体化。

分工合作的乡村纵向产业融合模式是以合作社或者大型企业为主体，通过股份合作、订单生产、统购统销等手段，将空间上分割的农村第一、第二、第三产业，通过利益联结的方式，将相关各方捆绑在一起，形成“公司＋农户”“合作社＋农户”“公司＋合作社＋农户”“公司＋合作社＋基地＋农户”等合作模式。

产业集聚形式的乡村纵向产业融合模式是把一定区域内的农村第一、第二、第三产业及相关的产业组织在一起，形成网络化、集群化的发展格局，进而实现“一乡一业”“一乡一品”模式的乡村产业融合。

农村的循环经济形式的乡村纵向产业融合模式是在种植、养殖、畜牧等农业与加工制造业之间，按照生物链机理建立起产业上下游之间的关联，形成上下游之间衔接紧密、循环往复，诸如“种植—养殖—生物质—种植”模式的产业融合。

（三）产城一体、三化融合、三区互动

目前，在乡村产业融合方面，有的地方围绕食品加工主导产业，以产业支撑城镇建设，以城镇建设推动产业发展，加快推进工业化、农业现代化和城镇化相互融合、相互促进；同时，在原料基地标准化、加工园区集约化、物流配送与市场营销体系化方面，打造了“产城一体、三化融合”典范。此外，也出现了农区、园区、城区互动（简称“三区互动”）特点的乡村产业融合发展先导区。2018 年 10 月，农业农村部公示了 2018 年全国农村第一、第二、第三产业融合发展先导区创建名单，山东省寿光市、河南省新郑市、山西省清徐县等共计 155 个县（市、区）上榜。

三、融合发展为乡村产业赋予新动能

农业农村部于 2019 年 12 月刊文《乡村产业融合发展为乡村产业赋予新动能》[32]，摘述如下。

《国务院关于促进乡村产业振兴的指导意见》（国发〔2019〕2号）指出，促进产业融合发展，增强乡村产业聚合力。近年来，各地着力培育规模农业、特色农业、专用农业的“融合点”，产业链价值链延伸拓展的“融合线”，产业园区和产业聚集区的“融合面”，各类大中小产业化联合体的“融合体”，推进农村第一、第二、第三产业高位嫁接、交叉重组、深度融合，将以农业农村资源为依托的第二、第三产业尽量留在乡村，将就业岗位和产业链增值收益尽量留给农民，为乡村产业发展赋予了新动能。

产业融合主体不断壮大。广大农村地区实施新型职业农民培育工程，组织开展乡村产业化龙头企业认定，支持各地培育农民合作社联合社，大力推进农村创业创新，不断壮大融合力量。目前，全国已有乡村产业化龙头企业8.7万家，其中国家重点龙头企业1 542家。注册登记农民合作社217万家，家庭农场60万个，返乡入乡创业创新人员累计达850万人，其中82%创办了融合类项目[32]。产业融合从数量增加到质量提升、从单纯生产到综合带动、从收益独占到利润共享转变，形成乡村产业化龙头企业带动，农民专业合作社和家庭农场跟进，广大小农户参与的产业融合格局。

融合业态丰富多样。融合主体聚焦农业两头、生产两端，跨界配置农业和现代产业要素，积极探索产业融合模式，催生新产业新业态。农业内部“内向”融合，促进种植与林牧渔交叉重组，催生鸭稻共生、蟹稻共生、渔稻共生等业态。产业延伸的“顺向”融合，催生中央厨房、直供直销等外部延伸型农业。功能拓展的“横向”融合，推动农业与文化、教育、旅游、康养等产业重组，催生乡村休闲旅游业。新技术渗透的“逆向”融合，促进农业与信息技术交互，催生在线农业、数字农业等智慧型农业。农业与城镇的“万向”融合，催生乡村产业强镇、田园综合体，形成了乡村多种业态互促互进、城乡产业之间互联互通、多元主体竞相发展的态势。

融合载体集群发展。各地积极推进政策集成、要素集聚、功能集合、企业集中，建设标准原料基地、集约加工转化、体系网络服务、紧密利益联结于一体的产业融合集群，打造地域特色鲜明、业态类型丰富、创新创业活跃、利益紧密联结的乡村产业发展高地。目前，已支持建设国家现代乡村产业园 62 个、农产品加工园 1 600 个，创建乡村产业融合示范园 200 个，乡村产业强镇 552 个，各类乡村产业园 1 万多个，形成原料生产、精深加工、体验展示、物流销售的有机衔接和交叉融合[32]。

利益联结不断紧密。各地健全利益联结机制，通过拓展功能链、延长产业链、提升价值链、重组供应链，积极发展企农契约型、利益分红型、股份合作型合作模式，引导融合主体通过“保底收益 + 按股分红”“固定租金 + 企业就业 + 农民养老金”“土地租金 + 务工工资 + 返利分红”等多种方式建立紧密利益联结机制，将产业链打造成为利益共享、命运与共的产业融合共同体，让农民分享更多产业链条增值收益，实现产业在镇、基地在村、增收在户。农民“获农金、收租金、挣薪金、分股金”的跨界增收、跨界获利格局基本形成。专家初步测算，产业融合使农户经营收入增加 67%，采取订单方式带动农户增收的占 55%[32]。

融合成效显著增加。目前，我国乡村特色产业品牌达 10 万余个，打造了一批“独一份”“特别特”“好中优”的品牌。稻渔综合种养面积超过 3 000 万亩，中央厨房和主食加工业年营业收入达 2 万亿元。农产品加工企业 7.9 万家，规模以上农产品加工企业主营业务收入达 14.9 万亿元，成为“离农业最近、联农民最紧”的产业。乡村休闲旅游营业收入达 8 000 多亿元，接待游客达 30 亿人次。农业生产性服务业营业收入超过 2 000 亿元，农产品网络零售额达 1.3 万亿元[32]。

四、乡村产业融合与乡村产业化辨析

我国最早在 20 世纪 90 年代提出乡村产业化的概念，党的十六大报告中提出：“积极推进乡村产业化经营，提高农民进入市场的组织化程度和农业综合效益”，经过二十几年的发展，乡村产业化发展取得了丰硕成果。2014 年的中央农村工作会议上首次提出产业融合发展的目标。2015 年，国家提出“大力发展乡村产业化，促进一二三产业融合发展”“增加农民收入，必须延长乡经济增长点。所以，乡村产业融合发展是对乡村产业化更高层次的超越。

在产业表现形式上，乡村产业融合发展明显超越乡村产业化。乡村产业化过程中，第一、第二、第三产业都得到协同发展，但第一、第二、第三产业之间并无交叉融合，而是单纯的乡村产业链的延伸。乡村产业融合发展是乡村产业发展到更高阶段的产物，新兴信息技术的发展带来了农业生产方式的转变，产业联动和技术渗透带动资源和产品的联动发展，技术、资本以及资源要素能够跨界集约化配置，使得产业合并，导致产业界限的模糊化，第一、第二、第三产业边界模糊。农产品的专业化、规模化生产，延伸了产业链，提高了附加值，实现了农业的多种功能性，增加了农民收入。

综上所述，本书认为乡村产业化更多的是解决了市场的对接问题，代表的是一种纵向的产业发展方式，通过第一产业的集约化、专业化，从而实现规模效益，进而带动整个产业链的发展，带动农村发展和农民富裕。乡村产业融合发展是一种交叉发展的概念，在乡村产业化发展的基础上，将第一、第二、第三产业进行融合，将第二产业的先进的生产方式和第三产业的服务理念引入第一产业，不仅仅是一种纵向发展，也使农业得到横向发展。

第二章

乡村振兴战略与产业融合的关系辨析

党的十九大开启了中国特色社会主义现代化建设的新时代，拉开了新时代乡村振兴的帷幕。中国特色社会主义建设进入新时代，社会主要矛盾已经转为人民群众日益增长的美好生活需要和不平衡不充分的发展之间的矛盾。“三农”问题是社会主要矛盾的突出表现，更是关系国计民生的根本性问题。实施乡村振兴战略，是党中央着眼于党和国家事业全局而作出的重大战略部署，是决胜全面建成小康社会，开启全面建设社会主义现代化国家新征程的重大历史任务，是新时代做好“三农”工作的总抓手。

第一节　乡村振兴的现实意义和总体要求

一、乡村振兴战略的现实意义

（一）乡村振兴战略是建设社会主义现代化强国的客观要求

党的十九大报告提出了决胜全面建成小康社会，进而实现全面建设社会主义现代化强国的奋斗目标。全面建设小康社会，农民的全面小康是首要目标。实现农民的全面小康，离不开农业农村的全面发展。到新中国成立100年时，基本实现现代化，把我国建成富强民主文明和谐美丽的社会主义现代化国家。虽然我国城镇化率不断提高，截至2018年年底，城镇化率近59.58%，仍然有5.6亿农村常住人口，“三农”问题不能得到有效解决，这样是不可能建成现代化国家的。没有农业农村现代化，就没有整个国家现代化。中国强，农业必须强；中国美，农村必须美；中国富，农民必须富。实现乡村的振兴，走城乡融合发展之路，才能为国家现代化建设打下坚实的基础。党中央始终坚持把农业农村的发展作为重要任务，千方百计增加农民的收入，促进农村各项公共事业的发展。改革开放以来，我国农业农村各项事业快速发展，取得了历史性成就。党的十八大以来，党中央新出台了一系列强农惠农政策，以实现农业快速发展，农民收入持续提高，农村社会和谐稳定。农民收入增长保持积极增长态势，2017 年城乡居民人均收入倍差 2.71，比上年缩小 0.01；精准脱贫成效显著，截至 2017 年，实现 6 000 多万农民稳定性脱贫；农村公路、桥梁、环卫和信息化等基础设施建设，教育、医疗、社会保障和文化等得到极大改善。

（二）乡村振兴战略是解决社会主要矛盾的必然要求

中国特色社会主义迈入新时代，社会主要矛盾已经转化为人民群众日益增长的美好生活需要和不平衡不充分的发展之间的矛盾。当前，城市和农村发展不平衡是我国最大的发展不平衡问题，农村特别是边远乡村和山区发展的不充分是我国最大的发展不充分问题。坚持农业农村优先发展，缩小城乡差别和区域差别，是乡村振兴的首要含义，也是解决社会主要矛盾的重中之重。

在我国工业化的城镇化快速发展过程中，“三农”问题成为制约经济社会发展的长期性问题，“三农”是农业、农村和农民的总称，“三农问题”则是农业问题、农村问题的农民问题的总称。三农问题是关乎国计民生的根本问题，党和国家始终把解决好三农问题作为工作重中之重，贯彻新发展理念，勇于推动“三农”工作理论创新、实践创新、制度创新，农业农村发展取得了历史性成就，发生了历史性变革，为党的国家事业全面开创新局面提供了有力支撑。但同时农业农村发展呈现出新问题、新特点，“农村空心化”“农业边缘化”和“农民老龄化”等“新三农”问题日益突出。农村劳动力外出打工流入城市，农村人才流失严重；农村留守大多为老人、妇女和儿童，农地荒芜无人耕种问题突出；乡村产业结构单一，农产品竞争力不强；农业农村生态污染问题日益突现，环境卫生状况不容乐观。因此，农业仍是国民经济的“短腿”，农村仍是经济社会发展的“短板”，农民仍是共享经济社会发展成果中的“弱势群体”。2018 年 9 月 21 日，习近平总书记在十九届中央政治局第八次集体学习时的讲话时指出，同快速推进的工业化、城镇化相比，我国农业农村发展步伐还跟不上，“一条腿长、一条腿短”问题比较突出。我国发展最大的不平衡是城乡发展不平衡，最大的不充分是农村特别是边远乡村和山区发展的不充分。解决“三农”问题任道远重，坚持农业农村优先发展，走城乡融合发展之路，推进“三农”全面振兴，对于化解当前社会主要矛盾具有较强的现实意义。

（三）乡村振兴战略是建设社会主义新农村的升级版

《中华人民共和国国民经济和社会发展第十一个五年规划纲要》中提出，建设社会主义新农村是我国现代化进程中的重大战略任务，新农村建设目标要求是生产发展、生活宽裕、乡风文明、村容整洁、管理民主，坚持从各地实际出发，因地制宜寻找产业发展机会，尊重农民意愿，稳步扎实推进新农村建设。“十一五”规划纲要和“十二五”规划纲要中，“三农”工作的重心就是建设社会主义新农村。“十三五”规划纲要强调“提高社会主义新农村建设水平”。过去十几年，社会主义新农村建设取得了丰硕成果，为进一步实施乡村振兴战略打下了坚实基础。

中国特色社会主义进入新时代，实施乡村振兴战略无论是从战略重要性，还是从理论内涵和总体要求来看，相比较于建设社会主义新农村目标，都有明显的内涵提升。2018 年中央一号文件《中共中央国务院关于实施乡村振兴战略的意见》明确提出“实施乡村振兴战略是决胜全面建成小康社会、全面建设社会主义现代化国家的重大历史任务，是新时代‘三农’工作的总抓手”，并对实施乡村振兴战略作出了明确要求和具体部署，实施乡村振兴战略对于现代化建设全局具有决胜的意义，相比于建设社会主义新农村，乡村振兴战略对于“三农”工作具有更广泛而深远的影响。

2018 年中央一号文件提出实施乡村振兴战略的总要求是“产业兴旺、生态宜居、乡风文明、治理有效、生活富裕”。相对于建设社会主义新农村的总要求，新的总要求顺应了中国特色社会主义进入新时代的特点，反映了党和国家解决新时代“三农”问题的谋略和智慧。从总要求的每个方面来看，可以说是建设社会主义新农村的“升级版”。

第一，从“生产发展”升级为“产业兴旺”。从把农业生产作为农村经济发展的支撑转变为把乡村产业发展作为农村经济发展的支撑，突出了产业发展要紧密结合农业供给侧结构性改革的进程，更丰富了乡村产业发展的层次和内涵，不仅更加重视绿色兴农、质量兴农，而且更加重视实现农村三次产业协调发展，更加重视鼓励和扶持新型产业的发展。并明确提出要构建农村第一、第二、第三产业融合发展体系，大力发展乡村特色产业，鼓励发展乡村产业链，建设现代乡村产业体系等。

第二，从“村容整洁”升级为“生态宜居”。乡村居民生活环境要求层次提高，不再满足于生活环境干净整洁，还要求人与自然和谐发展，注重生态环境保护，生活环境优美，满足农村居民对美好生态环境的需要，更加突出了建设人与自然和谐共生的新时代农村的自觉性和“让农村成为安居乐业的美丽家园”的目标要求。这个转变也反映了党和国家乡村发展理念和发展方式的转变与升华。

第三，乡风文明是唯一没有发生变化的要求，文明的发展是每一个国家任何一个发展阶段的主旋律，但是在新时代乡村振兴的时代背景下重申“乡风文明”，实际上要求将坚持农村文化自信与推进农村文化繁荣昌盛相结合，将农村文化历史资源传承和产业发展结合起来，弘扬向上向善、孝老爱亲的传统文化和价值精神，并能传承农耕农业文化价值和精神，提升乡村价值、乡村力量和道德规范，提升农民的精神面貌和文明程度。

第四，从“管理民主”升级为“治理有效”。实施乡村振兴战略，乡村治理是组织保障和基础，“治理有效”相比较于“管理民主”，内涵更丰富，寓意更深刻，更加突出了乡村治理要走善治之路，是习近平新时代中国特色社会主义思想将推进国家治理体系和治理能力现代化落实到“三农”领域的重要实践。

第五，“生活宽裕”升级为“生活富裕”。实施乡村振兴战略总要求中，“生活富裕”被放在总要求的最后，并代替新农村建设总要求中的“生活宽裕”，有利于突出实施乡村振兴战略的总目标。农业农村的发展，关键是让农民富裕起来，富裕相对于宽裕，层次更高，内涵更丰富，还包含农民更高层次的生活追求，可以更好地衔接“决胜全面建成小康社会，进而全面建设社会主义现代化强国”新时代中农民日益增长的美好生活需要。

二、乡村振兴战略的总要求

实现乡村振兴要坚持农业农村优先发展，按照实现“产业兴旺、生态宜居、乡风文明、治理有效、生活富裕”的总要求，推动城乡融合发展，推进农业农村现代化。相比较于十六届五中全会提出的社会主义新农村建设“生产发展、生活宽裕、乡风文明、村容整洁、管理民主”的总要求，同样是 20 个字，但其内涵已有了质的变化和提升。从“生产发展”到“产业兴旺”，从“村容整洁”到“生态宜居”，从“生活宽裕”到“生活富裕”，从“管理民主”到“治理有效”，除“乡风文明”没变外，其他 4 个方面都有了更高的要求，任务更加艰巨，外延更加广阔，内涵更加丰富，品质要求也更加高端[33]。

乡村振兴战略二十字总要求的逻辑内涵阐述如下：首先，五个方面是有机联系的整体系统，不可分割。产业兴旺是基础，生态宜居是底线，乡风文明是关键，治理有效是保障，生活富裕是目标。这五个方面是有机统一的，统一于乡村振兴战略之中。其次，该总体要求是和我国经济发展阶段进入新常态，经济增长速度已由高速增长阶段转向高质量发展阶段的特征相适应，体现了农业农村发展进入新阶段，有新任务、新要求。改革开放 40 年来，农业综合生产能力快速提升，农民收入持续稳定增长，农村面貌显著改善，但新时代下“新三农”问题表现突出，需要统观全局，全面考虑和统筹推进逐步解决。最后，该总体要求契合了新时代我国社会主要矛盾的时代特点，乡村振兴战略是顺应“满足人民群众日益增长的美好生活需要”而提出的战略部署，其目的是使广大农民的获得感、幸福感、安全感更加充实、更有保障、更可持续。

产业兴旺是乡村振兴的首要基础，乡村的繁荣发展须有产业兴旺支撑，乡村要因地制宜、突出特色、发挥优势，形成具有市场竞争力并能持续发展的现代乡村产业体系，乡村发展才能有活力，乡村经济才有可持续发展能力。生态宜居要求乡村振兴战略实施过程中，要科学合理利用自然资源，有效保护生态环境，革除乡村生活陋习，治理美化乡村生活环境，真正使乡村成为山清水秀、蓝天白云、风景如画、生机盎然的田野和生态宜居的美丽乡村。乡风文明要求在乡村振兴中要传承和弘扬农村优秀传统文化，树立和倡导社会主义核心价值观的新风尚，使整个乡村社会更加和谐文明。治理有效就是要形成有序规范的治理体系。乡村治理是乡村社会经济发展的基础，要遵循法治、德治、村民自治相结合的治理模式，村民要牢固树立法治意识，做遵纪守法的文明村民。要加强弘扬和传承优良传统美德，使尊老爱幼、济贫扶弱、弘扬公益的道德标准深入到村民心中，融入村民的言行举止中。要把乡规民约、村民自治整合起来，在遵守宪法和法律的基础上，构建乡村治理体系，要将村民自治与法治、德治结合起来，形成有序规范的治理体系。生活富裕就是要千方百计增加和提高农民收入，拓宽农民增收渠道，适度扩大农村集体经济，改革农村经营体制，真正使农民生活富裕起来，农民生活水平得到提高，实现农民对美好生活的向往，让每个农民都能幸福地生活在社会主义和谐社会大家庭里，共享特色社会主义发展成果，这才是实施乡村振兴的出发点和最终目标。

第二节　乡村振兴的首要目标是产业兴旺

实施乡村振兴战略，产业兴旺是基础。乡村振兴战略的总要求“产业兴旺、生态宜居、乡风文明、治理有效、生活富裕”包含 5 个方面，“产业兴旺”位居其首。2017 年 12 月 28 日至 29 日召开的中央农村工作会议提出，农业强不强、农村美不美、农民富不富，决定着亿万农民的获得感和幸福感，决定着我国全面小康社会的成色和社会主义现代化的质量。只有乡村产业兴旺了，实现农业强、农村美、农民富，才有扎实的基础和依托。否则，实现农业强、农村美、农民富就成为无源之水、无本之木，实现乡村振兴也会成为空谈，要实现全面建成小康社会的目标，把我国建成富强民主文明和谐美丽的社会主义现代化强国，解决好农业发展问题仍是首要任务。

一、乡村产业兴旺是关系国计民生的根本问题

乡村产业兴旺，首先要实现乡村产业兴旺。民以食为天，农业是解决全国人民温饱问题的产业。我国作为人口大国，农产品需求量巨大，必须依靠自己解决吃饭问题，要立足国内解决农产品供给问题。并且，随着经济发展和人民生活水平的逐步提高，人民群众对农产品的需要已经转化为对高质量农产品的需要。农业始终是国民经济和社会发展的基础和命脉，农业稳则安天下，没有农业的现代化，就没有国家的现代化。

乡村产业兴旺，标志着农业的繁荣兴旺，能够提供更丰富、更优质、更安全、更健康的农产品，不断满足人民群众美好生活的需要。乡村产业兴旺事关国计民生和国家发展全局，必须增强农业综合生产能力，实现乡村产业又好又快发展，夯实国民经济发展基础。

在2018年中国（罗定）乡村振兴研讨会上，农业农村部农村经济研究中心主任宋洪远指出，乡村产业兴旺，从目前来看就是要以推进农业供给侧结构改革、培育农村发展新动能为主线，加快推进乡村产业升级，提高农业的综合效益和竞争力。

二、乡村产业兴旺是就业和增收的主要途径

产业兴旺最重要的意义，就是能够扩大农民就业和增加农民收入。农民的最大难题是就业难，就业需要外出务工。近年来，受国际国内宏观经济下行压力影响，农民就业的难度和不确定性增加，据有关研究数据表明，农民收入增速趋缓，农民增收难度加大，农民收入的主要来源农业收入和工资性收入两项增速呈下降趋势。乡村产业兴旺，表现为乡村产业链的延伸、新产

业新业态的发展，可以提供更多的就业岗位，开拓农民就业渠道，促进农民增收。乡村产业兴旺的最大潜力，在于能够培育发展新产业新业态，能够激发乡村就业创业活力，完善以消费为导向的乡村产业体系。因此，乡村产业兴旺是乡村振兴的重要标志。

三、乡村产业兴旺是乡村振兴总要求的基础

产业兴，则百业兴。在党的十九大提出的“产业兴旺、生态宜居、乡风文明、治理有效、生活富裕”乡村振兴战略总要求中，产业兴旺影响和决定着其他要求能否顺利实现。乡村的发展首先是产业发展，是经济发展，只有经济发展了，乡村振兴才有坚实的基础和持续发展能力，如果产业不兴，“生态宜居、乡村振兴”就会成为空中楼阁，广大农民也不可能“饿着肚子看青山绿水”，实现乡村振兴无异于天方夜谭，也缺乏可持续性。

乡村全面振兴涵盖乡村经济建设、政治建设、文化建设、社会建设、生态文明建设等多重内涵，激活乡村多重功能和价值，实现乡村经济价值、文化价值、社会价值和生态价值等挖掘和提升。但乡村振兴首要的是产业振兴，通过产业的培育和发展打造乡村的经济价值。实施乡村振兴战略需要激活的首先是乡村的经济价值，不仅有利于农民就业增收，也有利于解决农民异地就业带来的家庭人口空间分离和留守儿童、留守妇女、留守老人等问题。这是增强广大农民获得感、幸福感、安全感的坚实基础。

2018 年“两会”期间，习近平总书记强调，实施乡村振兴战略要从产业振兴、人才振兴、文化振兴、生态振兴、组织振兴 5 个方面着手，产业振兴同样被放在首位。习近平总书记在海南等地考察时多次强调“乡村振兴，关键是产业要振兴”。产业兴旺是乡村振兴可持续发展的重要保证，只有产业兴旺，才能激活乡村发展动能，发展壮大农村经济实力，从而为人才振兴、文化振兴、生态振兴、组织振兴 4 个方面提供物质基础和条件，进而不断增强乡村振兴内生动力，构建乡村振兴可持续发展能力。因此，广大乡村地区要把推进乡村产业兴旺作为实施乡村振兴战略的“首要任务”。

第三节　产业融合是实现乡村产业兴旺的基本路径

一、中国农业农村现代化发展取得的成绩

自新中国成立以来，我国农业农村现代化在发展过程中经历了深刻的制度变迁，农村基本经营制度逐渐确立完善，农业生产条件实现巨大飞跃，农村居民生活正向全面小康迈进，我国农业农村现代化建设取得了重要进展。

（一）农业高质量发展取得成效

改革开放40多年来，我国农产品供求状况由供给短缺、产量不足逐步实现供求平衡、丰年有余。近些年来，我国深入推进农业供给侧结构性改革，走农业高质量发展道路，提高农业质量效益和竞争力。虽然很难说农业国际竞争力全面提高，但是农产品质量安全保障水平和以综合效益衡量的农业高质量发展取得明显进展。

农林牧渔业生产总体上保持稳定增长态势。虽然在农林牧渔业生产中占比高的粮食和生猪出现减产，但是反映农林牧渔业生产综合效益的第一产业增加值保持稳定增长态势。根据国家统计局发布的2019年国民经济和社会发展统计公报数据，2018年，第一产业增加值64 734亿元，比2017年增加2 635亿元，名义增长4.2%，实际增长3.5%，第一产业综合效益提升；2019年全年国内生产总值990 865亿元，比上年增长6.1%，第一产业增加值70 467亿元，增长3.1%，第二产业增加值386 165亿元，增长5.7%，第三产业增加值534 233亿元，增长6.9%，第一产业增加值占国内生产总值比重为7.1%。2018年，农产品价格总体略有下降，粮食、猪肉产量等主要农牧产品产量有所减产，但是第一产业增加值仍然保持稳定增长，表明第一产业综合效益有所提升，其中第一产业内部结构调整优化是重要因素。非粮食和猪肉

等优势农产品效益较好，实现稳定增长，从而改善了第一产业综合效益，这是农业供给侧结构性改革成效的体现。第一产业在国民经济中所占比重稳步下降。2018 年，第一产业增加值在国民经济中所占比重为 7.2%，比上年下降 0.4 个百分点。在中国发展面临多年少有的国内外复杂严峻形势和经济运行出现新的下行压力情况下，第一产业保持稳定增长，农业质量效益提高，农产品供给充裕，表明农业继续在经济社会发展大局中发挥着“稳定器”和“压舱石”的积极作用。

2014—2019 年第一产业增加值及其 GDP 占比如图 2－1 所示。

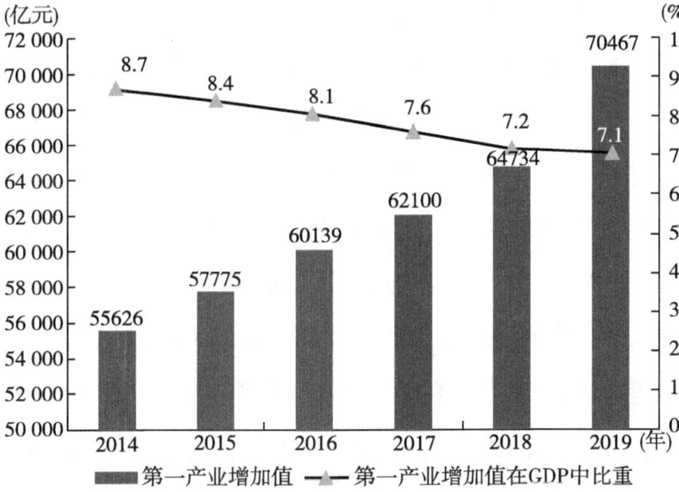

图 2－1　2014—2019 年第一产业增加值及其 GDP 占比

资料来源：国家统计局网站数据库和《中华人民共和国 2018 年国民经济和社会发展统计公报》。

（二）多数农产品保持增产

自 2018 年开始，中国在深入推进农业供给侧结构性改革进程中，着力通过农业结构调整，改善农产品市场供求关系，提高农产品质量。粮食生产总体稳定，结构进一步优化，但是粮食供求形势也出现了一些新的变化。生猪生产受到前期价格低迷和后期非洲猪瘟疫情的影响，生猪出栏和猪肉产量都出现了下降。除粮食和猪肉减产外，其他多数农产品生产实现了不同程度增产。

国家《2018 年中国农业农村经济形势分析及2019 年预测》的数据结果表明：近三年来，我国粮食总产量波动不大，基本都在历史高位（6.6 亿吨）附近徘徊。2018 年，全国粮食总产量65 789 万吨，同比减少371 万吨，减产0.6%；2019 年，全国粮食总产量66 384 万吨，同比增长0.9%。根据第三次全国农业普查对粮食总产量历史数据的修正，2019 年之前中国粮食总产量最高年份是2017 年，为66 161 万吨，即略高于6.6 亿吨，而2018、2019 年粮食总产量都在6.6 亿吨（上下相差不足1%），表明粮食综合生产能力没有明显变化，粮食国内供给总体来源主要依赖国内生产的格局没有明显变化。

粮食外其他多种作物实现增产。受农作物种植结构继续调整影响，除粮食外其他主要农产品产量发生不同方向的波动。2018 年，全国棉花产量610 万吨，比上年增产7.8%，其中新疆棉花产量511 万吨，比上年增产11.9%，在全国棉花总产量中比重上升到83.8%，比上年提高3 个百分点；油料产量3 439万吨，减产1.0%。糖料产量11 976 万吨，增产5.3%。茶叶产量261 万吨，增产5.9%。2019 年，全国棉花产量588.9 万吨，比2018 年减少21.3 万吨，下降3.5%；八大油料作物的总产量6 666 万吨，比2018 年增长3.7%[34]。

（三）乡村产业结构调整更加优化，乡村产业链条延伸壮大

随着农业农村现代化的推进，我国乡村产业结构日益丰富、多功能性得到拓展，农业与其他产业相结合释放出巨大活力，潜力得到挖掘，农业的经济、社会和生态效益充分发挥。从广义农业内涵即农林牧渔业来看，改革开放之初农业以种植业为主，占比达到80%，林业、畜牧业和渔业比重分别为3.4%、15.0% 和1.6%；乡村产业结构经过多年调整，2018 年，种植业、林业、畜牧业和渔业比重变为57.1%、5.0%、26.6% 和11.3%[35]，更加适应居民对农产品的市场需求。从乡村产业链条横向延伸来看，循环农业、设施农业、休闲农业和田园综合体等农业新形态创新发展，拓宽农业生产经营边界。

2012 年全国农业设施数量为3 178.8 万个，设施农业占地面积为262.9 万

公顷；到 2017 年设施数量增至 3 360 万个，占地面积增加了 34 万公顷；2018 年全国休闲农业、乡村旅游营业收入超 8 000 亿元，农村生产性服务业营业收入超过 2 000 亿元[36]。从乡村产业链条纵向延伸来看，产前、产中、产后环节联系日渐紧密。2012 年国家首次实施农产品产地初加工补助项目，补助金额为 5 亿元，到 2016 年资金投入达到 9 亿元。2018 年我国规模以上农产品加工企业达 7.9 万家，农产品加工业主营业务收入 14.9 万亿元[37]。

二、中国乡村产业发展存在的问题

（一）乡村产业高质量发展不充分

乡村产业高质量发展不充分导致供求结构性失衡，十九大报告提出的社会主要矛盾已经转化为人民日益增长的美好生活需要和不平衡不充分的发展之间的矛盾的科学判断，也正是基于这一国情做出的科学论断。随着经济发展和物质生活水平的提高，消费者的饮食习惯、健康需求、消费偏好等都发生了变化，这就要求农业生产不仅仅是解决吃饱穿暖的问题，更要满足人们的高层次消费需求。现阶段乡村产业低水平发展模式导致农业产品供给无法满足高层次消费需求，使供过于求和供不应求的现象同时存在。

近年来，农产品质量安全问题成为人们关注的重点问题，虽然从 2017 年以来，连续 5 年监测农产品质量合格率基本都在 96% 以上，但是农产品质量安全还存在以下几个方面的问题：一是农业本身发展质量有待提高。主要有农业种植结构不合理问题突出，玉米等农作物结构性过剩严重，大豆等经济作物主要依赖进口，高品质农产品品牌匮乏等，这也引发了国人对于食品安全问题的担忧。二是农业科技对现代农业发展的支撑作用不强。过去的农业科技科研多以增产为目标，对农业质量安全的科技投入则较少，尤其是对农药化肥等农业生产基础性投入的研发力度不够，农产品质量安全成为农业发展的瓶颈。三是农产品质量安全监管体系不健全。这些年，农产品质量安全事件频繁发生，既与农业生产滥用农药、化肥有关，也有相关监管主体不作为、监管体系不健全等原因。

（二）乡村产业竞争力较弱

我国的国情是农业人口众多，有2亿多农业经营户，随着城市化进程的加速，耕地面积呈持续性减少趋势，人均耕地面积远远低于世界平均水平，不足欧盟的1/40、美国的1/400，农业生产规模效益低，农户平均生产经营成本过高，农业整体上难以适应新的国际市场和国内市场需求，农业竞争力处于弱势，成为乡村产业发展的制约因素。首先，近年来，农业劳动生产率的提升幅度赶不上农业生产要素价格上升的幅度，2016年我国农业劳动力比重高达27.8%，农业生产率为2.96万元/人[38]，另外，由于农业劳动力成本的上升和农业生产要素价格的上升，导致农业生产成本不断提高，阻碍了农业生产竞争力的提高；其次，随着城镇化进程不断深入，农村耕地面积不断减少，农村生态环境遭到不同程度的破坏，食品安全问题频发等，这些都制约着农业竞争力的提升和农业可持续发展；最后，农业科技创新体系的支撑作用不够，主要表现在农业科技研发投入经费不足，科技成果转化效率低，缺少完善的科技服务体系等。这些因素造成我国农业竞争力整体偏弱。

（三）农村经营体系组织化和市场化程度不够

经营主体是产业发展的中坚力量，能够起到引领带动作用。目前，就农业经营主体总体而言，以家庭农场、农民专业合作社、乡村产业化龙头企业为代表的新型农业经营主体规模较小，农业生产主体还是以普通农户、专业大户为主，多数经营主体规模小、层次低、经营分散，组织化程度低，整合资源、集聚要素和抵御风险的能力弱，应对市场能力较弱，对新技术、新型产业的关注和参与能力较弱。同时，农业新型经营主体发展缓慢，有实力的新型经营主体少，对农户的辐射带动作用弱。虽然部分农村地区已形成家庭农场、龙头企业及农业专业合作社等各类经营主体，但与产业发展的要求仍有一定的差距。还有些地区扶植的经营企业产业品种单一、管理落后、发展粗放，产品同质化严重、创新能力不足、带动能力差。

（四）农业多功能性开发不足

传统经济学理论通常将产业发展划分为第一、第二、第三产业，乡村产业被划分为第一、第二、第三产业，农林牧副渔等农业被划分为第一产业，农村的工业和服务业划分为第二、第三产业[39]。这种划分明显具有局限性和不足，从根本上忽视了农业的多重功能性，使得乡村产业要素出现分离。从产业生态论的角度看，产业是由各种产业要素相互联系构成的有机体，包括劳动力、土地、环境、生态、村落、水资源、风俗习惯、传统文化等，这些来自第一、第二、第三产业的要素相互联系、相互渗透。然而，目前我国大部分乡村农业在生态、文化、社会等方面的功能性没有得到很好的挖掘，农业的功能多局限于第一产业。

农业作为国民经济中基础性产业，不仅具有提供农产品、保障人民温饱需求、提供就业、增加农民收入的经济功能，还具有其他多种功能，表现在：第一，在文化层面，具有旅游、休闲、体验、教育、民宿文化等功能，为乡村旅游、休闲农业、体验农业等提供空间和场所，满足人民群众旅游、休闲、体验等的需求；第二，在生态层面，具有保护自然资源、生态资源、维持人类和自然界和谐共处的功能。

随着城镇化、市场经济的快速发展，人们对经济利益的追求，农业生产朝着更加规模化、集约化方向发展，农村人口逐年减少，乡村产业更加追求经济效益，农业的经济功能不断提升，为此也付出了生态环境代价，乡村产业的文化、休闲、教育、生态等方面的功能优势受到抑制。

第四节　产业融合发展是乡村产业兴旺的必由之路

一、乡村产业融合发展拓展农业多种功能

随着工业化的不断推进，经济社会发展和人们生活水平的提高，农业的

功能不再局限于农业生产的功能，社会、生态、文化、旅游、体验、教育等农业多重功能逐步显现，体现出现代农业的多功能性特征。2007 年中央一号文件《中共中央国务院关于积极发展现代农业扎实推进社会主义新农村建设的若干意见》明确提出，要“开发农业多种功能，健全发展现代农业的产业体系”。人们开始关注现代农业多功能经济价值，农业的新功能主要包括粮食安全功能、生态保护功能、社会稳定功能、农业体验功能、文化教育功能等。

乡村产业融合发展突破产业边界，充分利用现代工业、服务业和高新技术产业技术成果、经营理念和管理模式，优化农业农村资源配置，提升农业价值链，拓展乡村产业发展空间，使农业与关联产业在交叉融合发展中充分实现农业的多种功能价值。现代生物技术和新兴信息技术在农业领域的渗透和应用，就是一个包括技术、产品、组织和市场等在内的系统的融合发展，融合后的新型农业业态——生态农业的出现就是产业融合的成果。生态农业作为一种产业融合发展新模式和新型农业业态，以生态学的理论、应用生物链的基本原理，借助于现代新兴科学技术手段和经营管理方法，改进传统农业的生产方式，改变传统农业生产中“农业生产—废弃物排放”这一资源利用率低、环境污染严重、不可持续的农业生产方式，转向“农业生产—废弃物排放—再利用—再生产”的资源利用效率高、环境污染少的可持续农业发展方式，实现节约资源、保护环境、提高效益等综合效应。

乡村产业融合发展还表现在休闲产业和旅游产业的发展上。休闲农业和乡村旅游产业是农业与服务业融合发展的新型产业业态。休闲农业是指以农业为主题，利用自然环境、农事活动、农村生活等农业自然文化资源，适应人们观光、休闲、体验等目的的农业与旅游业相融合的一种新型产业[40]。它实现了农业的文化教育、旅游、休闲、文明传承等功能，实现乡村产业的正外部性，并且突破了传统农业的单一生产性功能，延伸出服务业功能，为优化乡村产业结构、促进农民增收提供了新的发展思路。

二、乡村产业融合发展促进农业可持续发展

目前，我国农业发展面临农业资源短缺和农业生态环境退化的双重压力，耕地、淡水、森林、草地、生物物种等基本农业资源缺乏，水土流失严重、土地沙化快速、盐碱地增加、自然灾害频繁、环境污染严重等生态环境问题严重[40]。通过产业融合发展生态农业，是实现农业可持续发展的必然选择，产业融合发展为农业可持续发展提供了重要思路和发展方向。农业可持续发展是经济社会可持续发展的重要组成部分，可持续发展是每个产业发展的共同目标，产业融合发展可以整合相关产业资源，发挥协同效应和技术扩散效应，实现农业及各产业可持续发展的目标。美国、德国、澳大利亚等发达国家农业可持续发展的产业融合实践也为我国提供了一些经验借鉴。例如美国在20世纪80年代提出发展“低投入持续发展农业”，90年代又提出发展“高效率持续发展农业”，其基本思路是应用现代生物技术、信息技术等高新技术对农业生产和经营管理进行融合改造，通过使用农业生物技术、信息化管理技术等方式，发展生物农业、信息农业、生态农业等新型农业，在降低农业资源消耗和保护环境的同时，实现农业增产增效。

三、乡村产业融合发展是推进农业供给侧结构性改革的有效措施

近年来，我国农业农村发展取得了显著成绩，粮食产量连年丰收，农民收入持续稳定增长，2018年农村居民人均可支配收入达到28 228元，比上一年度增长8.8%。但同时，农业农村经济发展面临一些突出问题，有些问题与宏观经济发展周期有关，但主要是结构性问题；同时也有国内需求方面的问题，更多的是供给侧方面的问题。其主要表现在三个方面：其一，农产品供求结构失衡。粮食出现产量、库存量、进口量“三量齐增”的局面，一般性、普通性农产品供过于求，而优质、高端、精品、品牌农产品供不应求；有的农产品比如玉米库存高，而有的农产品比如大豆供应不足，需要大量进口。其二，农业生产质量效益不高和竞争力不强。租地、用工、种子、化肥、机

械、资金成本日益上升，农产品生产成本不断上涨，导致近几年中国小麦、大米、玉米和大豆等主要农产品价格比国际价格高出30%～50%，在国际市场明显处于劣势。其三，资源环境压力较大。耕地地力下降、地下水超采、水土植被流失、土地荒漠化、农业面源污染加重，生态环境形势严峻。

解决上述问题的基本途径是深化农业供给侧结构性改革，转变农业发展方式，提高农业供给的质量和效益。建立现代化农业生产能力，推进农业供给侧结构性改革，着力点在于调结构、提品质、去库存、降成本、补短板。要落实这些举措，必须要加快农村第一、第二、第三产业融合发展。

通过发展乡村产业化经营和培育壮大龙头企业，促进第一、第二、第三产业交叉融合，可以推进农业供给侧结构性改革。其一，融合发展可以推动乡村产业结构调整。许多龙头企业通过搭建“公司＋基地＋农户”等合作模式，引导农户调整农业种养结构，实现农业种养环节提高质量和效益，优化和提升农业生产结构。据《2018—2023年中国乡村产业化市场前瞻与投资战略规划分析报告》数据，截至2017年年底，全国各类乡村产业化组织达到38.6万个，辐射带动种植业生产基地约占全国农作物播种面积的六成，带动畜禽饲养量占全国的2/3以上。其二，推进农业科技创新。龙头企业在资金、技术、人才等方面具有比较优势，通过开展科技创新和积极应用先进科技成果、改进生产工艺，示范推广资本和技术集约型农业，有助于提升农业科技含量。2015年，省级以上龙头企业科技研发投入达537.3亿元，拥有农业科技人员60万人，超过1/4的龙头企业科技研发投入占到了企业年销售收入的1%以上。其三，促进农产品提质增效。目前，省级以上重点龙头企业中，超过七成通过了ISO 9000、HACCP、GAP、GMP质量体系认证，超过50%获省级以上名牌产品或著名（驰名）商标和“三品一标”认证。许多农业龙头企业通过技术创新和规模优势，实现产品品牌、品质和生产标准的提升，进而实现提高农业产品品质，降低农业生产成本与实现绿色发展的目标，也有助于延伸乡村产业链和进一步挖掘农业的增值空间[41-42]。

四、乡村产业融合发展是推进农民持续增收的重要途径

“十二五”期间，农民收入年均增幅达到9.6%，高于国民经济增长速度，为实现农民收入倍增目标打下了坚实基础。但当前农民收入较快增长的势头有所减缓，2016年农民人均可支配收入增速为6.2%，为2010年以来首次低于GDP增速。农民持续增收问题成为中国“三农”工作面临的最大挑战。具体分析农民收入的主要构成，包括工资性收入、经营性收入、转移支付收入等。从工资性收入来看，目前中国农村外出务工劳动力增速下降，根据国家统计局发布的农民工监测报告，从2012年至2016年，外出农民工数量呈逐年回落态势，增速分别为3%、1.7%、1.3%、0.4%、0.3%，到2016年年末外出农民工数量同比增长0.3%，比2015年末下滑了0.1个百分点，而农民的工资性收入增长受制于就业难和外出务工人数下降的影响。从转移支付收入来看，2016年全国财政收入增速为4.5%，为1998年以来的最低增速，再加上农作物良种补贴、种粮农民直接补贴和农资综合补贴等三项补贴政策调整向新型农业经营主体倾斜，因此农民转移支付收入的拓展空间较小。

因此，农民收入增长最大的空间是要延伸乡村产业链和挖掘农业多种功能性，提升乡村产业链的增值潜力，提高农业自身的经济效益。乡村产业融合，表现为乡村产业链的延伸、新产业新业态的发展，可以提供更多的就业岗位，开拓农民就业渠道，促进农民增收。乡村产业融合的最大潜力在于能够培育发展新产业新业态，能够激发乡村就业创业活力，完善以消费为导向的乡村产业体系。因此，产业融合可以促进农民增收和农业增效。

实现农民增收和农业增效不能只靠传统第一产业，必须在做强第一产业的基础上，大力发展农产品加工业、流通业和服务业，开拓就业岗位；发展农村服务业，积极推广农业先进适用技术，实现降本增效；发展休闲农业、乡村旅游、电子商务和生态农业，培育新业态和新产业；完善利益联结机制，让农民分享第二、第三产业发展成果，实现农民增收。据原中国农业部调查

数据，2015 年全国各类乡村产业化组织辐射带动农户 1. 26 亿户，农户从事产业化经营户均增收达 3 380 元。其中，省级以上龙头企业培训农民平均投入近 60 万元，平均向每户农民返还或分配的利润达 361 元；60 家国家重点龙头企业帮助 2. 2 万户农户获得贷款 61 亿元，缓解了一般农户发展规模经营资金短缺的困难状况。因此，通过推进乡村产业融合发展，让农民参与并分享产业融合的红利，是当前促进农民持续增收的突破口和希望所在[42]。

第三章

乡村产业融合发展的相关环境分析

第一节　政策环境分析

一、相关农业农村政策为产业融合发展提供了政策有利环境

党的十九大报告提出乡村振兴战略，并明确提出：“要坚持农业农村优先发展，按照产业兴旺、生态宜居、乡风文明、治理有效、生活富裕的总要求，建立健全城乡融合发展体制机制和政策体系，加快推进农业农村现代化。”2018年发布的《中共中央国务院关于实施乡村振兴战略的意见》中，把坚持城乡融合发展作为实施乡村振兴战略的基本原则之一。在中共中央政治局第八次集体学习时，习近平总书记再次强调，应通过振兴乡村开启城乡融合发展和现代化建设新局面[43]。这表明，建新时代中国特色社会主义，绝不允许出现一边是繁荣的城镇、一边是萧条的乡村的不平衡发展现象，只有坚持走城乡融合发展道路才是实施乡村振兴战略的正确方向。

自改革开放以来，我国的城乡关系经历了一个不断发展演变的过程，1978年家庭联产承包责任制吹响了改革开放的号角，以家庭联产承包责任制、统分结合的双层经营体制，逐步开放农产品市场，极大地解放和发展了生产力，我国农村面貌发生了翻天覆地的变化，有效地改善了广大农民物质文化生活。但是受经济发展阶段和二元体制的制约，城乡差距拉大逐渐演变成为我国经济社会发展中一个极其突出的问题，农业生产力不高、农民收入增长缓慢、农村公共事业落后，“三农”问题凸显。农业农村发展大大滞后于工业化、城镇化发展，严重影响到全面建成小康社会目标的实现，甚至影响到整个现代化建设的顺利进行。

新中国成立70年城乡关系的演进，经历了从改革开放前的城乡严重二元分割，到十六大后统筹城乡发展，十七大后推动城乡发展一体化，再到十九大提出建立健全城乡融合发展体制机制和政策体系，城乡二元体制在改革发

展中不断被破除[44]。2002年，党的十六大报告明确提出了“统筹城乡经济社会发展”宏伟战略，开启了城乡一体化发展的新纪元。此后，党中央围绕统筹城乡经济社会发展的战略，在解决“三农”问题和处理城乡关系方面提出了一系列新思想、新举措，将解决“三农”问题作为全党工作的重中之重，而且制定了对“三农”倾斜的“多予、少取、放活”的基本方针，并且准确做出了我国已经进入“以工促农、以城带乡”发展阶段的判断，也相应找到了实施统筹城乡发展战略的重要平台——社会主义新农村建设。2008年，十七届三中全会通过《中共中央关于推进农村改革发展若干重大问题的决定》，首次提出，在新形势下推进农村改革发展，要把加快形成城乡一体化格局作为根本要求。2012年，党的十八大进一步对城乡一体化发展做出了制度性安排，十八届三中全会通过的《中共中央关于全面深化改革若干重大问题的决定》对如何健全城乡一体化体制机制作出了全面部署。2017年，十九大报告作出了实施乡村振兴战略的重大部署，并提出了城乡融合发展的战略思想和要求。

党的十六大以来，是我国农业农村发展最快、农民收入快速增长和各种社会保障逐步完善的时期，各地城乡一体化发展取得显著成效。这要得益于我国国民经济的持续快速增长，具备了实施一系列强农、惠农、富农政策的经济实力，同时党中央明确了统筹城乡经济社会发展战略，并密集出台和实施了一系列强农、惠农、富农政策。城乡融合发展提供了乡村产业融合发展的体制基础，“三农”投入稳定增长奠定了产业融合发展的物质条件，城乡融合发展战略的制定与实施，消除了长期以来城乡分割、农业与工业分立发展的制约，同时消除了城市对乡村的辐射带动效应和乡村对城市的正向反馈效应难以有效发挥的体制性障碍，使乡村产业融合通过资源共享、要素流动、资源优化配置而成为可能。

2004—2020年，中央一号文件连续17年聚焦“三农”，强调了“三农”问题在中国社会主义现代化建设中的“重中之重”地位。每份文件都是针对当时“三农”发展呈现的新问题、新矛盾和新举措而出台的政策文件。2004

年到2013年，文件主题涉及农民增收、农业综合生产能力提升、新农村建设、发展现代农业、农业农村基础设施建设、农业稳定、统筹城乡、水利建设、农业科技创新、完善农业经营体系等。从历年政策重点来看，一年一个重点，一个问题一个问题解决；既注重农民收入增长，又重视提高农业综合生产能力；既要加强新农村建设和农村基础设施建设，又要建立新型农业经营体系，大力发展现代农业。

2014—2016年，连续三年聚焦“农业现代化”建设问题，影响和意义深远，也由此反映了党中央高度重视解决“三农”问题的立场和行动。2014年中央一号文件《关于全面深化农村改革加快农业现代化的若干意见》强调通过全面深化农村改革，包括农业保护制度、农业可持续发展长效机制、土地制度、金融制度、城乡一体化体制、乡村治理体制改革等，加快推进农业现代化。2015年中央一号文件《关于加大改革创新力度加快农林现代化建设的若干意见》强调全面深化农村改革，全面推进农村法治建设，推动新型工业化、信息化、城镇化和农业现代化同步发展，努力在提高粮食生产能力上挖掘新潜力，在优化农业结构上开辟新途径，在转变农业发展方式上寻求新突破，在促进农民增收上获得新成效，在建设新农村上迈出新步伐，为经济社会持续健康发展提供有力支撑。2016年中央一号文件《关于落实发展新理念加快农业现代化实现全面小康目标的若干意见》，强调落实发展新理念加快农业现代化，要牢固树立和深入贯彻落实创新、协调、绿色、开放、共享的发展理念，大力推进农业现代化，大力推进农业现代化，必须着力强化物质装备和技术支撑，着力构建现代乡村产业体系、生产体系、经营体系，实施藏粮于地、藏粮于技战略，推动粮经饲统筹、农林牧渔结合、种养加一体以及第一、第二、第三产业融合发展，让农业成为充满希望的朝阳产业。

2017年的中央一号文件《中共中央国务院关于深入推进农业供给侧结构性改革　加快培育农业农村发展新功能的若干意见》，针对我国农业面临的主要矛盾已由总量不足转变为结构性矛盾，且矛盾的主要方面在供给侧的特点，直接聚焦农业供给侧结构性改革，提出要在确保国家粮食安全的基础上，紧紧围绕市场需求变化，以增加农民收入、保障有效供给为主要目标，以提高农业供给质量为主攻方向，以体制改革和机制创新为根本途径，优化乡村产业体系、生产体系、经营体系，提高土地产出率、资源利用率、劳动生产率，促进农业农村发展由过度依赖资源消耗、主要满足量的需求，向追求绿色生态可持续、更加注重满足质的需求转变。

2018 的中央一号文件《中共中央国务院关于实施乡村振兴战略的意见》发布，明确了实施乡村振兴战略的目标任务、基本原则，对实施乡村振兴战略进行了全面部署。提出实施乡村振兴战略，是解决人民日益增长的美好生活需要和不平衡不充分的发展之间矛盾的必然要求，是实现“两个一百年”奋斗目标的必然要求，是实现全体人民共同富裕的必然要求。并从提升农业发展质量、推进乡村绿色发展、繁荣兴盛农村文化、构建乡村治理新体系、提高农村民生保障水平、打好精准脱贫攻坚战、强化乡村振兴制度性供给、强化乡村振兴人才支撑、强化乡村振兴投入保障、坚持和完善党对“三农”工作的领导等方面进行部署。

2019 年的中央一号文件《中共中央国务院关于坚持农业农村优先发展做好“三农”工作的若干意见》发布，提出要紧紧围绕统筹推进“五位一体”总体布局和协调推进“四个全面”战略布局，牢牢把握稳中求进工作总基调，落实高质量发展要求，坚持农业农村优先发展总方针，以实施乡村振兴战略为总抓手，对标全面建成小康社会“三农”工作必须完成的硬任务，适应国内外复杂形势变化对农村改革发展提出的新要求，抓重点、补短板、强基础，围绕“巩固、增强、提升、畅通”深化农业供给侧结构性改革，坚决打赢脱贫攻坚战，充分发挥农村基层党组织战斗堡垒作用，全面推进乡村振兴，确保顺利完成到 2020 年承诺的农村改革发展目标任务。

2020 年的中央一号文件《中共中央国务院关于抓好“三农”领域重点工作确保如期实现全面小康的意见》，仍然聚焦“三农”领域。文件指出，2020 年是全面建成小康社会目标实现之年，是全面打赢脱贫攻坚战收官之年。党中央认为，完成两大目标任务，脱贫攻坚最后堡垒必须攻克，全面小康“三农”领域突出短板必须补上。脱贫攻坚质量怎么样、小康成色如何，很大程度上要看“三农”工作成效。务必深刻认识做好2020年“三农”工作的特殊重要性，毫不松懈，持续加力，坚决夺取第一个百年奋斗目标的全面胜利。同时，对抓好“三农”领域重点工作做出了五个方面的具体要求和部署，具体包括：坚决打赢脱贫攻坚战；对标全面建成小康社会加快补上农村基础设施和公共服务短板；保障重要农产品有效供给和促进农民持续增收；加强农村基层治理；强化农村补短板保障措施。

梳理下来，每年的中央一号文件都是以农业农村发展某个具体问题为导向，既着力突破难点，又注重前后衔接，努力破解“三农”问题，推动农业现代化发展，并努力实现城乡一体化发展。

二、乡村振兴战略的实施为产业融合发展描绘了蓝图

2018的中央一号文件对构建农村第一、第二、第三产业融合发展体系提出了具体要求，为产业融合发展勾画了清晰蓝图。文件提出要大力开发农业多种功能，延长产业链、提升价值链、完善利益链，通过保底分红、股份合作、利润返还等多种形式，让农民合理分享全产业链增值收益。实施农产品加工业提升行动，鼓励企业兼并重组，淘汰落后产能，支持主产区农产品就地加工转化增值。重点解决农产品销售中的突出问题，加强农产品产后分级、包装、营销，建设现代化农产品冷链仓储物流体系，打造农产品销售公共服务平台，支持供销、邮政及各类企业把服务网点延伸到乡村，健全农产品产销稳定衔接机制，大力建设具有广泛性的促进农村电子商务发展的基础设施，鼓励支持各类市场主体创新发展基于互联网的新型乡村产业模式，深入实施电子商务进农村综合示范，加快推进农村流通现代化。实施休闲农业和乡村旅游精品工程，建设一批设施完备、功能多样的休闲观光园区、森林人家、康养基地、乡村民宿、特色小镇。对利用闲置农房发展民宿、养老等项目，研究出台消防、特种行业经营等领域的便利市场准入、加强事中事后监管的管理办法。同时，要求发展乡村共享经济、创意农业、特色文化产业。

乡村振兴战略提出后，学者普遍关注产业融合对乡村振兴的重要性和推动作用，而没有人讨论乡村振兴对于产业融合的影响。按照实现“产业兴旺、生态宜居、乡风文明、治理有效、生活富裕”的总要求，产业兴旺是乡村振兴的基础，但同时“生态宜居、乡风文明、治理有效、生活富裕”又为产业兴旺发展提供良好的基础和环境条件，五个方面是一个有机整体，不可分割，并且是互为条件、相互促进的良性循环的关系。产业兴旺发达是个经济发展的系统工程，不是单兵作战可以取得突破的。产业的发展需要良好的基础设施、生态环境、文明乡风和有效的治理机制，尤其是治理机制是产业发展的保障。基层治理体系建设是产业融合发展的保障，现在很多地方乡村产业发展虽有某些资源优势，但因为缺少好的带领人和领带机制而“深藏闺中”，不能得到有效的开发。产业兴旺发展不是自发产生的，是政府和企业共同参与才能积极有所作为的领域，产业的发展需要政府规划引领，需要良好基础设施、配套政策和制度改革的支撑，因此乡村振兴所推进的基础设施、生态环境、文明乡风和有效治理机制建设为乡村产业兴旺发展提供了基础条件和政策环境。

统筹城乡发展战略提供了农业与相关产业融合发展的体制性基础，新农村建设政策指明了融合发展的方向，“三农”投入稳定增长奠定了融合发展的物质条件。统筹城乡发展战略的制定与实施，消除了长期以来城乡分割、农业与工业分立发展以及城市对乡村的辐射带动效应和乡村对城市的正向反馈效应难以有效发挥的体制性障碍，使农业与相关产业通过资源共享、融合发展、提高资源利用效率和市场竞争力成为可能。

从 2004 年以来的中央一号文件看，农业与服务业、农业与工业、农业与旅游业、农业与生物产业、农业与信息产业、农业内部的子产业融合发展等符合现代农业发展的政策导向。从政府对“三农”的投入来看，提供了投入持续稳定增长的长效政策保障。政府“三农”投入的持续稳定增长，在交通、通信、电力等基础设施建设方面为农业发展提供了良好的硬件环境，在教育、医疗、文化、卫生等公共服务方面为农业发展创造了良好的软件环境。这不仅有利于充分调动农民投资农业和发展农村经济，也有利于吸引工业、服务业和高新技术产业领域的投资者进军农业，促进农业与相关产业融合。

第二节　经济环境分析

一、城乡融合发展为产业融合发展提供了契机

随着新型城镇化和新农村建设的深入推进，我国城镇化率不断提高，2018 年末，我国常住人口城镇化率达到 59.58%。工业化所形成的“二元结构”问题成为造成“三农”问题的根源，党的十六大作出了“统筹城乡经济社会发展”的战略部署。党的十八大进一步明确提出，城乡发展一体化是解决“三农”问题的根本途径，并对城乡一体化发展作出了全面部署和制度性安排。十九大报告又进一步明确提出了城乡融合发展战略思维，并强调优先发展农业农村，建立健全城乡融合发展体制机制和政策体系，加快推进农业农村现代化步伐。城乡融合发展的部署和要求为乡村产业融合发展提供了契机，城乡融合发展战略部署，旨在打破城乡之间要素流动壁垒和约束，通过制度安排和政策体系促进城乡之间资源、要素合理流动和平等交换。农业农村发展的许多问题，需要向城市寻找到解决问题的办法，乡村产业发展的消费支撑，需要向城市寻找市场，现代农业的消费需求，需要向城市居民寻找出路，乡村休闲农业和旅游业的发展，消费需求的主要支撑也是来自城市居民的消费需求，因此城乡融合发展的格局为乡村产业发展提供了巨大的、有潜力的消费需求，创造了乡村产业高质量发展的契机。

二、城乡居民消费转型升级为产业融合发展提供了需求动力

农业消费，主要指城乡居民对农业原产品、加工产品和农村服务业产品

的消费。根据消费产品的性质不同，农业消费可分为农业物质产品消费和农业精神文化产品消费。前者是为了满足城乡居民物质生活需求，后者是为满足其精神文化生活需求。从农业消费发展演变过程来看，计划经济时期以来，中国农业消费大体经过了三个阶段，即被动消费、从被动消费向主动消费过渡、完全主动消费三个阶段。从农业消费品结构性特征来看，主要呈现以下特征，从关注数量向关注质量转变，从单一品种向多元化品种转变，从农产品消费占比较大向加工品和服务产品消费占比增加转变，从物质消费品为主向精神消费品比重加大转变。

被动消费阶段，主要指计划经济时期，由于农业生产力落后，农产品供给严重短缺，粮、棉、油、肉、蛋类等农产品是按照计划方式来供应，农村是按人口分配，城市是凭票供应，国家统一定价，农业生产的农产品单一、初级。农业消费的基本特点是政府供应、分配什么产品，居民消费什么产品，基本上没有市场经济自由选择的自由，消费需求满足程度较低。农业低产出、居民低收入，决定了社会低消费水平，因而城市和乡村整体生活水平较低。从恩格尔系数来看，城镇居民家庭在 1952 年为 58.43%，农村居民家庭在 1954 年为 68.6%，到 1978 年，城镇和农村居民家庭为分别为 57.51% 和 67.7%，经济发展水平处于尚未解决温饱的贫困阶段。被动消费决定了城乡居民农业消费对农业生产的拉动作用很微弱。

从被动消费向主动消费过渡时期转变阶段，从市场经济体制改革开始。农村家庭联产承包责任制的改革措施和农业科技水平进步，农业生产力得到解放和提高，农业生产效率提高，农业生产告别低级、粗放阶段，农产品生产告别了供给短缺时代，逐步进入供求基本平衡阶段，也基本解决了温饱问题。农业消费特点呈现农业物质产品消费大幅度增加，农产品供给更加多样化，消费结构趋于多样化，并且随着市场经济改革的推进，居民消费有了更多的自主选择权，选择余地增大。物质产品消费规模上升的同时，农产品消费市场开始逐渐繁荣，农业服务类产品消费逐步增加。有些城市居民选择到近郊、乡村旅游观光，农业观光、农业体验、休闲农业等服务产品消费逐渐兴起。城乡居民收入稳步增长，生活水平显著提高，消费能力不断增强，解决了温饱之后，开始迈向小康。1990 年，城镇居民家庭人均可支配收入为1 510元，农村居民家庭人均纯收入为 686 元，城乡居民家庭恩格尔系数分别为58. 8% 和 54. 2% ，按国际标准，生活基本上达到了温饱水平。到 2000 年，城镇居民家庭人均可支配收入为 6 280 元，农村居民家庭人均纯收入为 2 253 元，城乡居民家庭恩格尔系数分别为 58. 8% 和 54. 2% ，生活上达到了“低水平、不全面、发展很不平衡”的低水平小康。农产品供求基本实现平衡，农业消费对农业生产的拉动作用和贡献开始显现，乡村产业结构朝着消费需求结构的变化，在实现产量增的同时，开始生产高品质农产品，同时开始发展农村服务业。

完全主动消费时期阶段，进入 21 世纪，政府支农惠农政策的落实，农业开始进入快速发展期，农产品从供求基本平衡开始逐步进入相对过剩时期，调整乡村产业结构，推动农业供给侧结构改革，增加高品质农产品的供给，实现农业提质增效提成为新时期农业发展的重要任务。农业消费结构特点呈现升级的特点，更加注重健康、营养、食品安全，绿色食品、无公害食品、有机食品和高品质食品消费逐渐成为消费的主流趋势，农业服务产品消费不断增长，文化旅游消费需求不断增长，乡村旅游、休闲农业消费成为热点。

城乡居民农业消费升级，为乡村产业融合提供了巨大的市场需求潜力。近年来，城乡居民收入水平显著提高，生活正在向全面小康迈进。根据国家统计局发布的数据，2018 年，城镇居民人均可支配收入 39 251 元，城镇居民人均消费支出 26 112 元，农村居民人均可支配收入 14 617 元，农村居民人均消费支出 12 124 元，城镇居民家庭恩格尔系数为 28. 4% ，农村居民恩格尔系数为 30. 1% 。城乡居民可支配收入的稳步增长和人均消费支出日益增加，也反映出城乡消费结构的转型升级，高品质农产品的消费需求和农业精神文化产品消费需求的日益增长，客观要求创新农业发展模式，逐渐摆脱农业简单、粗放、初级的生产方式，以农业供给侧结构改革为主线，优化提升农业供给，发展现代农业、智慧农业、农业电商等模式，促进农业与第二、第三产业融合发展，促进农业提质增效，构建现代农业生产体系。

第三节　技术环境分析

从乡村振兴的视角看，产业融合离不开技术的支撑。2013 年，新一代信息技术与生物技术融合的理念提出，代表着新兴产业发展和医疗卫生服务的前沿，新型医疗健康信息服务步入了高速发展的快车道。2017 年 12 月 5 日，由国家发展改革委高技术产业司委托中国信息通信研究院主办的生物产业与信息技术产业融合发展研讨会成功召开，知名专家、企业及医疗机构代表共同讨论了生物产业与信息技术产业融合发展趋势和重点方向，并探讨了在推动生物产业和信息技术产业融合发展的政策措施。

一、新一代信息技术为乡村产业融合保驾护航

（一）“互联网 + 现代农业”

随着信息化和农业现代化深入推进，以大数据技术为代表的新兴信息技术的应用为农业现代化发展提供了技术手段，农业农村大数据正在与乡村产业全面深度融合，日益成为智慧农业的神经系统和推进农业现代化的核心。国家高度重视农业大数据的应用，为了大力推动农业农村大数据的发展和应用，国家先后出台了《关于促进大数据发展行动纲要》《关于促进农村电子商务加快发展的指导意见》《关于推进农业农村大数据发展的实施意见》《农业农村大数据试点方案》等文件，积极部署各地加快推进农业大数据的发展和应用。

农业物联网、农业数据云平台、卫星遥感平台等在农业中的应用越来越普遍，农业大数据基础设施建设逐渐完善，使得我国在实时获取农业信息方面的能力不断增强。通过建立重要农产品和特色优势农产品数据库，实现对国家或者区域重点农产品品种监测、总量调控。充分利用遥感监测、统计上报

及渠道采集数据，构建乡村产业大数据库，实现共建共享，提升政府农产品宏观调控能力。

依托物联网进行大数据的挖掘和分析，可以为智慧农业生产运营提供支撑，以精准农业、智慧园区建设为特征的现代农业园科技示范工程在全国各地逐步展开，推动了物联网、智能装备等在农业生产中的应用，也推动了农业物联网云服务平台的建设。例如，有公司自主研发的智能检测系统，可以监测农业产品的生产情况，通过数据积累和分析实现局部气象预报、病虫害预测、土壤监测等功能。以农业大数据平台为基础，充分利用移动互联网、云计算、物联网等新一代信息技术与农业的跨界融合，统筹共享全产业链大数据资源，可以打造基于互联网平台的现代农业新产品、新模式与新业态。如储备土地信息、生产信息、交易信息、经营管理信息等产业链的数据资源，可为土地规模化耕种、精准农业等问题提供解决方案。

（二）“互联网 + 农村电商”

据央视网消息：国务院联防联控机制发布的数据显示，2020 年一季度全国电子商务发展势头迅猛，农村电商突破 1 300 万家。各大电商开辟助农专区，为滞销农产品打开销路和市场。

2020 年，面对疫情带来的农产品滞销，作为农村电商的国家队，中国供销集团新合作公司、中国供销电子商务公司发挥遍布 19 个省 9 万多个经营网点的优势，累计采购农副产品 11 万吨。在解决农产品滞销同时，也重点保障了湖北省的米袋子和菜篮子。

淘宝 2020 年 2 月初就启动“爱心助农”计划，帮助农产品商家免费开通淘宝直播。京东旗下社交电商平台“京喜”设置疫情专项资金，开通“全国生鲜产品绿色通道”，在供应链、物流、运营还有推广等方面为农户提供帮助。

拼多多设立“农货抗疫”专区，覆盖 400 个农产区包括 230 多个国家级贫困县的农产品，并设置了 5 亿元专项农产品补贴，帮助解决疫情期间的农产品产销对接问题。数据显示，2020 年第一季度，农村网店在拼多多上卖出的农产品订单数超过 10 亿笔，同比大增 184%。

2020 年一季度农村电商快速发展的背后离不开中央的大力支持。2020 年中央一号文件要求，扩大电子商务进农村覆盖面，支持供销合作社、邮政快递企业等延伸乡村物流服务网络。农业农村部等四部委发布实施《关于实施“互联网 +”农产品出村进城工程的指导意见》，确立了农产品借助电商平台重构产业链和供应链的新方向。

二、现代生物技术为智慧农业实施提供了保障

“智慧农业”是物联网、云计算、大数据、人工智能等新一代信息技术在农业中综合、全面的应用成果，它实现了更完备的信息化基础支撑、更透彻的农业信息感知、更集中的数据资源、更广泛的互联互通、更深入的智能控制、更贴心的公众服务。然而，智慧农业也离不开现代生物技术，智慧农业只有与现代生物技术、种植技术等高新技术融合于一体，对我国的乡村产业融合、建设世界水平农业才具有更重要的意义。

生物技术是推动现代乡村产业发展的核心动力，是提升国家农业竞争力的战略利器。全国政协委员、中国工程院院士、中国农业科学院副院长万建民建议要加强农业生物技术研发，抢占农业生物技术发展制高点。近年来，生物技术在引领未来经济社会发展中的战略地位日益凸显，而现代生物技术正在加速向应用领域渗透，取得了一系列重要进展和重大突破，在革命性解决人类发展面临的环境、资源和健康等重大问题方面展现出巨大前景，现代生物技术也成为继信息产业之后的又一个新的主导产业。

当前，我国经济发展进入新常态，我国农业发展正处于传统的农业向现代农业转变的关键时期。在经济新常态、智能新时代背景下，老龄化叠加人口流出使得农村的劳动力人口锐减，传统的人力密集型的农业模式已经不可持续，“机器替人”成为农业发展的必然趋势。因此，通过产业融合实现乡村振兴，要求农业须用新思路、新视野、新办法来调整农业结构，发展乡村产业化必须依靠改革创新，推动农业现代化发展。

第一节　中国乡村产业化发展政策演变及实践

一、乡村产业化发展政策演变

国家关于乡村产业融合发展的政策轨迹可以追溯到改革开放后，国家始终高度重视并着力解决“三农”问题，十一届三中全会之后，国家根据不同时期农村农业经济出现的新情况、新问题，颁布了一系列涉农经济政策，不断深化农村改革，推动农业增效、农民增收和农村繁荣，同时也为乡村产业融合发展积累了宝贵的政策经验。总体来看，改革开放以来国家关于乡村产业化发展的政策变迁可分为三个阶段。

（一）改革开放初期农产品流通体制改革

新中国成立后，我国实行的是优先发展重工业的“赶超战略”，它区别于西方国家内生型的工业化道路，存在资本替代劳动力的趋向，因此1958年国家开始实行对所有农副产品采取低价购买的统购统销（统购派销）政策，用以支持工业的发展。政府采用计划方式安排农业生产和销售环节，该体制人为地将农业生产的产前、产中、产后等环节割裂开来，使农业生产和销售环节完全脱离，严重影响了乡村产业的综合发展。

改革开放之后，国家农村改革的目标简单明确，即增加粮食产量和提高农民收入。中央首先从农产品购销体制改革入手：第一步，通过提高粮食的收购价格和减少征购数量，加上家庭联产承包责任制改革，促使粮食产量大幅增长。第二步，为减轻日益增长的价格补贴所造成的财政负担，在坚持统购统销政策的同时，实行“计划调节为主，市场调节为辅”的合同制。第三步，彻底取消统购统销制度，建立合同订购制。1980年出现农民卖粮难问题后，促使中央进一步加快了对整个农产品流通体制的改革。一方面，通过积极开展农副产品的就地加工、产品精选和综合利用，走“收购—加工—销售”的模式；另一方面，多方疏通农产品市场，开辟农产品流通渠道，对农业供销社和信用社体制进行改革，恢复其商业性质。农村流通领域系列政策的转变，使得农业的生产、加工、销售、服务等各个环节有机联系起来，初步形成了相对完善的乡村产业链，开始逐步打破长期以来农业与第二、第三产业分割的体系，也为后来农业的市场化和产业化发展奠定了基础。

（二）20 世纪 90 年代农业市场化改革的相关政策

20 世纪 80 年代，农村流通体制改革初见成效，农业产值大幅提升，农民生活水平得到较大改善。改革成效坚定了党和国家进行市场经济体制改革的信心和决心，开始更加重视农业农村经济发展中市场资源配置的作用。这个阶段农业市场化改革的探索，国家相关主要政策梳理如表 4 - 1 所示，主要集中两个方面：一是大力扶持乡镇企业发展。乡镇企业前身是社队企业，1984 年更名为乡镇企业，是这个阶段乡村产业结构调整和进行市场化改革探索的重要载体。国家相继制定一系列有利于乡镇企业发展的税收、贷款等优惠政策，乡镇企业发展进入“快车道”。这个阶段乡镇企业通常是集体所有制企业，早期主要业务大都是农业及其相关产业，因此可以说是最早的乡村产业化组织模式。二是贸工农、产供销一体化发展。1989—1992 年大量农产品滞销问题的出现，说明分散而弱小的农户生产经营难以应对市场经济的风险，如何组织农民进入市场成为亟待解决的问题。党的十四大确立了建立社会主义市场经济体制的改革目标，全国各地都掀起了农业市场化产业化改革探索的热潮，经过实践探索，最终选择了以乡镇企业及其他国营经济组织为主体的“贸工农、产供销一体化”产业化发展之路，奠定了农业的基本框架[45]。

表4-1　20世纪90年代农业市场化改革的国家相关政策

年份	文件	政策主要内容（节选）
1985	中央一号文件《关于进一步活跃农村经济的十项政策》	取消农产品统派购制度，改革农村经济管理体制，在国家计划指导下，扩大市场调节；乡镇企业的技术改造费，在贷款数额和利率上给予优惠；对新办乡镇企业定期免征所得税；用于补助社会性开支的费用，可按利润的10%在税前列支
1992	农业部《关于促进乡镇企业持续健康发展报告》	坚持“积极扶持，合理规划，正确引导，加强管理”的方针，采取有力的扶持措施，帮助贫困地区和民族地区发展乡镇企业，认真解决乡镇企业在发展过程中的困难和问题
1993	《中共中央关于建立社会主义市场经济体制若干问题的决定》	调整农村的产业结构，加快乡镇企业和其他非农产业的发展，为农村剩余劳动力提供更多的就业机会。实现农业产品结构和乡村产业结构调整，必须积极培育农村市场，打破地区封锁、城乡分割的状况，进一步搞活流通
1997	国家经济贸易委员会《关于发展贸工农一体化的意见》	要大力发展贸工农一体化经营，按照风险共担、利益均沾的原则，建立稳定的农工商关系，形成种养、加工、销售一条龙的产业链条，理顺农产品流通渠道，规范流通秩序，实现对农产品逐级加工增值，带动农村经济发展

资料来源：根据国家相关政策文件整理。

（三）21世纪初期乡村产业化经营的相关政策

2001年我国成功加入世贸组织，对外开放的步伐迈入新阶段，农产品市场面临日趋激烈的国际化竞争，亟须改变原来农业生产单一的产业结构，提升农业综合竞争能力。经过多方面探索和尝试，国家最终选择乡村产业化经营道路来推进农业现代化建设，把乡村产业化经营作为“贸工农、产供销一体化”模式的升级版[45]。从2004年开始，中央一号文件连续7年聚焦农业农村问题，制定了一系列优惠政策，如表4-2所示，包括财政、税收、信贷和出口等，支持乡村产业化经营和龙头企业等经营主体的发展。此外，农业部还专门成立了乡村产业化办公室，各省市也都相继成立了乡村产业化领导小组，以引导和支持乡村产业化发展。在国家政策的大力支持下，产生了大批龙头企业、农民专业合作社、家庭农场等新型乡村产业化经营主体，乡村产业化发展步伐开始进入快车道，逐渐走向繁荣。

表 4 – 2　21 世纪初期乡村产业化经营的国家相关政策

年份	文件	政策相关内容（节选）
2004	中央一号文件：《中共中央国务院关于促进农民增加收入若干政策的意见》	各级财政要安排支持乡村产业化发展的专项资金，增加对龙头企业的投入。对符合条件的龙头企业的技改贷款，可给予财政贴息。对龙头企业为农户提供培训、营销和技术服务可给予财政补助
2005	中央一号文件：《中共中央国务院关于进一步加强农村工作提高农业综合生产能力若干政策的意见》	继续加大对多种所有制、多种经营形式的乡村产业化龙头企业的支持力度。鼓励龙头企业以多种利益联结方式，带动基地和农户发展。加快改进对龙头企业的信贷服务，切实解决龙头企业收购资金紧张的问题
2006	中央一号文件：《中共中央国务院关于推进社会主义新农村建设的若干意见》	要着力培育一批竞争力、带动力强的龙头企业和企业集群示范基地，推广龙头企业、合作组织与农户有机结合的组织形式。各级财政要增加扶持乡村产业化发展资金，支持龙头企业发展。积极引导和支持农民发展各类专业合作经济组织
2009	中央一号文件：《中共中央国务院关于 2009 年促进农业稳定发展农民持续增收的若干意见》	加快发展农民专业合作社，开展示范社建设行动。扶持乡村产业化经营，鼓励发展农产品加工。中央和地方财政增加乡村产业化专项资金规模
2010	中央一号文件：《中共中央国务院关于加大统筹城乡发展力度进一步夯实农业农村发展基础的若干意见》	推动家庭经营向采用先进科技和生产手段的方向转变，推动统一经营向发展农户联合与合作，形成多元化、多层次、多形式经营服务体系的方向转变。大力发展农民专业合作社。扶持农民专业合作社自办农产品加工企业。增加乡村产业化专项资金

资料来源：根据国家相关政策文件整理。

二、乡村产业化发展实践

对我国乡村产业化发展历程进行梳理，可以发现不同时期的发展模式不尽相同，关注的侧重点从最初农产品销售到乡村产业链完善再到对农民利益的关注，随着各项改革的推进日益完善。

（一）以合同订购为主的契约连接模式

契约连接式模式是 20 世纪八九十年代，为解决农产品的滞销问题，以合同或契约为纽带，将农户与进行农产品加工的乡镇企业等经济组织连接起来，形成农产品产供销一体化的农业产销模式。在乡村产业化发展初期阶段，农民市场化应对能力太低的情况下，该模式以加工引导生产、带动生产，引导和帮助农民按照加工厂的要求生产和提供产品，从而逐步融入市场经济。该模式大都采用“订单农业”“公司＋农户”的形式，形式较为单一，且仅仅解决农产品的初加工和销售问题，农民仍处于产业链的最底端，是乡村产业化的初级模式。

（二）以市场为导向的企业带动模式

企业带动模式是21世纪初期在贸工农一体化的基础上，以市场为导向，以涉农龙头企业为主体，整合农产品的生产、加工、流通、贸易、品牌和营销等产业链的各个相互关联环节，形成市场牵龙头、龙头带农户，集种养、加工、销售于一体化的乡村产业化经营模式。该模式大都采用“龙头企业＋农户”或“龙头企业＋中介组织＋农户”的形式，借助龙头企业较强的整合能力，将农业与流通、贸易、营销等产业进行充分的信息交流、资源交换等，延长乡村产业链，提高农产品的使用效率和附加值。由于企业和农户各为利益主体，各自追求自身利益最大化，利益联结机制较为松散，再加上初级农产品供给相对过剩，农民的组织化程度较低等原因，因此在该模式中企业处于主导地位，农民获取的利益相对较少，农民收入水平提升成效有限[45]。

（三）以完善利益联结机制为核心的多经营主体联动模式

多经营主体联动模式是指各类经营主体以农业为基本依托，以共同利益为纽带，以制度、技术和商业模式创新为动力，通过充分开发农业的多种功能和多重价值，使得农业与其他产业间相互渗透，最终带动资源、技术、市场需求等生产要素在农村整合集成和优化重组，同时实现各类经营主体和谐共生的产业融合模式。该模式的形式较多，如由农户主导的农家乐、农产品地产地销等；由农民合作社主导的土地托管经营、农超对接、农社对接等；由龙头企业主导的“龙头企业＋农户”“龙头企业＋中介组织＋农户”等；由信息技术引领的“互联网＋”等。该模式最大的特点是通过构建新型的利益联结机制将农民与新型农业经营主体利益一体化，并且强化农民的共享利益主体地位，使农民能稳定地分享延长产业链的利益。另外，由于融合基点在农村，使得农业流出到工商业和城市的就业岗位和附加价值内部化，从而将加工流通、休闲观光和消费环节的收益留在农村、留给农民。同时，由于乡村产业链条的延伸，农产品从生产加工到运储销售是一个有机的整体，从而实现“小农户”与“大市场”、城市与农村、现代工业与农业的有效联结。

第二节　中国乡村产业融合发展的政策演变及实践

一、乡村产业融合发展相关政策演变

解决“三农”问题一直是国家工作的重点，党中央立足于我国“三农”问题的基本国情，审时度势、高瞻远瞩，从全局和战略的高度，将理论与实践相结合，提出了推进农村第一、第二、第三产业融合发展的思想和政策方向，成为农业农村发展的新思想、新途径。它丰富了新时代中国特色社会主义思想理论体系和政策体系，体现了党中央主动适应、把握引领经济发展新常态、培育经济发展新动能和解决“三农”问题的使命担当和政治智慧。党中央关于乡村产业融合思想的形成和发展大致经历了三个发展阶段。

（一）乡村产业融合思想的孕育阶段

十八大报告明确提出了农业现代化的思想，坚持走中国特色新型工业化、信息化、城镇化、农业现代化道路，明确定位农业现代化与其他三化同等重要、不可替代，并且表述四化之间相互依存、相互促进的关系，为乡村产业融合发展打下了理论和政策基础。十八大之后，有关“三农”问题和农业现代化发展的理论和政策表述相比于之前有以下特点。

一是更加重视促进农村小康和“四化同步协调”。十八大首次将农业现代化提升到和“工业化、信息化、城镇化”同步协调发展的高度。十八大报告

提出加快农业现代化的方式是“加快发展现代农业，增强农业综合生产能力，确保国家粮食安全和重要农产品有效供给”，以及“发展农民专业合作社和股份合作，培育新型经营主体，发展多种形式规模经营，构建集约化、专业化、组织化、社会化相结合的新型农业经营体系”，这些表述为农业现代化发展指明了方向。2013 年 12 月召开的中央农村工作会议明确提出，“小康不小康，关键看老乡”“农业还是‘四化同步’的短腿，农村还是全面建成小康社会的短板”。2013 年《关于创新机制扎实推进农村扶贫开发工作的意见》明确提出，“全面建成小康社会，最艰巨最繁重的任务在农村特别是贫困地区”。

二是更加重视发展现代农业和构建新型农业经营体系。十八大报告中提出要加快发展现代农业，增强农业综合生产能力，还提出要发展农民专业合作和股份合作，培育新型经营主体，发展多种形式规模经营，构建集约化、专业化、组织化、社会化相结合的新型农业经营体系。经营主体是农业现代化的微观主体和支撑，同时也是产业融合的微观主体和支撑，此表述已经为乡村产业融合发展做了铺垫。2013 年《中共中央国务院关于加快发展现代农业进一步增强农村发展活力的若干意见》中，对发展现代农业作出了全面部署，提出要努力提高农户集约经营水平，大力支持发展多种形式的新型农民合作组织，培育壮大龙头企业。明确要求，“尊重和保障农户生产经营的主体地位，培育和壮大新型农业生产经营组织”，要“鼓励和支持承包土地向专业大户、家庭农场、农民合作社流转，发展多种形式的适度规模经营”“构建农业社会化服务新机制，大力培育发展多元服务主体”。十八届三中全会通过的《中共中央关于全面深化改革若干重大问题的决定》明确提出，“加快构建新型农业经营体系，坚持家庭经营在农业中的基础性地位，推进家庭经营、集体经营、合作经营、企业经营等共同发展的农业经营方式创新”。2014 年印发的《中共中央国务院关于全面深化农村改革加快推进农业现代化的若干意见》对农业现代化作出了全面部署，并对构建新型农业经营体系做出了具体要求，发展多种形式规模经营、扶持发展新型农业经营主体、健全农业社会化服务体系、加快供销合作社改革发展。

三是更加重视加快转变农业发展方式和增强创新驱动能力。2014 年印发的《中共中央国务院关于全面深化农村改革加快推进农业现代化的若干意见》提出，“要以解决好地怎么种为导向，加快构建新型农业经营体系；以解决好地少水缺的资源环境约束为导向，深入推进农业发展方式转变；以满足吃得好吃得安全为导向，大力发展优质安全农产品，努力走出一条生产技术先进、经营规模适度、市场竞争力强、生态环境可持续的中国特色新型农业现代化道路”[46]。2014 年中央经济工作会议再次提出要求，“坚定不移加快转变农业发展方式，尽快转到数量质量效益并重、注重提高竞争力、注重农业技术创新、注重可持续的集约发展上来”。

四是更加重视生态文明建设和绿色发展。十八大报告提出，必须树立尊重自然、顺应自然、保护自然的生态文明理念，把生态文明建设放在突出地位，融入经济建设、政治建设、文化建设、社会建设各方面和全过程。2013 年 12 月召开的中央经济工作会议明确要求，“加强绿色生产，从源头上确保农产品质量安全”。2014 年印发的《中共中央国务院关于全面深化农村改革加快推进农业现代化的若干意见》要求，建立农业可持续发展长效机制，促进生态友好型农业发展，开展农业资源休养生息试点，加大生态保护建设力度。2014 年 12 月召开的中央经济工作会议提出，“要坚定不移加快转变农业发展方式，走产出高效、产品安全、资源节约、环境友好的现代农业发展道路”。

更加重视促进“三农”问题和“四化同步”，更加重视发展现代农业和构建新型农业经营体系，更加重视转变农业发展方式和增强创新驱动能力，是党中央更加重视解决“三农”问题的实践落实和重要部署，也是党中央把解决好“三农”问题作为全党工作重中之重的具体体现，这些政策措施和工作部署为产业融合发展做出了重要铺垫，也凸显了推进乡村产业融合发展的重要性和紧迫性，为培育农业农村经济增长新动能提出了新思路和新途径，为党中央关于乡村产业融合思想的形成提供了“渠成之水”。

（二）乡村产业融合思想的形成和深化完善阶段

2014 年 12 月召开的中央农村工作会议要求，要大力发展乡村产业化，在稳定粮食生产基础上，积极推进农业结构调整，依靠科技支撑，由“生产导向”向“消费导向”转变，做大做强农业，形成多种新产业、新业态、新模式，培育新的经济增长点。会议首次提出“推进农村一二三产业融合发展”，要求“把产业链、价值链等现代产业组织方式引入农业，促进一二三产业融合互动”，并进一步提出“延伸产业链、打造供应链、形成全产业链，完善利益联结机制，让农民从产业链增值中获取更多利益”。自此开始，第一、第二、第三产业融合发展就成为乡村产业发展的目标，并逐步替代了乡村产业化。2015 年印发的《中共中央国务院关于加大改革创新力度加快农业现代化建设的若干意见》提出，富裕农民，必须充分挖掘农业内部增收潜力，开发农村第二、第三产业增收空间，拓宽农村外部增收渠道，并对推进第一、第二、第三产业融合发展作出了具体部署。增加农民收入，必须延长乡村产业链、提高农业附加值。要大力发展特色种养业、农产品加工业、农村服务业，扶持发展“一村一品”“一乡（县）一业”，壮大县域经济；积极开发农业多种功能，挖掘乡村生态休闲、旅游观光、文化教育价值；扶持建设一批具有历史、地域、民族特点的特色景观旅游村镇，打造形式多样、特色鲜明的乡村旅游休闲产品。

2015 年 12 月国务院办公厅发布《国务院办公厅关于推进农村一二三产业融合发展的指导意见》，标志着党中央关于乡村产业融合的思想逐步成型并日趋成熟，进入深化完善阶段。该文件提出农村第一、第二、第三产业融合发展的指导思想是“用工业理念发展农业，以市场需求为导向，以完善利益联结机制为核心，以制度、技术和商业模式创新为动力，以新型城镇化为依托，推进农业供给侧结构性改革，着力构建农业与二三产业交叉融合的现代产业体系，形成城乡一体化的农村发展新格局”。该文件对乡村产业融合作出了全面、系统而具体的部署，涉及乡村产业融合的总体要求、多类型融合方式、培育多元化融合主体、建立多形式利益联结机制、完善多渠道融合服务、健全融合推进机制等内容。该文件初步构建了支持乡村产业融合的政策框架，为后续推进乡村产业融合系列政策的出台提供了政策基础和行动指南。

2016 年 3 月发布的《中国国民经济和社会发展第十三个五年规划纲要》，对推进农村第一、第二、第三产业融合发展作出部署，要求推进乡村产业链和价值链建设，建立多形式利益联结机制，培育融合主体、创新融合方式。积极发展农产品加工业和农业生产性服务业。拓展农业多种功能，推进农业与旅游休闲、教育文化、健康养生等深度融合，发展观光农业、体验农业、创意农业等新业态。加快发展都市现代农业。实施“百县千乡万村”乡村产业融合试点示范工程，开展乡村产业融合的探索和实践。此后，党中央关于乡村产业融合思想的内涵和政策体系更加丰厚，推进乡村产业融合也逐步成为各级政府解决“三农”问题的自觉行动和行动纲领。2016 年 11 月农业部印发《全国农产品加工业与农村一二三产业融合发展规划（2016—2020 年）》，对“十三五”期间农村第一、第二、第三产业融合发展的思路目标、主要任务、重点布局、重大工程、保障措施等作出全面部署。确定了四方面重点任务：一是做优农村第一产业，夯实产业融合发展基础；二是做强农产品加工业，提升产业融合发展带动能力；三是做活农村第三产业，拓宽产业融合发展途径；四是创新融合机制，激发产业融合发展内生动力。

之后，乡村产业融合就成为乡村产业发展和实现农民增收的重要途径和发展方向，各级政府先后出台了相关政策及文件。

（三）乡村振兴新时代的产业融合思想

党的十九大提出实施乡村振兴战略，并作为七大战略之一并被写入党章。报告中把促进农村第一、第二、第三产业融合发展作为农民就业创业和乡村振兴的重要途径，提出要构建现代乡村产业体系、生产体系、经营体系，完善农业支持保护制度，发展多种形式适度规模经营，培育新型农业经营主体，健全农业社会化服务体系，实现小农户和现代农业发展有机衔接。2018 年 1 月 2 日发布的《中共中央国务院关于实施乡村振兴战略的意见》（以下《意见》），对乡村振兴作出了全面而具体的部署，并明确提出要构建农村第一、第二、第三产业融合发展体系，相比于之前政策文件中表述的促进农村第一、第二、第三产业融合发展，已经上升为构建第一、第二、第三产业融合发展体系，标志着第一、第二、第三产业融合发展已经从初步发展进入到深入拓展和全面建设阶段，第一、第二、第三产业融合发展会逐渐从之前的星星之火发展为全面开花的燎原之势。在《意见》中，对如何构建第一、第二、第三产业融合发展体系提出了具体要求，包括大力开发农业多种功能，延长产业链、提升价值链、完善利益链，通过多种形式，让农民合理分享全产业链增值收益；实施农产品加工业提升行动，打造农产品销售公共服务平台，鼓励支持各类市场主体创新发展基于互联网的新型乡村产业模式，深入实施电子商务进农村综合示范；实施休闲农业和乡村旅游精品工程，建设一批设施完备、功能多样的休闲观光园区、森林人家、康养基地、乡村民宿、特色小镇。发展乡村共享经济、创意农业、特色文化产业。

二、乡村第一、第二、第三产业融合发展实践

2015 年的中央一号文件首次提出推进农村第一、第二、第三产业融合发展，并明确了相关要求；在 2015 年 12 月 30 日，《关于推进农村一二三产业融合发展的指导意见》正式发布，将推进农村第一、第二、第三产业融合发展上升到战略高度进行重点部署；2016 年的中央一号文件再次重点推进乡村产业融合，部署“推进乡村产业融合，促进农民收入持续较快增长”具体工作。可见，当前推进农村第一、第二、第三产业融合发展不但是乡村产业发展的主线，也是国家促进农业发展的重大战略部署，更是全国各地区农业农村发展面临的重要战略任务。在国家政策的指导下，全国各地区积极进行农村第一、第二、第三产业融合发展的实践和探索，发展过程中形成了一些值得借鉴和推广的成功经验。

（一）浙江省公共服务平台的创新建设

根据全国第三次农业普查数据显示，浙江户均耕地面积只有 1.3 亩，全国户均耕地面积是 7.8 亩。浙江省针对户均耕地不到全国平均水平，单独依

靠耕地实现农业增效、农民致富、农村发展困难的实际，围绕乡村产业融合，在发展乡镇企业、专业市场、小城镇和乡村产业化经营基础上，创新公共服务体系建设。为发展农产品加工、农村现代化物流、农业智能化服务，由浙江省政府主办、浙江省农业厅承办的浙江“农民信箱”按照 web2.0 理念建设，集通信、电子商务、电子政务、农技服务、办公交流、信息集成等“三农”公共服务功能于一体，为乡村产业融合发展提供公共服务平台。同时，为了适应移动互联网的发展需要，基于“农民信箱”开发了一款移动智能终端应用软件“掌上农民信箱”，为广大农户提供更全面、更便捷、更高效的服务。

杭州市充分发挥自身地理位置、基础条件、人力资源等优势，借助“互联网+”新思维，基于物联网、云计算、大数据、人工智能新技术，搭建了“杭州智慧农业综合服务平台”。该平台集生产管理、预测预报、会商决策、应急处理、公共服务等功能于一体，构建了省、市、县、乡镇的四级智慧农业监管和服务网，实现了现代农业生产的自动感知、智能预警、智能分析、在线指导等功能，为杭州市的农业种植提供了精准化、可视化、智能化的决策服务，大大提高了生产效率，促进了乡村振兴。

不难看出，浙江省已经借力“互联网+”深入推进了农业电商的发展，积极借鉴并运用了互联网理念、技术和经营管理模式，让浙江省的乡村第一、第二、第三产业与“互联网+”紧密结合，为浙江的农业发展、乡村振兴开辟了广阔的新空间，赋予了新动能。

（二）江苏省乡村产业融合发展模式探索

江苏省“接二连三”“前伸后延第二产业”“创新第三产业”的产业融合发展模式效果显著。

江苏省的“接二连三”模式立足第一产业，基于农业优势发展特色产业，促进农产品加工企业的集群集聚发展。比如，江苏邳州利用丰富的银杏种植资源优势，建设国家级银杏科技示范园、国家中药材 GAP 基地，创办了贝斯康药业、邳州鑫源生物制品有限公司等 30 余家重点银杏加工企业，促进了银杏产业的精深加工发展。同时，依托得天独厚的资源优势，建设国家级银杏博览园，围绕“万顷银杏林海”的休闲观光主题，打造了润城河、古栗园、银杏湖、银杏博览园“四景合一”的银杏养生旅游观光带，积极塑造特色乡村旅游品牌。

在“前伸后延第二产业”方面，江苏省在发展沛县肉鸭、兴化香葱、如皋肠衣等一批享誉海内外的特色农产品加工产业基础上，向前助推养殖产业的发展，向后带动商贸、综合服务等产业发展，成效显著。

江苏省的“创新第三产业”模式旨在实现功能拓展。宜兴市湖父镇的篱笆园将茶文化、紫砂文化、农家乐有机结合，通过互联网营销，一个村的年销售额达 3 000 多万元[47]。

（三）河北省重视农产品加工业的引领

河北省是农业大省，省政府对农产品加工业给予极大重视，实现了以加工业为引领，带动农产品生产、加工、销售及休闲农业、乡村旅游等相关产业联动融合发展。发展重点是农产品加工业，依托农业大省的资源优势，以农产品加工业为代表的第二产业带动农业发展，并实现了第二产业向第三产的延伸。根据河北省农业农村厅 2019 年 6 月 19 日发布的数据，河北省乡村产业化龙头企业达到 7 120 家，95% 以上是民营企业；其中省级重点龙头企业 834 家，国家重点企业 46 家，年销售额亿元以上的龙头企业 600 家，10 亿元以上的企业 70 家，超 50 亿元的企业 13 家，其中汇福粮油集团、今麦郎面品有限公司、五得利面粉集团有限公司、梅花生物科技集团股份有限公司、河北养元智汇饮品股份有限公司和君乐宝乳业集团 6 家农产品加工企业年产值超过 100 亿元。

河北省农产品加工企业的发展提升了农业专业化、标准化、规模化、集约化经营水平，促进了农业生产现代化，提升了农业竞争力和产品市场竞争力，同时带动了装备制造、储藏、保鲜、运输、包装、营销等产业发展，多环节、多层次、多领域增加农业收益，促进了第一、第二、第三产业融合互动[47]。河北省农产品加工业总量不断增加，在工业中占比不断加大，已成为仅次于钢铁、装备制造业的第三大产业。

（四）湖南省发展休闲农业

湖南省是全国发展休闲农业较早的省份之一，确立了以农业为基础、发展乡村旅游业的发展路径，打造农业生态景观和文化特色产品商业，创新性地开发特色农产品加工业，开发具有农事与农耕文化特色的创意性农业、体验产业，将乡村产业与休闲、娱乐、文化旅游产业有机融合起来，形成以第一、第二、第三产业融合发展的现代农业。同时，在产业融合中坚持农民主体地位，保障农民受益，提高农民参与产业融合的积极性和主动性，探索利益联结模式的创新，以土地股份合作利益联结模式保障农民的分享产业融合增值收益，以统一规划为基础支持农户自主参与旅游产业经营，以合作社连接农户模式建立农业观光基地，以农业全产业链发展实现产业融合发展。

根据 2019 年在长沙举办的首届中国休闲旅游博览会发布的消息，截至 2019 年，湖南省休闲农业经营主体近 2 万家，年接待游客超 2 亿人次，年经营总收入 480 亿元，创造就业人数 54 万人[48]，湖南休闲农业经营主体近 2 万家，为乡村产业振兴提供了有力支撑。根据吴双双、管昕在《基于产业融合视角的湖南休闲农业发展路径分析》中的数据，截至 2017 年底，湖南省的休闲农庄有 4 600 个，休闲农业经营主体 1. 7 万个，休闲旅游以及农家乐接待户近 2 万户，经营主体实现休闲农业产值 265 亿元。在休闲农庄中，国家级休闲农庄 112 家，省级休闲农庄 695 家。省级休闲农业与乡村旅游示范县 15 个，国家级特色旅游镇 20 个，省级乡村旅游区 334 家，形态多样、丰富民族文化特色的农家乐、休闲农庄、蔬果采摘园等上千家。乡村旅游产业融合方式带动了农民就业，初步探索出了一条农业和旅游业融合发展之路。

在探索第一、第三产业融合发展方面，湖南省以农民为主体，鼓励发展农户休闲农庄，通过扶持政策鼓励农户积极参与产业融合，并真正从融合中主体，打通了第一、第二、第三产业界限，在乡村产业化基础上，探索各参与方与主体紧密连接、风险共担的发展共同体融合发展模式，继续深化发展的重点在于理顺各主体间的利益关系，让农民能够有更多话语权，分享更多增值收益。

根据各地实践情况来看，我国农村第一、第二、第三产业融合发展虽呈现快速发展态势，但是，除了浙江省和江苏省的乡村产业融合实践较为先进之外，大部分地区的产业融合发展水平不高，尚处于起步阶段，相比于产业融合的理论要求以及农业发达国家的实践经验，存在较大差距。农业部和财政部从 2015 年开始，安排 10 亿元，选择安徽、山东等 10 个省开展试点。从第一、第二、第三产业融合发展的“根”来看，总体上第一产业形态单一，发展方式较为初级，还处于单纯生产农产品、提供原材料地位，在乡村产业价值链中处于底端。从第一、第二、第三产业融合发展的“源”来看，传统农户经营规模小，家庭农场、农民合作社的经济实力还不够强，延伸产业链条的能力比较有限，面临技术、市场、资金等多方面困难；企业在产业融合发展中还不能妥善处理与农民利益关系，与农民共享增值收益。从第一、第二、第三产业融合发展的“形”来看，各产业之间的关联互通还不够，各产业孤立发展、联结松散的局面仍然存在。从第一、第二、第三产业融合发展的“魂”来看，农民在规模经营推进、产业链条延伸、产业领域拓宽、新型业态发展中还没有充分受益，产业融合发展红利对农村经济繁荣的拉动作用体现得也还不够。总之，作为乡村产业化“升级版”的农村第一、第二、第三产业融合发展任重而道远，迫切需要各方面加强扶持。

第五章

国外乡村振兴及产业融合的经验

第一节　美国乡村经济的演变及振兴经验

美国是当今世界的农业发达大国，这既得益于其乡村广袤的自然空间和自然资源，也与其不断完善的乡村全面支持政策紧密关联。特别是20世纪30年代初，面对大量农场主濒临破产的困境，1936年出台的《农村电气化法》标志着美国国会开始关注乡村发展；同时，罗斯福新政对经济大萧条下美国乡村振兴也产生了重要影响。20世纪70年代后，围绕振兴乡村经济问题，美国政府采取了完善立法、构建乡村发展政策管理机制等措施，形成了针对乡村基础设施建设、就业、环保等多方面、多层次的政策框架，目前已形成了完善的乡村发展支持政策体系，有效地解决了城乡发展不平衡的问题。

本节在分析美国乡村经济的演变与现状，总结美国乡村经济振兴经验的基础上，对照美国的乡村振兴经验，提出一些建议。

一、美国乡村经济的演变及现状

（一）乡村农业经济增长稳定，农产品出口全球占主导

近年来，美国以农林牧渔为主的农业总产值占GDP比重虽然呈现了相对减少的趋势，但总体保持了较稳定的发展态势。从2000年到2018年，美国的农林牧渔业占GDP的比重都在0.8%～1.3%，如表5－1所示。而美国乡村经济的开放度比较高。在农产品出口方面，美国农产品出口占全球比重长期维持在9%～11%，处于全球领先地位。

表5－1　2000—2018年美国的农林牧渔业增加值及其GDP占比

年份	农林牧渔业增加值（亿美元）	占GDP比重（%）
2018	1641.88	0.8

续表

年份	农林牧渔业增加值（亿美元）	占 GDP 比重（%）
2017	1 692. 25	0. 9
2016	1 649. 13	0. 9
2015	1 812. 20	1. 0
2014	2 008. 42	1. 1
2013	2 156. 01	1. 3
2012	1 795. 73	1. 0
2011	1 809. 45	1. 2
2010	1 462. 99	1. 0
2009	1 299. 68	0. 9
2008	1 472. 44	1. 0
2007	1 440. 62	1. 0
2006	1 251. 30	0. 9
2005	1 283. 47	1. 0
2004	1 429. 45	1. 2
2003	1 139. 53	1. 0
2002	956. 29	0. 9
2001	993. 36	0. 9
2000	983. 12	1. 0

数据来源：美国商务部经济分析局。

（二）乡村人口占比下降，农业经济对 GDP 贡献不大

美国乡村地区面积占美国土地面积的 72%，乡村居民 4 600 万，占全国总人口的 14%，且乡村人口在城乡占比中呈现持续下降趋势。从农业就业人员占比来看，19 世纪末美国工业化浪潮兴起，农村劳动力开始大规模转移；“二战”前美国农业劳动力占社会总劳动力的比重为 22%，1950 年减少到 12%，2010 年美国农业就业人口仅有 2%，目前低于 2%。

从表 5 - 1 所示的 2000—2018 年的数据不难看出，以农林牧渔为主的美国农业经济自 2000 年以来，占 GDP 的比重大都在 1. 0% 左右。

（三）乡村就业和居民收入稳定，就业增长结构多样性趋势明显

首先，美国乡村就业呈现复苏的增长局面，尤其金融危机以后，乡村就业有了一定的改观，乡村就业变化率由2007—2010年的-2.0%扭转为2010—2015年的0.8%。其次，美国的乡村就业除了在农业、采掘业等传统乡村产业部门外，在乡村制造业、服务业、贸易等方面所占的比重也不低。2015年农业、采掘业等传统产业部门提供约5%的乡村薪资性岗位，乡村制造业提供的薪资性岗位数为15%，而服务部门领域的薪资性岗位数增长较快，教育与医疗业占25%，贸易、交通运输及公共服务业占20%，乡村休闲业占11%。

（四）农场是美国乡村经济发展的重要基础

家庭农场是美国乡村经济发展的重要基础形式，其面积占美国土地面积的40%以上。农场主要由谷物种植地和牧场地构成，二者面积占农场面积近90%。在美国农场经济中，大型家庭农场对美国乡村经济具有明显的带动作用，2016年美国大型规模家庭农场（生产经营额为1 000 000~4 999 999美元）个数占比虽仅为2.9%，但农场产值占比达45.2%。

二、美国乡村经济发展的经验

（一）重视乡村的管理职能，完善乡村规划法规

美国的乡村管理机构起源于19世纪20年代。1862年林肯总统批准建立了美国农业部（USDA），此后美国根据实际需要又增设或重组了相关的职能部门，1996年形成了现有美国农业部的组织机构；随着USDA机构设置的变化，USDA的职能也发生了重大变化。目前，按照美国乡村发展的管理框架，美国农业部下辖的乡村发展署通过三个事务性机构执行管理职能，即乡村住宅服务局、乡村商业合作服务局和乡村公用事业局，这三个部门被赋予不同的管理职能。

此外，美国的乡村规划法规体系分为联邦、州、地方政府三个层级，涉及乡村规划的联邦层级的乡村法规包括《农业法案》《土地法》《国家环境政

策法》《美国住宅法》等。美国的这些乡村规划法规实行严格的功能分区制度，明确划分土地的使用类别，并常用道路、景观区和绿化带分隔农业产生区、乡村居住区、商业功能区等不同的功能渔区。需要说明的是，由于乡村地区差异性大，联邦级别针对乡村发展的法规也不尽相同，存在较大的弹性。

（二）积极采取激励性措施，充分激活乡村经济

在美国，政府为了刺激乡村经济，会积极采取多种激励性措施。这些措施主要包括：商业与产业类发展计划（商业与产业信贷担保计划等）、专门性计划（循环贷款计划、乡村小型企业支持计划、乡村商业公司授信计划、乡村经济发展贷款计划等）、合作性计划（增加值生产授信计划、乡村合作发展授信计划、弱势群体生产授信计划、1890 土地授信制度创新发起、乡村经济影响合作研究计划等）、乡村能源计划（生物质提取信贷支持计划、高级生物燃料计划、再生动力支持计划、乡村可再生能源计划等）。这些刺激性的举措确保了美国乡村高质量的就业机会、乡村商业繁荣及可持续能源供给，受益群体包括乡村居民个体、乡村公司、合伙人、公共个体、非营利公司、印第安土著、私人企业等，在激活乡村经济方面发挥了积极作用。

（三）注重乡村公共性服务，提升公益服务质量

在乡村的公共基础设施服务方面，以促进乡村公共基础设施的多元化投资、乡村居民生活质量的提升，以及乡村生态环境保障为目的，美国政府先后建立了三大领域的支持投资计划，即面向乡村电力计划、乡村通信和宽带计划、水资源和环境支持计划。同时，在针对乡村振兴的政府资助方面，在不同的农业领域投入了巨资。例如：2009—2016 年财政年度美国财政资助乡村发展的各类项目达 138. 94万个，资助金额为 2 534. 34 亿美元；在具体的行业领域方面，2016 财政年度美国在乡村可再生能源领域资助了 1 900 个项目，资助额达 3. 09 亿美元；在乡村电力系统升级改造领域资助额达 39 亿美元，受益农户 547 万家。

此外，在农业科研、农业推广咨询服务、动植物疫病防治、农产品检验与质量控制等农业生产公益服务领域方面，美国也采取了很多提升公益服务质量的措施。

（四）立法财政支农等法规，税收激励乡村发展

美国农业最发达的原因除了如前所述的大规模资金投入之外，财政支农的政策、规模、结构及税收激励也是重要的因素之一。自1933年《农业调整法》到2014年的《农业法案》，美国陆续出台20多部农业基本法、100多部涉农的专项法规，形成了较为完备的农业法律法规支撑体系。同时，数百年间，美国对农村发展、视频、营养与消费者、食品安全、自然资源与环境、市场营销与调控计划、科研、教育与经济、农场与海外农业等全方位的财政支农结构，也是美国乡村经济振兴的原因所在。此外，美国一直重视创新税收制度，以激励乡村产业发展，如针对小于5个雇员的乡村小型企业初创或扩大经营活动的投资需求，美国各州可制订相应的投资税收信贷细则，税收信贷额度可达小型企业投资额度的30%；针对乡村退休人员的收入税收激励，通过免税政策引导人们通过乡村社区捐赠个人资产，在一定程度上也促进了乡村社区公共事业和基础设施的建设及发展。

第二节　英国的乡村产业发展政策及经验

一、英国乡村产业发展政策的演变

在第二次世界大战之前，英国是世界上最早开展工业化的国家，随着工业化的发展，城市化也快速发展，其城乡经济发展模式具有明显的“重工轻农”特点。第二次世界大战之后，英国开始实施城市支持乡村的发展道路，并通过政府干预的方法扶持乡村产业的发展。英国乡村产业发展政策过程[50]，可以梳理如下。

第二次世界大战中，英国农业产品过度依赖进口的弊端显现，战争期间英国的粮食供给无法得到充足的保障，引发粮食危机。因此英国政府开始意识到农业发展和耕地保护对于一个国家是非常重要的。因此，“二战”结束后，英国调整经济发展战略，开始强调对国内农业生产的保护，并鼓励发展自给自足的农业经济。1947 年，英国颁布实施了战后第一部《农业法》，保护了农业的基础地位，并确立了农业补贴政策，主要目的是应对国内农产品供给不足的问题。同年，英国政府颁布了《城乡规划法》，这部规划法奠定了英国城乡区域和产业规划遵循的基本原则，至今仍然是英国乡村规划的主要原则。20 世纪 40 年代末以后相当长的一段时间内，英国的城镇发展政策是通过新城建设疏解大城市增长的功能，控制大城市的扩张，通过“绿化带”政策控制城市的蔓延，同时也把这个政策作为强化对农业耕地和粮食生产保护的主要依据。

1957 年，英国政府颁布的《农业法》对农产品和其他产品的结构性失衡问题提出了一系列调整政策，开始建立并维持农产品的价格保护机制，确保农产品价格稳定，保障农产品的供给。该法律要求政府提供相应预算，用于对农业用地的开发和投入，包括农业基础设施的完善和修复，为农业发展提供保障。20 世纪 60 年代之后，英国农业发展政策主要集中在对农业规模化经营和农产品市场化的建立上，如 1965 年政府白皮书明确提到要鼓励小型农场的合并，支持农产规模化经营，提高农业生产效率，扩大农产品市场，在 1967 年颁布的农业法中，政府进一步提出由政府负担农场合并过程中产生的费用的一半，支持农场经营规模的扩大，并提供一定数量的款项用于改善土地和提高农业生产力。

总体来说，“二战”以后至 20 世纪 70 年代，英国的农业发展一直聚焦农业生产环节，执行“生产主义”政策，即通过农业补贴和政策支持稳定和扩大农业生产供给，实现粮食稳定增长、保障粮食供给，提高农民收入和生活水平。

二、英国乡村特色产业发展经验

英国的工业化和城镇化起步较早，城镇化发展水平高，2016 年城镇化率达 83.14%[51]，2017 年城镇人口比重达 83.1%[52]，但是英国人对于乡村生活及其环境十分向往和推崇。英国乡村不同于中国，乡村是个地理区域概念，通常指环境接近大自然，人口密度低的自然地理区域。英国乡村是指常住人口小于 1 万人的集聚区，并不是农业的主要聚居区，农业功能不明显，居住者职业和来源多元化。英国人大多喜欢在城市就业，在乡村安家，乡村与城市一样是重要的生活场所[53]。由于区域气候环境和自然资源等综合因素，英国乡村畜牧业较种植农业发达，乡村随处可见满山遍野、自由放养的牛羊群，村落布局花草绿树、绿意盎然。英国乡村与中国农村在历史地位、形态和功能等方面均有不同，因其近现代历史辉煌，村居建筑多选用坚固耐用的砖石材质，使用寿命较长，具有独特的人文风格，充满浓郁的乡土气息，加之满目翠绿的乡村自然风景，成就了和谐的自然人文共融空间，很多区域成为著名的“最美乡村”而享有知名度和美誉度。当今英国的乡村基础设施与公共服务设施更加完备，居住品质比城市更优良，加之优美的自然风景和人文环境，满足了居民对世外桃源般生活的向往和憧憬。

（一）英国乡村特色产业发展途径

针对英国乡村特色产业的发展，虞志淳[54]从乡村旅游、乡村社区、环境友好、历史文化资源保护和地域特色等几个方面进行了分析。

1. 乡村旅游产业成为支柱

英国早期的乡村发展脉络可以追溯到 15 世纪末到 16 世纪初的圈地运动。圈地运动使得大量失地农民向城市集中，推动了工业革命的进程，乡村产业生产功能弱化，产业结构转型，乡村逐渐成为与农业生产脱离的自然地域和居住空间。为满足人们对自然的向往和乡村休闲生活、慢生活的需求，早在 19 世纪英国乡村旅游就开始发展。工业革命带来交通设施建设的发展，诞生的火车、汽车等现代交通工具，铁路、公路等交通基础设施的改善，提升了乡村交通基础设施条件，使其成为世界上最早开始发展乡村旅游的国家之一。早期的乡村旅游是贵族阶层的消费品，少数富人可以享受到乡村旅游服务，或者可以定居乡村，尤其是临近城镇的乡村得到较快的发展，这些乡村至今保持着当年的自然和人文风貌，具有浓郁的地方特色，因此英国乡村旅游逐渐繁荣兴盛。

“二战”以后，西方主要国家快速实施经济复苏计划，同时借着工业革命的技术推动，工业化和城市化迅速发展，伴随而来的是城市人口膨胀、拥挤拥堵、资源短缺、生态环境恶化等问题，城市人开始向往自然风景优美、慢生活节凑的乡村生活，更愿意到邻近乡村居住或旅游，乡村逐渐成为民众向往的旅游目的地和居住地。乡村旅游功能的提升，伴随农业生产功能的弱化，旅游产业成为乡村产业的支柱产业，因此乡村旅游产业快速发展起来。乡村旅游的发展促进了传统资源和地域特色资源的保护和挖掘，基础设施和服务设施日益完善，环境品质愈加优良，同时开发生态农牧业等有利于乡村旅游发展的丰富和深化，乡村的功能和内涵不断丰富和深化，乡村成为自然生态、风景优美、悠闲生活的空间区域。但是，英国的乡村旅游一直处于小规模经营，没有大规模开发和挖掘，小规模、渐进式、特色化发展道路不会造成的环境问题凸显，无论是乡村自然悠静的生活状态，还是自然山水都没有被过度开发或商业化，这是乡村保持特色的主要原因。

2. 乡村社区逐渐脱离农业生产功能

18 世纪，英国是当时欧洲最发达的农业国，随着工业革命兴起，工业技术的应用，工业迅速崛起，而农业逐渐陷入衰落，促进了国家产业结构转型。再加上法律导向从宏观上崇尚和保护私有产权，如 1750 年私人议会法案的规定，促进了土地私有产权向少数农场主集中，从事农业生产的人口大幅度减少，到 20 世纪中叶只有不足十分之一的人从事农业生产，造成了农业和农村的衰落。“二战”以来农业机械化的应用更加剧了农业人口的减少，更多的人口离开土地，流入城市寻找就业机会，少数农场主开展农业规模化企业经营。

英国乡村逐步脱离农业生产功能，农业的发展陷入衰退，引发了粮食危机，粮食供不应求，农村人口不断减少。“二战”期间的粮食危机后，1947 年英国政府颁布《农业法》，开始鼓励农业发展，实行农业补贴、公共资源均等化政策，努力缩小城市和乡村的差距[54]。20 世纪 60 年代以后，由于城市扩张带来的问题开始凸显，拥堵问题和资源严重稀缺，公众开始向往乡村生活，因此出现了“逆城市化”浪潮，导致大量人口开始流入乡村地区。人口的流入带来了旅游产业和服务业的繁荣发展，乡村社区的人口构成开始趋于复杂化，因人口的多源性，引发了乡村农业和旅游业的发展，开始建设以社区为中心的乡村规划和建设模式。

中国农村村落是多年历史发展积淀和演化形成的自然集聚结果，村庄的形成多是以农业生产为基本集聚单元，在长期发展中，旅游和人文价值被抑制，而更多的是农业生产集聚村落，因此功能单一和初级，公共服务设施、基础设施较为落后。相比较于英国乡村形成机理，更多是农业人口的集聚。而英国人口逆城市化潮流中，富有阶层对于乡村生活的向往和资源流入，为乡村建设注入了资源要素，乡村地区建设享有与城市均等配置的建设模式，更多是居住功能，而不注重农业功能，乡村生活环境具有“田园风光、悠然惬意”的价值内涵，社区居住者与农业生产并无关联。由于乡村地区的基础设施、服务设施完备，交通、医疗、教育、文化资源城乡均等，同时又具备优越的自然环境和人文景观，因此乡村社区比城市更有吸引力，也更宜居。当前中国正处于城镇化高速发展的时期，大量人口流入城镇，而农村缺少逆城镇化的吸引力，因此我国农村地区应该依托农村自然环境和历史文化优势，建设区别于城镇集聚功能和公共服务功能的，充分发挥自然资源、农业资源优势，融于自然环境之中的乡村社区。自然风光和人文特色的生活环境会增加乡村的吸引力。

3. 注重环境友好、支撑乡村旅游

英国乡村旅游、休闲产业的快速发展说明了人对于生活的内在需求特点。“自然风光”是人们崇尚乡村地区最为关注的，乡村环境的质量及其保护就成为乡村发展的重点，“环境友好”“自然人文”等元素就成为乡村发展策略的核心。在英国，自然、简单、慢节奏的生活方式成为人们的普遍追求，人人都向往有个自己的庄园，这种社会需求特点成为乡村旅游产业发展的基本动力。

20世纪90年代，英国开始兴起“都市村庄”（Urban Village）热潮，并在各地得到有序发展。“都市村庄”指经过精心设计的多功能城市区域，在城市中打造出具有自然资源和乡村特色的区域，区域规划和建设追求自然生态、环境友好，具备可持续发展潜力。由此可见英国城乡一体的发展格局，自然生态是城市和乡村的共同追求。2004年实施的新空间规划体系（New Spatial Planning System）中，对于乡村地区的发展要求中，注重人与自然和谐共生的发展原则，在具体的建设策略和规划中综合考虑了经济、社会、生态效益的统一，确保了乡村发展的可持续性。

英国人低碳、环保的生活方式渗透到乡村生活的细节，乡村民居的建筑生态要求居于首位。英国的乡村景观建设具有朴素、自然、原始的特点，没有过多的装饰与奢华，砂石小路、自然草坡、原始质地的艺术打造成为主流，与田园风光融合，形成质朴、自然、人文的乡村景观。从乡村建筑乃至自然景观和人文景观，英国在环境友好、自然生态方面做出了突出的成绩，成就了英国乡村特色旅游产业的发展。

4. 历史文化资源保护

英国具有深厚的历史文化底蕴，各种文化景观和专题博物馆星云棋布。乡村地区也不乏各类博物馆，体现出珍视历史、注重传统、传承人文的价值观念。历史建筑无论在城市和乡村均得到很好的保护，“百年老屋”随处可见，建筑平均寿命是132年，而中国建筑平均寿命仅约30年，不到英国的四分之一。

历史环境和景观保护与城乡规划关系密切，英国政府通过完善法律法规和城乡规划管理对历史环境实施有效保护，1882年的《古迹保护法》，1968年《城乡规划法》和1990年《登录建筑与保护区规划法》，逐步形成了完备而规范的历史建筑与环境保护法律体系[54]。国家和地方政府既重视对重要文化遗产和保护区的保护，又注重对遗产资源和历史环境实施妥善的维护管理。遗产资源是人类社会最宝贵、不可再生的资源，英国政府希望通过保护历史环境和遗产资源，提升人们生活的精神价值内涵。遗产保护同时具备了保护文化价值、发挥经济价值的多重功能，遗产资源对地方特色打造和区域感知具有积极作用。现存英国历史建筑多是近现代三四百年左右的建筑，与中国悠久的几千年历史文化相比并不古老，却留存了众多的历史文化遗产，值得深思和借鉴。珍贵的历史文化资源是开发乡村旅游产业的基础和依托，我国乡村旅游业的发展可以借鉴英国的做法，更好地保护和打造乡村历史文化资源。

5. 地域特色

英国许多乡村具有独特的地域特色，例如科茨沃尔德（Cotswold）地区是英格兰最美乡村地区，科茨沃尔德在英国格兰中部，以乡村旅游闻名，有水上伯顿、上下斯特劳斯、拜伯里等著名村落。这些村庄历史悠久，自然景观与人文景观丰富，草坡羊群、小桥流水，景色秀美、古朴自然。村庄建筑设施多以16世纪、17世纪的居多，由于保护完好而依然在正常使用中。科茨沃尔德地区生产一种米黄色石材，从传统建筑到新建建筑都使用这种本土材料，使得乡村建筑具有浓郁的本土特色和地域。老建筑由于年代久远，米黄色石材颜色变深、变暗，而新建筑则较为鲜亮。乡村建筑材质统一而形式富于变化，地域特色突出，像活化石般展示出英国最美乡村的风貌。

（二）英国乡村特色发展的保障

1. 立法与规划保障

英国在郡一级分为都市郡和非都市郡，虽然在行政建制上区分了城乡，但城乡相互独立，不存在隶属关系，并且地方政府的规划将城市和乡村纳入统一的规划体系中，城乡地位并无区别，在法律、规划与建设策略上一视同仁。20世纪80年代，英国政府重新重视农业发展模式与乡村发展，改变重工轻农发展战略，寻求乡村自然环境与乡村生产业发展之间的平衡，出台了一些列法律，包括《土地基本开发法》《国家公园与乡村亲近法案》《亲近乡村法案》等多部法案[54]，为乡村的有序和可持续发展提供和法律保障。2004 年开始实施新的针对乡村地区发展的空间规划体系法律《第 7 号规划政策文件：乡村地区的可持续发展》，指导乡村地区的可持续发展和规划建设，提出乡村规划和建设要重视改善乡村生活居住环境和自然、历史文化资源建设，这个法律是目前英国乡村规划及管理的主要依据。基于城乡平等的乡村规划法律法规和政策，推动了乡村基础设施、自然资源和历史文化资源的完善，为发展乡村旅游产业奠定了良好的基础。

2. 城乡均等化设施建设配套

衡量一个国家或地区的发达程度的标志之一就是道路交通、自然景观、医疗服务、文化教育、公共设施等乡村基础设施和公共服务是否实现均等化、全覆盖。通过多年的建设发展，英国公共服务设施已经达到全覆盖，并实现城乡均等化。乡村地区公共交通实现村村通，教育设施均衡分布，商业网点合理布局，满足居民生活需要。乡村道路交通、景观建设、停车场等设置齐全，公共服务配套良好，与城市地区没有差异。均等化设施配套使乡村社区建设得到良好的保障，这也是英国乡村成为人们向往的重要因素之一。

作为发达国家，英国乡村同样需要面临老龄化问题。居住在乡村的老年人比例大于城市，很多老年人退休之后选择生活在乡村，享受生活，生态环境优良、慢节奏的乡村成为老年人的家园，这就对乡村公共服务设施与基础设施提出了更高的要求，老年人健康医疗、社会关怀等方面的需求更高。相比较之下，我国农村同样面临老龄化问题，农村人口的流出，空巢老人在农村成为普遍现象，农村养老成为乡村振兴的重大挑战。加强农村公共服务设施与基础设施配套，尤其是医疗卫生与养老服务设施，不仅是提高乡村生活水平的重要内容，也是实现乡村振兴必须要解决的长远问题，这一点可以借鉴英国的做法。

第三节　德国乡村的衰落问题及振兴经验

在德国乡村城市化发展的不同阶段，也曾遇到了乡村衰败的问题。但在城市化率接近和超过70%以后，德国针对乡村衰落而采取的以产业的“逆城市化”提升乡村就业，以“村庄更新”改善乡村人居环境、提升乡村生活品质，以欧盟“引领项目”促进乡村地区综合发展，以创新发展推动乡村“再振兴”，以生物质资源利用促进产业融合，以产业振兴带动土地整治等乡村振兴措施[55]，值得我国借鉴。

本节在概述德国城市化过程中乡村衰落问题的基础上，总结了德国乡村经济振兴的经验和教训，以便为我国的乡村振兴提供借鉴。

一、德国城市化过程中的乡村衰落问题

德国的农村城镇化起步较早。早在1850—1855年，德国的城市化率就达到了30%，进入了城市化快速发展阶段；在1890—1895年，德国的城市化率已超过了50%，进入了以城市为中心的发展阶段；在1955—1960年，德国的城市化率已超过70%，进入了后城市化时期。然而，由于1871年统一之前，德国大小城邦林立、长期处于四分五裂状态，加之后来国家空间规划和区域政策有意识地引导工业企业向小城市和镇布局，从而使德国城市化呈现出一个突出特征，就是城市的分布和规模结构非常均衡，以小城市和镇为非农人口的主要承载空间。目前，德国人口规模为8 200万人，有大小城市2 000多个，其中，生活在10万人以上城市的仅占全国人口的31.7%，生活在2 000人以下的村庄约占全国人口的8.5%，其他60.6%的人口生活在2 000至10万人的小城市和镇[55]。大部分城市和镇以都市圈的形式联结在一起，既在空间上分散布局，又在经济上紧密相连。例如，德国第九大城市杜塞尔多夫市

区人口只有 57 万人，但以其为龙头的 500 公里半径范围内却聚集着 1 150 万人口。这种城市化格局有利于促进城乡互动，带动乡村地区发展。

尽管如此，德国进入城市化快速发展阶段后，同样面临乡村发展危机问题。在城市化率 30% 至 50% 的发展阶段，也就是 19 世纪中叶至 19 世纪末，农村人口大量流入城市，大片土地出现荒废，乡村景观和生态环境遭受工业化城市化的破坏。在城市化率 50% 至 70% 的发展阶段，也就是 20 世纪初至 20 世纪 60 年代，人口和就业向城市的集中导致乡村人口进一步减少，乡村“空心化”更加严重，村庄衰落趋势更加明显。在城市化率超过 70% 以后，也就是 20 世纪 60 年代以后，无计划的“返乡运动”导致农村地区建筑密度增大、交通拥挤杂乱、土地开发过度、土地使用矛盾加剧，工业化思维的建设改造破坏了农村原有的村落形态和自然风貌。21 世纪以来，由于人口老龄化以及乡村公共服务的规模不经济，美丽乡村仍然难以避免人口衰减、经济活力下降的问题，德国面临人口“再城市化”、乡村“再振兴”的新挑战。

二、德国的乡村振兴及产业融合经验

（一）以产业的“逆城市化”提升乡村就业

第二次世界大战结束后，大规模重建使城市成为经济和生活的中心，加之农业机械化使大量劳动力从农业中解放出来，乡村人口大量减少，缺乏生机活力。针对这种情况，1954 年和 1955 年，原联邦德国先后颁布《土地整治法》和《农业法》，推动小规模农户退出后的土地流转集中，发展农业规模经营，完善乡村基础设施，提高乡村生活水平。通过完善产业基础设施和功能区布局规划，强化小城市和镇的产业配套与服务功能，增强其对大企业的吸引力，让在小城市和镇工作、回乡村居住成为理想的工作生活方式，形成了产业和人口的“逆城市化”发展趋势。德国排名前 100 名的大企业，只有 3 个将总部放在首都柏林，很多大企业的总部设在小镇上，比如贝塔斯曼集团、大众公司、奥迪公司、欧宝公司的总部分别在居特斯洛、沃尔斯堡、因戈尔施塔特和吕瑟尔斯海姆小镇上。这在很大程度上带动了乡村的现代化，促进了城乡的均衡协调发展。

巴伐利亚州在促进大企业向小城市和镇布局、推动城乡协调发展方面取得的成效更为明显。1965 年原联邦德国颁布《联邦德国空间规划》后，该州遵循“城乡等值化”理念制定了《城乡空间发展规划》，按照城乡居民具有相同的生活、工作、交通、公共服务等条件的目标规范开展建设活动。乡村条件的改善，加之土地和税收优惠政策的推动，一些大企业积极向乡村腹地转移。例如 20 世纪 70 年代初，位于巴伐利亚州的宝马公司将主要生产基地转移到距离慕尼黑 120 公里之外的小镇，为周边 100 公里的乡村地区提供了 25 000 多个就业机会。

（二）以“村庄更新”提升乡村生活品质

经历了工业化驱动的“逆城镇化”阶段后，德国乡村人口结构已由传统的农业人口为主转变为非农业人口为主。把这些人留在乡村，除了就业外，还需要增强乡村绿色生态环境和特色风貌对他们的吸引力。顺应这一时代潮流，1969 年联邦德国颁布《“改善农业结构和海岸保护”共同任务法》，通过补贴、贷款、担保等方式支持乡村基础设施建设，保护乡村景观和自然环境。1976 年对《土地整治法》进行修订，突出保护和塑造乡村特色。1977 年由国家土地整治管理局正式启动实施以“农业—结构更新”为重点的村庄更新计划，主要内容是在保留原有特色基础上整修房屋和强化基础设施，使乡村更加美丽宜居。

经过逐步演变，村庄更新计划已成为“整合性乡村地区发展框架”，旨在以整体推进的方式确保农村能够享受同等的生活条件、交通条件、就业机会。村庄更新计划包括基础设施的改善、农业和就业发展、生态和环境优化、社会和文化保护四方面目标。村庄更新计划主要由政府支持推进，其资金 50% 来自欧盟，25% 来自联邦政府，剩余 25% 由市级政府筹集。当地政府通过土地整治项目，鼓励地主将土地优先卖给政府，以便于整体规划乡村建设，并以此保障为居民提供较为便宜的住房和为产业提供低成本的用地。在具体实施过程中，是在强化美丽乡村共同愿景基础上，以居民广泛参与项目决策、规划设计和自主改造的方式自下而上推进实施，积极引入专业机构提供设计、评估、认证、促进合作等方面支持，形成多方联合参与推进乡村建设的行动者网络。对于私人住宅的改造，采取自主申请、公开遴选、后补助支持的方式给予支持，达到期望要求的私人住宅可以获得20% ~40% 的补助支持。一个村庄的改造一般要经过 10 ~ 15 年的时间才能完成。

（三）以欧盟“引领项目”促进乡村地区经济社会综合发展

从整个欧盟来看，乡村人口的减少以及乡村年轻人失业率的提高已经成为一个突出问题。尽管德国总体上乡村失业率处于较低水平，但德国部分地区的乡村劳动力缺乏非农就业机会的问题也依然存在，尤其是东德地区。比如，在萨克森州乡村劳动力中，从事非农产业的比例只有 15. 2% ，而邻近的下萨克森州因为有大众公司的带动，乡村劳动力中在非农部门就业的比重则达到 81. 3% 。德国联邦农村发展项目是联邦政府人口战略的重要构成之一，将应对人口结构变化、提升乡村生活质量以及塑造年轻人的乡村作为其重点。对于缺乏乡村就业机会的劣势地区，德国将欧盟农村发展项目更大幅度地向农村社会发展领域倾斜。2014—2020 年欧盟农村发展项目计划中，萨克森州获得的支持资金为 113 877. 67 万欧元，其中用于六大方向中的包容社会与当地发展的支持比例达到了 40. 4% ，而在下萨克森州用于包容社会与当地发展的支持比例仅为 25. 1%[55]。

包容社会与当地发展最主要的项目是“农村地区发展联合行动”项目。该项目创立于 1991 年，最初是一个区域性农村发展的实验项目，采取“自下而上”的方法让当地民众参与农村地区发展的决策和管理，2007 年被纳入欧盟农业政策的重要组成部分，经过不断发展在各地成立了地方性行动小组，联合广泛的利益相关者共同推进农村社会发展。由于这些“引领项目”充分调动了当地民众和各类专业服务主体的积极性，获得比较好的政策效果，在

2014—2020年的项目期内，从地区发展项目扩展到所有的欧盟结构投资资金项目中。

（四）以创新发展推动乡村产业“再振兴”

通过实施村庄更新项目，德国大部分乡村形成了特色风貌和生态宜人的生活环境，乡村成为美丽的代名词。但由于乡村人口老龄化和人口数量的减少，使得基本生活服务因缺乏市场规模而供应不足，生活便利性下降又导致人口进一步从乡村流出。特别是医疗服务的不充分使越来越多的老年人卖掉乡村住房到城市居住，现代生活服务设施和就业机会的不足使年轻人越来越难以留在乡村。面对保持乡村活力的新问题，德国又出现乡村“再振兴”的需求。

2014年10月29日，德国联邦农业与食品部提出了新的农村发展计划，其目标是支持农村创新发展，让农村成为有吸引力、生活宜居、充满活力的地区。该项目包括四大板块：①未来导向的创新战略样本和示范项目。资助农村发展的利益相关者针对特定问题提出创新解决方案，基于专家对这些创新实践项目的评价，为未来农村发展政策设计提出建议，关注的主题包括保障基本服务、改善内部社会发展、增强中小企业发展所需要的基础设施、发展新形式的乡村文化、应对变化与挑战。②乡村提升项目。支持13个结构劣势区域积极应对人口结构变化，增加区域价值和保障乡村就业，为每个区域提供1 500万欧元支持。③“活力村庄”和“我们的村庄有未来”的竞赛奖励。④研发和知识的转移，让乡村能够获得创新资源，并支持乡村发展领域的研究创新。为有效推进乡村的进一步发展，德国联邦食品与农业部将促进乡村可持续发展作为其重要任务，2015年专门成立了乡村战略司。

（五）以“生物质资源利用”促进产业融合

德国将可持续发展作为国家战略予以持续推进，支撑可持续发展战略的一个重要方面是生物质资源的利用。2009年，德国联邦食品与农业部和联邦环境、自然保护与核安全部联合发布了《国家生物质能行动计划》。2013年，德国联邦食品与农业部发布的《国家生物经济政策战略》，均将生物能源、生物原料开发利用以及生物废弃物利用作为创造乡村就业机会、提高农业增加值和保护乡村生态环境的重要手段。

一方面，生物质资源的利用扩大了农场收入来源，解决了农业废弃物污染问题。德国对生物发电厂给予装机设备和上网电价补贴支持，约定了20年对每组发电机的一半产能以0.19欧元/度并网收购，而正常并网发电价格是0.04欧元/度。根据德国新修订的《可再生能源法》，生物能源纳入了竞标系统，这有助于生物能源运营商获得更大配额的上网电价补贴支持。德国政府要求未来三年，生物质能发电的装机容量每年平均要增加150兆瓦，之后的三年平均每年要增加200兆瓦。生物能源产能的扩大将给未来乡村地区增加一项新创收产业。生物质能发电的补贴政策，本质上是以城补乡、以工补农。生物能源的主要原料是作物秸秆、牲畜粪便等，不仅解决了农业废弃物的清洁化处理问题，而且还减少了温室气体的排放，成为优化乡村环境和保持自然生态的一个重要举措。

另一方面，促进了乡村产业链的整合和城乡融合。分布在乡村地区的生物发电厂基本都是农场入股成立的，具有紧密的利益联结关系。因为能够从发电厂获得分红，农场主都积极将作物秸秆运送到发电厂，同时产生的沼液又由农场主免费拉回去作为生物有机肥，促进了生态农业的规模化推广。在农业加工产业链上，种植者与企业也以股权为纽带紧密相连，形成互促互利的良性发展模式。比如，下萨克森州的甜菜种植农场组成甜菜种植者协会，入股参与两个糖料加工厂，派出代表监督糖厂的甜菜收购、扣杂、付款和利润分配，糖厂与种植农户签订订单进行配额生产，形成稳定的供销关系。2017年德国甜菜种植补贴取消后，尽管甜菜生产者的种植收益受到较大影响，但因为能够分享下游糖加工技术进步带来的糖产业收益的增加，并没有影响甜菜生产者的种植积极性。此外，以农场为主投资经营的生物发电厂，还可以自主投资建设输热输气管网，通过沼气供气、供暖、供应热水等不同能源形态满足周边社区居民的用能需求，以获得更大生物能源收入。周边社区则可以不依赖于市政能源供应，而获得更廉价、生态的能源。

（六）以产业振兴带动土地整治

土地整治是促进乡村振兴的重要基础平台。德国在城市化进程中始终重视乡村土地整治，在不同发展阶段赋予其不同功能。早期主要推进农地整治，解决细碎化问题，以利于机械化和规模经营。后来，把基础设施和公共事业建设作为乡村土地整治的重点。20 世纪 70 年代以后，在乡村土地整治中突出景观和环境保护。相比之下，长期以来，我国农村土地整治主要目的是提高耕地质量、增加耕地面积，以及腾退农村建设用地指标，没有与乡村发展深度融合。因此，应赋予我国农村土地整治更完整的功能，将其作为实施乡村振兴战略的重要基础平台，推动土地整治与农业规模经营、乡村旅游、基础设施建设、景观和环境保护等相结合。

第四节　日韩的乡村产业融合发展经验

乡村产业融合发展是通过第一产业、第二产业和第三产业之间的融合和交叉形成的集生产、加工、销售、旅游、参观、体验等为一体的新业态，对于激发农村经济活力，振兴农村地区经济具有重要作用。日本、韩国乡村产业的融合发展对农村经济的发展起到了很大的促进作用，对我国也有一定的借鉴价值。由于日韩的乡村产业融合发展之路有很多相似之处，所以作者在前人研究的基础上，总结如下。

一、日本的乡村产业融合发展及经验

（一）“六次产业化”的含义与背景

1. “六次产业化”的含义

日本的“第六产业”是第一、第二、第三产业的乘积，旨在强调农村第

一、第二、第三产业的融合发展，通过产业链延伸、产业范围拓展等途径，推进农村第一、第二、第三产业之间的整合和联结。由于“1 +2 +3”和“1 ×2 ×3”均等于“6”，因此称之为“第六产业”。日本的“第六产业”主要通过鼓励农业生产者搞多种经营，发展农产品（食品）加工业、肥料等农资制造业、农产品和农资流通业等服务业以及农业旅游业，形成集农产品生产、加工、销售、服务于一体的完整链条，将流到城市等农村外部的就业岗位和附加值内部化，为农业生产者获得更多农产品加工、流通等环节和农业旅游业的附加值创造条件，借此增加农民收入，增强农业发展活力。同时，日本的“第六产业”通过产地加工、产地直销和旅游消费等三种形态实现。产地加工型旨在利用本地农产品发展农副产品加工业；产地直销型由产地生产组织自行建立直销店，培育自产农产品的特色和自有品牌；旅游消费型主要发展乡村旅游等。

2. “六次产业化”的背景

与20世纪最后10年的最高水平相比，进入21世纪以来，日本农民收入出现较大幅度下降，2008年甚至不到1995年的一半。形成这种现象的一个重要原因是，许多农产品主要作为加工原料输出，或通过批发市场及超市销售，减少了农村应有的增收和就业机会。随着零售超市势力的增大，超市向农民压级压价的问题日趋突出，导致生产者的利润被大量挤占。在此背景下，日本政府逐步采纳了今村奈良臣关于“第六产业”的发展理念。2008年12月，日本民主党在其内阁会议中提出《农山渔村第六产业发展目标》，将其作为农林水产大纲。次年11月，日本农林水产省专门制定了《六次产业化白皮书》。除此之外，日本政府推行农业的“六次产业化”还有以下四个方面的背景。

一是日本经济经历20世纪50至70年代的高速增长，大量农村人口特别是青壮年劳动力向大城市和城市圈快速转移，导致农村人口老龄化和以町村为主的过疏化问题日益严重，加剧农村区域之间、城乡之间发展的不平衡。20世纪80年代后，日本经济陷入“停滞的20年”，农村人口老龄化和地区过疏化问题继续加重，农地弃耕和农业后继无人的问题进一步凸显，许多农村地区日益缺乏活力。在山间农业区或山地与平地之间的中间农业区（日本习惯称为“中山间地区”），农业生产环境和就业机会比较少，单纯的农业经营往往让农民无利可图，人口外流导致农村的过疏化问题更为严重。同时，日本贸易自由化的深化和农产品进口压力的加大，也加剧了日本农业的危机，影响农户农业收入的增长。特别是以农为辅的农户兼业经营日趋普遍，农户的农业收入依存率在较低水平上进一步下降，加剧了农业和地域经济的衰退。许多以农为辅的兼业农户把兼营农业作为业余爱好，影响粮食安全和农业、农村的可持续发展。为解决这些问题，日本1999年制定的《食物·农业·农村基本法》替代了1961年制定的《农业基本法》，强调要尽可能维持和扩大日本的农业生产，并把控制粮食自给率不断下降作为基本方针；强调农业的多功能性和振兴农村，促进农业可持续发展，把改善农村生活环境作为政策的主要目标，促进不同农村地区之间及城乡协调发展。在此背景下，农村观光旅游、土特产品加工业等发展逐步受到重视，中间地区发展农业的传统劣势甚至可能转变为发展农村观光旅游和土特产品加工业的优势。这与后来推进“六次产业化”具有逻辑上的连贯性。

二是随着收入水平的提高，日本消费者对农产品消费的关注，由主要关注价格转向更多地关注饮食健康、消费安全和消费体验，甚至传统的饮食文化和农产品的新鲜度也日益引起消费者的青睐。在此背景下，日本农业政策的调整进一步重视结构性政策，强调为国民提供优质、安全且放心的农产品。进入21世纪以来，基于对日本食物安全和环境破坏原因的反思与批判，在日本自主、自觉展开的市民运动日益受到关注。这种市民运动强调为确保食物优质安全放心，而发展环境保全型农业，实现农业生产者与消费者双方的互动交流，借此实现产销连接，即由农业生产者生产和供应优质、安全农产品及加工品，消费者以双方都可以接受的价格直接购买。通过农业生产、加工、流通过程的信息透明化，通过减少化肥、农药的使用和农产品的远距离运输，降低对环境的负面影响，提升食品安全水平，重建消费者对生产者的信任。可见，日本政府重视农业的“六次产业化”，是顺应农业需求结构变化的重大战略调整。当然，随着日本经济由外向型发展向内生型发展的转变，农业作为新的内需增长点日益受到政府重视，也为日本支持农业的“六次产业化”提供了良好环境。

三是在经济发展和交通改善的同时，日本农村的混合居住化迅速发展。自20世纪70年代以来，日本农业村落数一直维持在14万个左右，其中农户家庭的比重却大幅度下降。到2010年，农户家庭占比低于30%的村落比例仅51%，农户家庭占比超过70%的村落仅10%。农村混合居住化的发展，有利于发挥农业的多功能性，促进本地化农产品消费，增进乡村产业链的供求衔接。

四是日本重视农产品“地产地消”的传统和国家政策，为推进农业的“六次产业化”提供了条件。日本很早就有倡导农产品本地化消费的传统。早在20世纪80年代初，日本农林水产省制定的《地域内饮食生活提高对策事业》4年计划就倡导“地产地消”的理念。所谓“地产地消”，即根据地域内消费者的需求组织农业生产，并将当地生产的农产品在当地进行消费，使生产者和消费者直接联系在一起。直销店等“地产地消”组织形式也是日本推进“六次产业化”的重要形式之一。

由此可见，日本政府实施的“六次产业化”不是凭空产生的，而是针对农业农村发展问题而出台的诸多政策举措的延续和发展，也是日本发展阶段和传统文化有机结合的产物；同时，日本“第六产业”通过促进农产品的“地产地消”，将农产品生产和加工、销售及相关服务业融合起来，进而形成了经营的多样化和规模化格局。

（二）“六次产业化”的措施与经验

1. 促进工、农、商协同发展与合作，激发农业发展潜力

日本政府通过减免税收、提供贷款等一系列的优惠政策，把传统的第二、第三产业企业吸引到农村，激励中小企业与农业从业者通过共同开发农林渔业等农村资源及进行深度合作，进而使农业发展重新焕发出生机与活力。

日本在“六次产业化”过程中，为确保农业从业者的利益，强调农林渔业者在农工商企业合作过程之中的主体作用。譬如，在日本的《农业协同组合法》中，为了充分保障农业从业者在农工商合作中的主体地位，规定农民合作组织(“农协”）的地位和作用；日本的“农协”发挥着中介组织的作用，将全国零散的农户与国内统一的市场连接起来，解决了农民在信息不完全的情况下所产生的资源浪费现象。同时，为农民提供金融服务，因地制宜指导农户制订合理的生产经营计划。因此，日本的《农业协同组合法》从政策层面切实保护了农民的根本利益。

2. 积极有效推进“地产地消”，还利于农

“地产地消”的基本方针，即在国内生产的农产品首先在其生产地积极消费，当生产地供给不能满足消费的情况下，应该消费国内其他产地生产的农产品。日本有效推进“地产地消”，最典型的是实施以直销所（直销店）为核心的流通模式。其经营主体主要包括地方生产者、生产者联盟、地方公共团体、民间企业、第三方部门以及农协等。直销所由最初的设立在城郊，逐步拓展到农村和山区，所对应的消费者范围也进一步扩大。2009 年，在日本直销的全年销售额中，本地化农产品的销售额占 73.2%。而 65.8% 的直销属当地农产品。由此可见，直销所在农产品的“地产地消”策略中所发挥的重大作用。由于其为消费者提供的是新鲜的本地农产品，同时其在价格方面的优势，使得与同类型超市相比，直销所内所提供的农产品更能够获得消费者的青睐。鼓励消费者消费当地自产农产品，以消减来自产品运输与储存方面的附加成本，增加了农民收入，更好地还利于民。同时，“地产地消”模式也对本土的农产品品牌有着积极的促进作用，为本地提供了大量的就业岗位，促进了劳动力的有效就业，对农村经济的回暖有着极大的促进作用。

3. 促进农产品市场的改革与创新，增加农产品附加值

在保证农林渔业等农产品生产的基础上，扩大农产品的生产规模和经营范围。在产品生产阶段，加强对于高新技术领域的应用，对口消费者的需求，推进新产品的研发。在产品的生产过程中加强监管。不仅抓产量，更抓质量，

以避免高产量低质量或高质量低产量情况的出现。同时，精准定位市场需求，并在此基础上制定相应的产品生产以及营销策略，促进产地加工型和旅游消费型产业的发展。对传统农副产品进行深加工，利用本地的农林渔产品资源，发展农副产品加工业，延长农产品的产业链和价值链，进一步提高农产品的附加值。同时，利用农林渔产地自身的优势，发展乡村旅游以及特色旅游文化等。

4. 资金援助

2012 年，日本颁布了《股份公司农村渔业产业化发展支援机构法》（简称《六次化基金法》），以完善现有的产业财务体系，提升产业发展融资的自由度。在制度层面上给了“六次产业化”以坚实的资金支持，促进了第六产业的快速发展。日本设立了“株式会社农林渔业成长产业化支援基金”，为六次产业化所涉及的各项业务提供资金和精细的管理支援，同时，鼓励民间资本投入日本的六次产业化，增加对新产品开发和市场拓展的支出补助以及新的农产品加工、销售所需设备购买的支出补助。同时，增设相关援助机构以及专项基金和辅助基金，逐步建立起一个政府支持、民间支援的第六产业融资体系。通过政策补助金、股权投资和信贷等方式给予农林渔业从业者相应的资金援助。

5. 培育多元化的经营，激发农村经济的活力

日本在促进“六次产业化”发展的过程中，力求不断创新发展培育“多元化”的经营。此处的“多元化”主要指的是产品内容上的多元化以及生产主体的多元化。产品内容上，不单单是指普通的农林渔业产品的多元化，也包括增加了产品附加值的一系列农副产品和乡村旅游业引发出的附加产品的多元化，其内容涉及多种类型。同时不断地开发新产品，努力迎合消费者需求。生产主体的多元化则是指积极参与和发展“六次产业”的众多主体，主要包括农业生产者、生产者协会、农协、企业等。

6. 注重生态环境的保护，坚持可持续发展

统筹农村资源，推动乡村产业融合进程中各个环节和要素的融合，加强

农村生态文明建设，打造生态健康、美丽的乡村。利用农村的可再生资源和绿色能源进行生产活动，以维持和保护生态系统。例如，利用当地的本土特色，旅游部门与当地居民联合起来开发改造如“农家乐”之类的旅游产业，既发扬了当地的特色文化，又可以在此基础上产生新的经济增长点，进一步带动农村经济的发展，对于乡村文化的传承与发展也有很大推动作用。同时，在对乡村资源进行开发利用的过程之中，循序渐进，注重资源的保护性开发，以达到可持续发展的战略目标。日本政府还提出了“绿色与水的环境技术革命”，旨在通过一系列措施发展环境友好型的现代农业。

（三）“六次产业化”与我国乡村产业融合的比较

乡村产业融合发展与“六次产业化”的相同点主要有两个。一是乡村产业融合发展与“六次产业化”都是产业跨界发展。两者都是产业跨界交叉融合发展，乡村产业融合发展与“六次产业化”都将第二、第三产业的工商资本引入农村，共同开发农业，都要求由单一品种的农产品生产向地区性多元化综合农业方向发展，鼓励农户由过去单一的农业生产向下游产业链条不断延伸，从生产向加工、销售、服务、旅游等第二、第三产业领域扩展，不断提升农业和农村的附加值。二是乡村产业融合发展与“六次产业化”都要求开展多元化经营，以提高农民收入。多元化表现为产品多元化、经营主体多元化、融合形式多元化，通过需求导向开发新的产业，创造新的经济增长点。新的经营主体包括农户生产者、农业合作社、家庭农场、龙头企业等多种经营主体。通过农业合作社将分散经营的农户与全国大市场联系起来，并指导农户的生产和技术培训。

我国的乡村产业融合比日本的“六次产业化”的内涵更广泛。日本发展“六次产业化”的主要形态有产地加工型（利用本地农产品发展农副产品加工业）、产地直销型（产地生产组织自行建立直销店）和乡村旅游型。其中“地产地消”是其实施的重点项目，要求本地生产的农产品首先在产地积极消费，在当地供给不能满足的情况下，再消费其他产地的农产品。最典型的模式是直销店，农民自行包装和定价，然后委托直销店代销，农户可以通过软件和设备了解自家商品的销售情况，消费者课题通过产品包装追溯农产品的产地，农户也可以与消费者直接沟通。日本国土面积较小，产地和销售地重合度较高，同时日本农业的技术水平较高，以农户为主体，让农民参与加工、流通、销售等环节，可以降低物流成本和交易成本，提高农户生产效益。日本第六产业发展接近我国乡村产业化发展的概念或产业融合的早起发展阶段。我国地域广阔，很多农产品的产地和销售地相距甚远，因此产业融合发展不仅仅是农产品产和销的对接，更是第一、第二、第三产业的深度融合发展，内涵要比“六次产业”更加丰富，产业发展阶段要更高级。

二、韩国的乡村产业融合发展及经验

韩国乡村产业融合发展始于20世纪60年代，通过将近60年的实践，已进入到产业融合发展的阶段。通过地区单位（政府）主导型这一韩国乡村产业融合发展特色模式与扩大地区职权、构建综合支援体系等一系列政策的有效结合，取得了一定成效，乡村产业融合发展水平持续提升，农村传统产业得到改造升级，乡村产业结构提升，非农收入快速增长。韩国的实践为中国提供有益借鉴，包括提升产业融合发展的法律效力，强化政府支持但要规避过度依赖行政力量，提高农民共识、支持和参与，重视乡村产业融合发展主体的造血功能培育[56]。

（一）韩国的乡村产业融合发展模式

韩国乡村产业融合发展引用日本的农业“六次产业化”概念，用“1 + 2 + 3”或“1 × 2 × 3”来表示。一开始农业“六次产业化”突出强调在农村发展农业以外的第二、第三产业，增加农户收入特别是提高非农收入的比重。为此，大力发展农产品加工、农产品流通和销售，致力于摆脱农村就是农业的结构和范式，在农村地区推进第一、第二、第三产业的共同发展。但随着相关实践的扩大和深化，其内涵已超出农业“六次产业化”的范畴，更加强调农村地区恢复农村共同体属性，地区力量的增强和地区发展的创新。也就是说一方面通过智能农业、技术农业、共同体农业等推进现代农业的发展，构筑牢固的农业生产基础；另一方面通过发展地区单位食品产业、地方风味食品直销等新兴流通网络和相关服务业，打造涵盖加工、流通、出口、旅游、服务等产业的地区单位（政府）主导型乡村产业融合体系，促进外部资本和人员的流入，扩大农产品出口，建立乡村产业体系和舒适的农村生产居住环境[56]。

韩国的乡村产业融合发展大致经历了四个阶段[56]。经过20世纪60年代到70年代的农工并进的第一个阶段，实现了农业增产、农民增收和粮食的自给自足等目标，但是农村地区劳动力流失、城乡及地区发展不平衡等问题开始显现，农村人口、耕地面积以及相应的粮食自给率、农业GDP比重也呈现下降的趋势。因此，韩国于1967年开始推进农工并进政策，促使生计型农业向商业型农业的转型。20世纪70年代的“新村运动”时期，韩国出台相关法律和政策，其宗旨是提高农村经济活力，增加农户非农收入。第二个阶段是20世纪80年代到90年代，积极促进农村收入源开发，改善乡村产业结构的阶段。基于韩国农业受到农产品进口自由化政策的冲击，城乡收入差距拉大的现实，以相关法律作为制度基础，强化农村地区工业的发展力度，改善乡村产业结构。1999年制定的《农业、农村及食品产业基本法》，其宗旨是培育农业的基础产业地位，保全农村地区的生产、生活空间，促进农村地区开发，保全农村地区环境。第三个阶段是21世纪第一个十年，乡村产业培育转换阶段，着力发展农村旅游业，促进城乡交流。在国土均衡发展框架下，推进区域农业的内涵式发展，以2007年制定的《促进城市与农渔村交流的相关法律》为依据，指定“休养村”，推进体验式旅游等农村旅游业，促进城乡交流，强化传统食品和产地加工业与农业的有机联系。第四个阶段是2010年至今，农业“六次产业化”和“农村融复合产业化”阶段。2014年制定的《培育和支援农村融复合产业的相关法律》，旨在为提高农业附加值提供制度基础，增加农户和农村居民收入，促进农业和农村经济发展，促进农业与制造业、服务业等其他产业的融合、复合发展，实现乡村产业结构优化，维持和强化农村地区社会共同体[57]。韩国的乡村产业融合发展模式大致分为产业链延伸型、产业交叉型、技术渗透型、地区单位（政府）主导型等四种融合发展模式。

1. 产业链延伸型模式

在韩国，产业链延伸型的乡村产业融合发展模式是以农业为中心，以农产品的生产加工环节为起点，根据乡村产业链不断向产业链上下游延伸的融合发展模式。该融合发展模式能够让农业生产经营者依托自己的优势乡村产业，向前、向后延伸，进而拉长乡村产业融合发展的链条，优化农业生产环节的可用空间，具有纵向一体化特征。例如在该模式中，农民依托传统单一的种植业，发展农产品精深加工，实现农产品的供销一体化，进而纵向延伸单一的农业种植产业链，扩大农业种植的产业链效益。

2. 产业交叉型模式

产业交叉型融合模式是指农业跨越传统产业边界，与其他产业交叉融合，涵盖农村第一、第二、第三产业，并具备生产、生活、休闲和生态功能的横向一体化产业融合模式。

3. 产业技术渗透型模式

产业技术渗透型融合模式是指利用先进技术对农业的渗透、扩散和融合，推动传统农业创新，逐渐模糊和消除各产业之间的边界，在实现农业生产水平提高的同时，催生各种农业新业态的产业融合模式。

4. 地区单位（政府）主导型模式

地区单位（政府）主导型融合模式是指以特定产品为中心，将地区内生产、加工、流通、旅游及出口等领域结合形成网络，进而提高乡村产业附加值。其中，地区单位（政府）主导型融合模式是韩国乡村产业融合发展的特色模式。

（二）韩国的乡村产业融合发展经验

首先，韩国乡村产业融合发展离不开政府法律、政策的大力支持。政府政策的大力支持是韩国乡村产业融合发展的成功经验。一方面，中央政府颁布有关乡村产业融合发展的相关政策文件，使各地方政府在中央政策的背景下发展农业六次产业化。另一方面，地方政府的政府行为以及政策支持是推动韩国乡村产业融合发展的主力。各个地方由于资源禀赋、经济发展水平、历史文化传承等差异，产业融合发展水平和层次各有不同，当地政府根据自身农业以及相关产业发展的实际情况，制定具体的农业发展目标，进行农产品品牌挖掘和培育、市场细分以及制定有关农业全产业链的各个环节的具体发展战略和措施，不断促进地域自主性发展。过去韩国乡村产业融合发展的政策是自上向下执行的，现在已经逐渐形成自主制定符合自身的政策，由下至上延伸的发展模式。

其次，本土经营、特色发展是韩国乡村产业融合发展的重点。总的来看，通过本土化经营和特色化发展，韩国农业企业和经营组织能尽快融入当地的生产加工流通环节，打造出具有当地特色的农产品，进而形成地域地区品牌，提高农产品的产地附加值，再通过流通等环节扩大农产品的市场占有率。通过本土化经营和特色化发展，生产出符合当地消费者需求的农产品，提供更加优质的服务，使其在市场竞争力中更具实力。例如韩国宝城郡宝香茶园，以茶产业为基础，在当地生产加工，研发出以茶为核心的饮料、巧克力、化妆品等产品，并利用茶园建立起观光和茶文化体验等休闲项目。该模式将特色茶产品与休闲观光体验结合，将茶产业的栽培、生产、加工、销售有机统一，促进了该地区茶产业同食品加工业和旅游服务业的融合发展，进一步带动了地方经济发展。

最后，多样化发展是韩国乡村产业融合成功的关键。其主要体现在发展形式的多样化，经营形式的多元化以及参与主体的多样化。在发展形式方面，地区、产业、协会组织之间的联合发展，农村旅游型以及产品型的乡村产业融合模式等都是韩国乡村产业融合发展的形式，是推动乡村产业融合发展的动力。在经营形式方面，直营直销店、网络销售、订单销售、农家餐馆、协议销售等经营形式，进一步推进了韩国乡村产业融合发展。比如，韩国部兴郡伊甸园食品公司，加大环境食品销售商的渠道建设，先后和韩国有机农产品流通协会、乐天有机农产品专营店、现代百货超市、新世界韩国特产免税店签订销售合同，极大地占有市场，并提高品牌的认知度。在参与主体方面，韩国乡村产业融合发展的参与主体较为多元，主要有政府、地方组织、农协、公司以及农户个人等，参与主体的多元化有利于资金的筹集，降低乡村产业融合发展的风险，促进农业经济的竞争，不断推动乡村产业融合。

第六章

乡村产业融合的动因及经济效应分析

第一节　乡村产业融合的动因分析

十九大报告提出，经过长期努力，中国特色社会主义进入了新时代。目前，我国农村农业发展的内外部环境条件已经发生了深刻变化，新时代经济社会发展的主要矛盾表现为人民日益增长的美好生活需要和不平衡不充分的发展之间的矛盾。同时，农业供给侧结构性改革也成为亟待解决的战略任务。因此，用不断发展的新理念破解新时代“三农”发展过程中遇到的新难题，从“调结构、提品质、促融合、降成本、去库存、补短板”方面突出抓好六项任务，积极厚植农业农村发展优势，加大农业农村创新驱动力度，稳妥推进农业供给侧结构性改革，有效提高农业质量和效益，成为2016年至今的农业农村改革的主旋律。

鉴于乡村产业融合是新时代发展乡村振兴的重要路径，作者针对新时代农业农村发展面临的新难题和新特点，从乡村振兴视角的视角，研究了乡村产业融合的动因及效应，研究成果发表在《行政管理改革》2019年第7期[58]。

一、收入增加助推农民对美好生活的需求不断提高

《产业与商业》一书提到“产业的发展取决于市场的需求，而市场的需求取决于社会经济、政治和生活需求”。2015年来，全国居民人均可支配收入、城镇居民人均可支配收入、农村居民人均可支配收入及全国居民人均消费支出、城镇居民人均消费支出、农村居民人均消费支出逐年提高。2015—2019年居民人均可支配收入、居民人均消费支出变化情况如表6－1、表6－2所示。

表 6-1　2015—2019 年居民人均可支配收入变化情况一览

年份	全国居民人均可支配收入			城镇居民人均可支配收入			农村居民人均可支配收入		
	数额（元）	同比增长率（%）	扣除价格因素后实际增长率（%）	数额（元）	同比增长率（%）	扣除价格因素后实际增长率（%）	数额（元）	同比增长率（%）	扣除价格因素后实际增长率（%）
2015	21 966	8.9	7.4	31 195	8.2	6.6	11 422	8.9	7.5
2016	23 821	8.4	6.3	33 616	7.8	5.6	12 363	8.2	6.2
2017	25 974	9.0	7.3	36 396	8.3	6.5	13 432	8.6	7.3
2018	28 228	8.7	6.5	39 251	7.8	5.6	14 617	8.8	6.6
2019	30 733	8.9	5.8	42 359	7.9	5.0	16 021	9.6	6.2

数据来源：国家统计局。

表 6-2　2015—2019 年居民人均消费支出变化情况一览

年份	全国居民人均消费支出			城镇居民人均消费支出			农村居民人均消费支出		
	数额（元）	同比增长率（%）	扣除价格因素后实际增长率（%）	数额（元）	同比增长率（%）	扣除价格因素后实际增长率（%）	数额（元）	同比增长率（%）	扣除价格因素后实际增长率（%）
2015	15 712	8.4	6.9	21 392	7.1	5.5	9 223	10.0	8.6
2016	17 111	8.9	6.8	23 079	7.9	5.7	10 130	9.8	7.8
2017	18 322	7.1	5.4	24 445	5.9	4.1	10 955	8.1	6.8
2018	19 853	8.4	6.2	26 112	6.8	4.6	12 124	10.7	8.4
2019	21 559	8.6	5.5	28 063	7.5	4.6	13 328	9.9	6.5

数据来源：国家统计局。

相对于 1978 年，我国农村居民家庭人均可支配收入为 165 元，按 1978 年的不变价格计算，我国农村居民的人均可支配收入提高了近百倍。

经济社会发展的主要矛盾的需求侧已经由过去的人民日益增长的物质文化需要升级为人民日益增长的美好生活需要，城乡居民的消费需求也从以往的“吃得饱、穿得暖”升级为“吃得好、穿得好”，从简单的量扩张提升到质提高，产品供给从紧俏变成了过剩，消费观念从传统变成了现代，“人民日益增长的美好生活需要和不平衡不充分的发展之间的矛盾”越来越突出。与此同时，城乡居民消费的新需求、新特点、新变化也成为引发产业转型和创新的方向标。

大数据统计结果表明：近年来，随着我国城乡居民收入水平的不断提高，乡村大众消费用于教育、文化、娱乐、健康、保健、旅游等方面的消费快速增长，在消费习惯方面也更加注重消费品的质量，更加关注绿色健康食品。同时，以满足城乡居民精神文化需要，能够提高文化知识水平、陶冶消费者思想情操等为目的的精神文化消费也日益增加。此外，我国城乡居民对农产品供给的品质和多元化要求越来越高，农产品的消费需求日益多样化、健康化，向更有营养、更绿色、更生态方向转变。因此，农业生产不能停留在传统状态，必须要瞄准城乡居民消费新特点，寻找产业发展的新机遇、新动能，充分挖掘农村自然、生态和文化资源等优势，拓宽乡村产业链，提升产业链价值功能，促进第一、第二、第三产业融合发展，培育农业多种功能，为消费升级提供绿色、健康、精致的高品质农产品，并开发和培育生态、文化、休闲、体验、旅游等服务类产品，形成农业农村发展新动能。

与此同时，城乡居民日益增长的精神和文化旅游消费需求，为农村第一、第二、第三产业的融合发展创造了机遇。在现代经济学中，主流学派认为劳动供给曲线是向后折弯的。近年来，随着收入水平的提高，在工作和闲暇的时间配置上，城乡居民会趋向于选择更多的闲暇时间；同时，城乡居民闲暇时间的增多与休闲旅游消费需求增长二者之间存在较大的正相关性。乡村休闲旅游消费需求具有较大的增长潜力。

二、交易成本降低为乡村产业融合发展提供源动力

交易成本理论是制度经济学的理论核心，经济学家科斯提出交易成本理论，该理论以经济活动中非生产性成本即交易成本为研究对象，随着分工的深化和复杂化，交易活动的频率和规模越来越大，可以通过成立某种组织降低交易成本，实现范围经济效益。由于交易主体的有限理性和投机主义行为，交易主体努力通过某种途径使交易成本变小，交易主体之间通过合同契约或制度等达成一种较为长期的合作组织关系，通过这种关系可以实现降低交易

成本。威廉姆森认为交易成本包括搜寻成本、信息成本、议价成本、决策成本、监督成本、违约成本。

农村三次产业融合发展的内在动因可用交易成本理论来解释。农村第一产业和第二产的融合发展，通过集聚融合形成利益联结机制，实现资源优化配置，形成农产品供销和服务的长期合作关系，降低第二产业生产所需原材料交易的成本，同时能够共享信息，基础设施和品牌产生协同推广效应，进而提升产品的竞争力和品牌知名度。

农业第一产业和第三产业的融合发展是基于农业功能特殊性而形成的，农业除了生产农产品外，还具有传承农业文化和乡土文化，提供田园景观与体验休闲场所，保护水土资源和生物多样性等诸多功能；同时，农村休闲旅游业的发展是农业功能的延伸，促进农业和休闲旅游业的融合发展，形成新的发展模式和业态，使得产业组织之间的协作联系更加密切，能够进一步降低农业第一、第二、第三产业之间的交易成本，进而推动乡村产业结构优化升级。

三、新技术应用为乡村产业融合发展提供技术动力

以人工智能、大数据、物联网、云计算等为代表的新一代技术在农业、农村的广泛应用和渗透，为乡村产业融合的深度发展提供了技术手段和载体；同时，基因工程、发酵工程、细胞工程、酶工程、分子育种等新一代生物技术的快速发展和应用，助推了农业领域的技术革命，促进农业的生产、经营和管理方式变革，农业生产智能化水平得到提升。作者通过文献研究、实地调研发现，现代信息、生物等新技术向传统农业渗透、新农人快速崛起、消费者消费行为升级、产业融合政策宽松等因素，成为乡村振兴背景下产业融合的驱动力。该观点与叶云、汪发元、裴潇[59]对信息技术产业与农村第一、第二、第三产业融合的动力研究成果相一致。

此外，农业和信息技术、文化的融合，能够催生出生态农业、智慧农业、休闲农业、创意农业等农业新业态，诞生了农村电子商务、产地直销、订单

农业等新模式。

当某一产业中出现了某种技术创新，就会向相关产业进行技术的渗透和扩散，这也正是技术创新的正外部性，新技术应用的外溢效应为相关产业的融合提供技术动力。不难看出，在新时代的乡村振兴过程中，技术创新、新一代信息技术、新一代生物技术的应用，目前已经具有明显的溢出效应，为农村第一、第二、第三产业的深度融合和创新发展做出了贡献。

四、经营制度改革为乡村产业融合的制度创新环境

放松管制，为乡村产业融合发展提供良好的发展环境，是融合发展的客观条件。任何产业的发展都依赖于良好的政策环境，我国乡村产业化的发展就得益于良好的扶持政策从而发展起来的。相对于乡村产业化的发展，产业融合更需要政府的政策支持。近年来，乡村产业融合呈现出快速发展态势，涌现出很多产业融合的成功案例，这与国家出台一系列的政策和措施推动乡村产业融合密切相关[58]。诸如 2015 年 12 月，国务院办公厅印发的《国务院办公厅关于推进农村一二三产业融合发展的指导意见》（国办发〔2015〕93 号）；2016 年初，李克强总理在国务院常务会议上强调，推动农村一二三产业交叉融合，是促进农业现代化与新型城镇化相衔接，推进农业增效、农民增收和农村繁荣的重要举措；2016 年 11 月，农业部印发《全国农产品加工业与农村一二三产业融合发展规划（2016—2020 年）》；党的十九大提出关于“促进农村一二三产业融合发展，支持和鼓励农民就业创业，拓宽增收渠道”的决策部署；2018 年 6 月，农业农村部发布《农业农村部实施农村一二三产业融合发展推进行动的通知》。这些文件不仅构建了支持乡村产业融合的政策框架，而且给出了较为明确的路线指引，为推进我国农村的第一、第二、第三产业深度融合发展提供了行动指南。此外，随着农村集体产权制度改革的不断深入，推进农村土地三权分置改革和“三变”改革，农村金融模式的创新，制约乡村产业发展的资金、土地、人才、技术等因素将逐步松绑，新型经营主体会得到培育和发展，为乡村产业融合发展提供了制度环境。

五、新时代“互联网＋”新技术助力乡村产业融合

2015年政府工作报告火了一个概念——“互联网＋”。自此以后，以融合与创新为本质的“互联网＋”行动计划推动了移动互联网、云计算、大数据、物联网等新一代信息技术与现代农业的深度结合。

（一）“互联网＋现代农业”行动计划加速产业链融合

1．“互联网＋现代农业”行动计划的提出

2015年7月，《国务院关于积极推进“互联网＋”行动的指导意见》（国发〔2015〕40号）下发；2016年4月，农业部、国家发展和改革委员会、中央网络安全和信息化领导小组办公室、科学技术部、商务部、国家质量监督检验检疫总局、国家食品药品监督管理总局、国家林业局按照《国务院关于积极推进“互联网＋”行动的指导意见》的要求，为切实发挥互联网在农业生产要素配置中的优化和集成作用，推动互联网创新成果与农业生产、经营、管理、服务和农村经济社会各领域深度融合，共同研究制定了《“互联网＋”现代农业三年行动实施方案》（农市发〔2016〕2号）。

《“互联网＋”现代农业三年行动实施方案》提出了以“互联网＋”新型农业经营主体、“互联网＋”现代种植业、“互联网＋”现代林业、“互联网＋”现代畜牧业、“互联网＋”现代渔业、“互联网＋”农产品质量安全、“互联网＋”农业电子商务、“互联网＋”美丽乡村、“互联网＋”农业农村大数据、“互联网＋”农业信息服务、“互联网＋”基础设施等主要建设任务。不难看出，该方案是以创新驱动农业现代化发展为引领，通过大力推进以“互联网＋”为代表的农业信息化发展，推动农村第一、第二、第三产业融合，使农业与装备、技术、信息、生态、文化深度融合，为农业转型升级提供了新动能。

2015年至今，各省、市相继发布了各自的“互联网＋”现代农业行动计划。2015年8月，青岛市发布《青岛市“互联网＋现代农业”行动计划

(2015—2020 年)》，提出力争到 2020 年，构建共创、共享、共赢的“互联网＋现代农业”生态圈，引领 10 万农业“创客”创业，带动百万农民利用互联网致富，全市农业信息化综合水平达到 65% 以上。2016 年 8 月，《广东省“互联网＋”现代农业行动计划（2016—2018 年)》发布，要求通过构建全省大数据综合管理格局，让农民充分享受到“互联网＋”现代农业红利。2016 年 3 月，《贵州省“互联网＋”现代农业专项行动计划》要求以贵州现代山地特色高效农业发展为核心，提出了以“云上贵州”平台建设为基础，构建涵盖农业生产、管理、服务各部门、各要素间有机协作、高效运转的管理与服务系统的现代山地特色高效农业互联网生态体系。2016 年 11 月，《河南省“互联网＋”现代农业三年行动计划》出台，要求以发展农村电子商务为突破口，通过网络体系和现代物流实现农村产品与市场的产销对接、供需连通，提升农业效益，增加农民收入；要求着力建设综合信息服务平台，通过整合资源，为电子商务和农业技术推广应用等提供便捷高效的综合信息服务；要求转变观念、统筹谋划，努力为乡、村培育一批“互联网＋”现代农业的带头人、示范户、企业家，让他们成为全省新农民创业创新的骨干和主体。

2. “互联网＋现代农业”创新了产业链融合

针对“互联网＋现代农业”的产业链融合问题，潘启龙[60]从创新的视角进行了分析、研究。在“互联网＋现代农业”实施之前，大都存在就农业抓农业，种养业搞种养，农业领域的加工、流通、销售等环节脱节严重，全产业链、全价值链打造不到位，致使农业增值、增效效果较差的问题。

借助“互联网＋现代农业”模式，能够将新农具、新工具、新设施连接人、连接商品、连接市场，进而实现万物互联；还能够通过分析市场需求和居民的消费信息，进而引导生产、加工、流通，从而进一步提高乡村第一、第二、第三产业的互通性。此外，也能够将“互联网＋”的新理念、新技术、新产品、新服务引入农业、农村和农民，实现农业与其他相关产业的深度融合，打造现代农业、农村经济的增强版。

自“互联网＋现代农业”实施至今，各种创意农业、分享农业、众筹农业、电子商务等新业态、新模式层出不穷，挖掘了农业的多功能，让农民分享了增值的收益，创新了产业链融合模式，成绩斐然。2014—2018 年我国规模以上农产品加工企业主营业务收入和休闲农业、乡村旅游营业收入如表 6 – 3所示。

表 6 – 3　中国规模以上农产品加工企业主营业务收入和休闲农业、乡村旅游营业收入

年份	规模以上农产品加工企业主营业务收入（万亿元）	休闲农业、乡村旅游营业收入（亿元）
2014	18.48	3 200
2015	20 –	4 400
2016	20 +	5 700
2017	22 +	7 400
2018	14.9	8 000 +

数据来源：国家统计局。

（二）“互联网 + 乡村旅游”助力美丽乡村建设

互联网是 20 世纪人类最伟大的科技发明之一，同时，智能手机的普及和流行也大大促进了移动互联网的发展。自 2010 年至今的十年间，全世界经历了一场更大范围、更深层次的科技革命和产业变革，以互联网、大数据、人工智能等为代表的新一轮科技革命正在深刻改变全球经济发展和人们的生产生活。互联网给人们的生产生活带来巨大变化，对很多领域的创新发展起到很强的带动作用。

如今，互联网 + 已经为零售、出行、餐饮等许多行业带来了新的发展机遇，催生了新业态，推动了共享经济发展，优化行业资源配置效率。

1. “互联网 + ”赋能旅游美好生活

2015 年至今，在满足城乡居民旅游美好生活需求方面，“互联网 + ”为文化和旅游带来了前所未有的发展机遇和全新空间，为智慧旅游的发展提供了源源不断的动力，互联网与旅游产业的融合已成为大势所趋，而且“互联网 + ”赋能旅游美好生活的成果日渐显现。

从图 6 – 1、图 6 – 2 所示的数据不难看出，2010—2019 年，我国的国内旅游人数、国内旅游收入逐年递增。这样的上升趋势除了与居民收入增加、旅游美好生活需求变强相关之外，跟互联网与旅游产业的融合也密切相关。

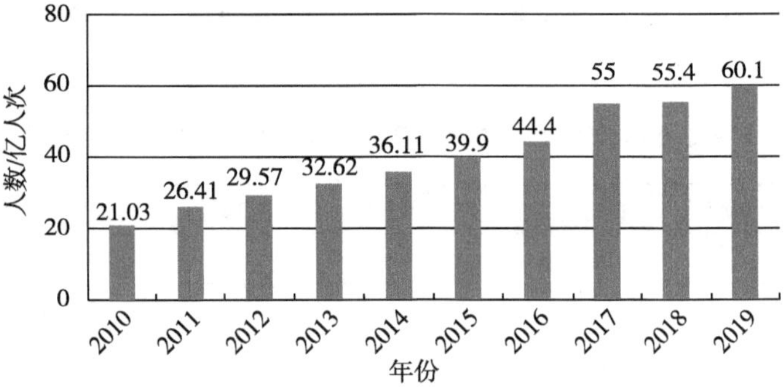

图 6－1　2010—2019 年中国旅游人数

数据来源：国家统计局。

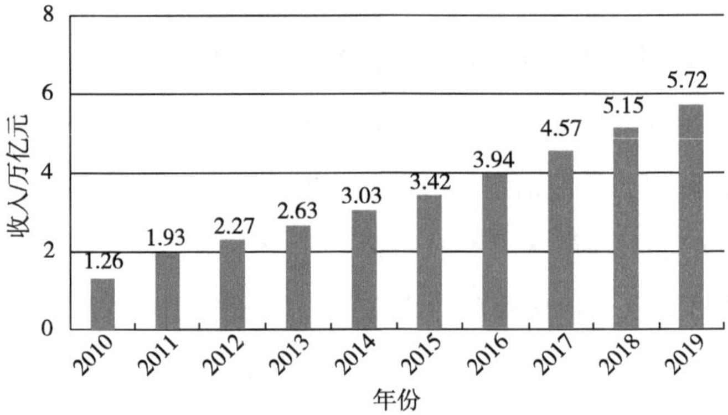

图 6－2　2010—2019 年中国旅游收入

数据来源：国家统计局。

在新时代供给侧结构性改革的大背景下，旅游成为产业发展的重要产业，也被提升到了前所未有的高度。特别是 2015 年的“互联网＋”行动计划提出后，互联网已成为最好的助推器，它为城乡居民提供更加优质的旅游体验；同时，互联网带来的新科技、新玩法也必将再次引爆旅游业。在此背景下，2016 年 6 月，由腾讯主办的“中国互联网＋旅游高峰论坛”在北京隆重召开，中国国家旅游局、中国旅游研究院、全国各省市旅发委（旅游局、境外旅游局）、旅游行业翘楚、OTA 大佬及数十家主流媒体等 300 位代表齐聚一堂，共同探讨了“互联网＋旅游”的发展成果和最新趋势，见证整个行业越来越趋向融合的新生态。

2. 信息技术与模式变革催生乡村旅游新动能

由模式和技术创新引领的“互联网＋乡村旅游”，在促进乡村产业融合、助力美丽乡村建设方面起到了积极作用。小猪短租副总裁潘采夫曾经说“我们相信诗和远方里有蓝海，也相信技术和模式变革会赋予乡村旅游新的动能”。小猪短租在乡村民宿市场新一轮的上升期，不但获取了大量的乡村房源和订单，而且用“互联网＋旅游”的模式，打造了以住宿为核心的新型产业经济，激活了乡村旅游资源，探索并实践了互联网时代的乡村振兴之路。

在产业融合方面，为深入贯彻习近平总书记关于扶贫工作重要指示精神，落实中央关于打赢脱贫攻坚战三年行动指导意见和关于支持深度贫困地区脱贫攻坚的实施意见，加快推进旅游扶贫工作，2019 年 1 月，文化和旅游部、国务院扶贫办在甘肃省临夏州永靖县主办“三区三州”旅游大环线推介活动。

文化和旅游部、国务院扶贫办在甘肃省临夏州永靖县发布了“三区三州”旅游大环线，并正式上线一部手机游“三区三州”（西藏自治区、新疆南疆四地州、四省藏区和四川凉山州、云南怒江州、甘肃临夏州）旅游大环线。“三区三州”旅游大环线以 G30、G314、G3012、G219、G318、G214、G213 等核心路段为支撑，以“三区三州”所在青藏高原区为核心，以兰州、乌鲁木齐、成都、拉萨、昆明、西宁六个省会城市为中心，以敦煌、喀什、林芝、大理为次级中转枢纽，串联了丝绸之路、茶马古道、唐蕃古道等历史文化和自然风情并重的传统路线，以及新藏公路、珠穆朗玛峰、三江并流等高海拔旅行的极限体验和多元民族历史文化线路。“三区三州”旅游大环线全长约 1.1 万公里，根据特色，大环线设置了 4 条支线线路、6 条主题线路、56 条世界级徒步旅游线路。

“三区三州”风景优美，民族风情独特。通过一部手机游“三区三州”，能够将海量出游用户与文化、旅游资源丰富的贫困地区连接起来，在为游客提供智慧旅游服务的同时，帮助贫困地区的旅游资源有效地利用，实现经济增长，用一张地图助力旅游扶贫，促进乡村旅游可持续发展。同时，智慧景区已经从关注景区数字化建设的1.0时代，向更关注游客全域旅游体验的2.0时代进阶，覆盖了游客吃、住、行、游、娱、购全方位旅游体验。此外，高德地图为游客提供全域、全周期的旅游服务，真正实现“一张地图游中国”。

围绕“三区三州”旅游大环线，顶层设计使区域旅游扶贫计划有了目标和方向，可以让基础设施和公共服务方面实现互联互通，沿线各地区已开始行动。云南着力开发了文化体验游、乡村民宿游、休闲度假游、生态和谐游等旅游新业态，促进旅游产业的转型升级，充分发挥文化旅游业在脱贫攻坚以及乡村振兴中的积极作用；新疆生产建设兵团以旅游宣传营销为突破口，推介旅游精品线路和旅游投资项目，吸引更多社会资本关注“三区三州”旅游发展；云南省针对地处“三区三州”边缘，交通设施落后，旅游营销宣传投入不足，旅游资源优势没能变成经济优势等问题，采用旅游产业“抱团取暖”形式，推广旅游大环线，助推“三区三州”脱贫攻坚，打造具有全球影响力的文化旅游品牌，试图提供更多就业机会，帮助当地群众增加收入。

除了政府和各级机构的政策支持，“三区三州”旅游大环线也得到国内旅游互联网企业的支持，在产品设计和品牌推广上也不断推陈出新。壹程旅游科技（北京）有限公司通过区块链技术，以甘肃等地旅游目的地为重心，在“三区三州”旅游目的地营销和品牌推广方面加大了资金和技术投入；高德地图配合上线了“一部手机游‘三区三州’”服务，游客不仅可以借此查询“三区三州”代表性景区介绍和旅游路线，还可以搜寻到整个出游周期中关于吃、住、行、游、娱、购的全方位信息；马蜂窝旅游研究中心依托自身优势，根据“三区三州”旅游大环线景观壮美、地域广阔、备受大量自驾游游客喜爱的特点，不断完善站内“三区三州”相关旅游信息，丰富相关旅游产品供应；携程旅游也推出了“壮美山河”和以“三区三州”为主题的旅游扶贫频道，并逐步推出“三区三州”自由行产品、旅游特产、文创和乡村旅游产品。

综上所述，旅游方式的改变和移动互联网技术的进步，对旅游产品和服务提出个性化的要求。“科技＋文化＋乡村旅游”融合发展，在旅游行业成为一种趋势。

3. 新技术与新媒体营销提升游客全域乡村旅游体验

2018 年至今，一批旅游目的地和景区尝试使用新技术和新媒体营销提升服务。基于抖音的旅游营销、基于移动旅游服务的“一部手机游云南”、面向全面旅游解决方案的飞猪升级版未来景区均成为旅游行业热点。其中，腾讯集团文旅业务以全域旅游为抓手和切入点，聚焦“科技 + 文化 + 旅游”的融合创新及落地应用，引入互联网、云计算、大数据、人工智能等先进数字科技，赋能并驱动各产业经济提质增效，在全球范围内积累了上百个“互联网 + 旅游”的合作项目和创新应用，其中尤以“一部手机游云南”最具代表性。“一部手机游云南”项目覆盖云南全域旅游，涉及了云南省近 3 000 个政府机构部门、300 多个景区、2 万多家诚信商家，技术能力、安全体系、运营能力、产品资源等方面要求高，实现了全域数字旅游线上线下的深度融合。

此外，方便、快捷、安全的数字支付方式，也正在改变“互联网 + 乡村旅游”。中国社会科学院旅游研究中心最新发布的《旅游绿皮书》总结指出，一场追求“智慧旅行”的商业革命已经开始，小到商铺大到国家都应重新思考如何借力移动支付和智慧化的浪潮，培育创新驱动的竞争新优势，时刻把握支付市场的机遇，在新的旅游竞争中领先一步。

《旅游绿皮书》指出，抖音、快手成为旅游目的地成功营销的平台，一批旅游城市，如重庆、西安、厦门等成为移动视频平台上的热门旅游目的地，旅游收入与游客量显著增长。在快手上输入“张家界”进行查找，排在第一的是“张家界旅游接待周导”。在一年多的时间里，26 岁的张家界导游的粉丝数达到了 115 万。通过快手，他的游客数量比之前增加了 50%，收入每月也增加了 1 万元。该导游的经历在导游中颇有代表性，微视频成为这些导游直接获客的渠道，他们中的一些人不仅借此改变了对旅行社的依赖，甚至创业成立了公司。不仅如此，重庆李子坝轻轨站因为抖音视频“轻轨穿楼过”成为热门景点。陕西西安城墙脚下的永兴坊“摔碗酒”也被抖音捧红，山东济南宽厚里的“连音社”借助抖音形成了热点传播。

短视频促进的信息流动为旅游扶贫提供一种新路径。2018 年 7 月，张家界市与快手达成战略合作，快手将通过为张家界定制短视频宣传计划、启动旅游行业“子母号”联动管理平台，助力张家界旅游经济再上新台阶。快手政务运营总监介绍，通过在张家界引入快手行动“幸福乡村带头人计划”，选取当地旅游从业者作为带头人进行专业培训，使其技能得到进一步提升，并通过带头人带动更多人，使当地困难群众共享旅游发展成果。北京字节跳动科技有限公司（以下简称“字节跳动”）则于 2018 年年底在四川稻城亚丁启动了“山里 DOU 是好风光”文旅扶贫项目，以抖音为主要平台，通过短视频等形式，帮助贫困地区旅游增收，助力精准扶贫。稻城亚丁是 2018 年抖音上热门的打卡地之一，也是“互联网 + 旅游 + 扶贫”模式的受益地。字节跳动扶贫总经理介绍，“山里 DOU 是好风光”项目启动以来，已收到 352 个经典报名申请，其中包括 121 个贫困县、180 个贫困县景点。

4. 互联网平台优势为乡村旅游拓宽了就业渠道

在乡村旅游领域，国家发展改革委印发的《国家发展改革委办公厅关于开展社会服务领域双创带动就业示范工作的通知》（发改办高技〔2020〕244 号）指出，依托互联网信息平台，整合分散的乡村旅游资源，强化线上推广、品牌建设和数字化赋能，带动乡村旅游领域多样化的创新创业；将休闲娱乐、文化创意与乡村旅游、民俗文化、现代农业等紧密结合，积极发展乡村旅游新业态、新模式；发挥大企业带动作用，整合农旅文养教资源，将返乡入乡创业与脱贫攻坚、美丽乡村建设紧密结合，引入社会资本，激活乡村创业。

譬如，在河北省保定市涞水县三坡镇南峪村，基于在线旅游网站平台的“麻麻花的山坡”一期精品民宿于 2016 年下半年正式对外开放。“麻麻花的山坡”的“村管家”都是村中 35 岁至 50 岁的亲切淳朴的妇女，她们经过专业培训，在各自负责的民宿院落通过接电话后到停车场迎接游客，提供可口的农家饭菜与周到的服务，工资与效益挂钩，广受游客赞誉。

此外，在“互联网 + 乡村旅游”领域，借助国家支持互联网平台企业整合农村民宿、旅游、会展等各类资源，提供创业机会，特别是能够有助于带动当地农民来共同就近创业就业的东风，依托互联网平台优势，有的在线旅游公司整合各地民宿资源，打造线上房源，带动众多房东分散创业，进而引领和带动了大量从事民宿工作人员的就业。例如，携程上线“壮美山河”旅游扶贫频道，通过线上营销能力及大会员、大数据、大平台、大产品、大流量的资源优势，整合信息查询、内容展示、产品销售等功能，带动目的地旅游发展。

此外，在当今的数字经济时代下，随着互联网等新兴技术的不断发展，乡村旅游也变得越来越智慧化、数字化。在浙江临安，游客只需要登录“临安旅游主题页”，就可以轻松订购临安范围内所有的景区门票、酒店、民宿和农家乐，足不出户就可以选择高品质的旅游产品；而“浙里好玩”旅游综合服务平台的建立，更为打通乡村旅游“最后一公里”贡献力量……

旅游界业内人士及学者普遍认为，互联网平台具有集聚能力强、覆盖范围广等优势，能够快速、有效地将分散的乡村旅游资源聚集起来，在让乡村旅游变得更加“触手可及”的同时，开辟乡村旅游发展的新空间，释放新动能，创造了更多的创业就业机会。

5. 融合产业乡村旅游新业态新模式不断出现

在云南迪庆藏族自治州香格里拉市尼西乡的汤堆村，藏族黑陶烧制技艺有悠久的历史。“大学一毕业，我就回来了，要把父亲的手艺传下去。”藏族小伙子拉茸肖巴说，“尼西黑陶是国家非物质文化遗产，村里170多户人家都在做黑陶，每户做黑陶年平均收入约八九万元，随着收入的提高，村里越来越多的年轻人留在家乡从事陶艺。”为了让小小的黑陶走出大山，自定点扶贫香格里拉以来，中国旅游集团打造了“时光之礼”旅游线路，把尼西黑陶制作当成产品中的特色体验项目，带动了当地村民增收。

“在乡村旅游领域，许多企业将数字文化创意与乡村旅游、民俗文化、现代农业紧密结合，发展众多旅游新业态、新模式，为游客带来新体验，也为乡村旅游注入新活力。”国家发展改革委高技术司负责人表示。值得注意的是，自新冠肺炎疫情发生以来，在乡村旅游领域，数字经济新业态加速发展，“云旅游”、在线直播带货等营销方式不断涌现，催生了一批新的就业、创业机会。比如，浙江省杭州市千岛湖景区开展的“云上千岛湖，原生态味道”的直播活动，20分钟的直播推介环节，接到了500个有机鱼订单，是景区直播带货的积极探索成果；新疆阿勒泰地区喀纳斯景区指导农户通过直播形式销售自有农副产品，实现增收。

业内人士表示，直播带货的过程中，农户往往不知道怎么直播效果好，可以让大学生群体带着农户一起直播。同时，直播平台也可以通过线下线上相结合的培训方式，寻找、发现乡村主播，从流量倾斜、技术培训、运营协助等方面，培养出一批具有本地特色的正能量网红，助力当地增收、致富。

6. 村美民富产业旺 乡村旅游助力美丽乡村建设

2020年3月30日，习近平总书记时隔15年再次到浙江省安吉县余村考察。2005年8月15日，时任浙江省委书记习近平在余村考察时首次提出“绿水青山就是金山银山”的科学论断。20世纪八九十年代，余村是一个靠采石发展的挖矿村，开山采石给农民带来了一时的收入，但也付出了环境污染的沉重代价。在“两山”理论的指导下，余村封矿造林、美化环境，发展现代民宿、休闲农场、乡村文创等乡村旅游业态，从“卖矿石”“卖水泥”变成了“卖风景”“卖文创”，实现了由生态美到产业兴、百姓富的华丽转身。

浙江省安吉县鲁家村探索出“公司+村集体+家庭农场”的“鲁家模式”，引入旅游公司，组建经营公司，村子成了大景区。每天，观光小火车搭载着游客，在18个特色种养家庭农场间往来穿梭。在这里，游客可以体验骑马、采茶、果蔬采摘等特色项目，鲁家村村民也实现了“住在景区里，钱袋子鼓起来”的目标。越来越多的年轻人重新回到鲁家村就业、创业，为乡村振兴提供源源不断的活力。

值得注意的是，“到2020年现行标准下的农村贫困人口全部脱贫，是党中央向全国人民作出的郑重承诺，必须如期实现，没有任何退路和弹性。这是一场硬仗，越到最后越要紧绷这根弦，不能停顿、不能大意、不能放松”，习近平总书记在3月6日召开的决战决胜脱贫攻坚座谈会上强调。乡村旅游与现代农业、特色文化等相结合，可以有效增加农民就近创业、返乡创业机会，实现“一人工作，全家脱贫”，为2020年脱贫攻坚任务做出贡献，中国国家发展改革委有关负责人表示。

近年来的实践经验表明，无论是脱贫攻坚，还是乡村振兴，乡村旅游都发挥着重要的作用。只有把绿水青山建得更美，把金山银山做得更大，才能让乡村美起来、农民腰包鼓起来。

（三）“互联网+农村电商”助力乡村产业融合

1. 农村电商的融合和形式

“农村电商”是农村电子商务的简称。电商研究院的“农村电商不止眼前的苟且，还有梦和远方的田野”，表明了大家对农村电商的期盼。

随着“互联网+”在农业领域的发展，处于风口浪尖的电子商务已成为农村经济新的增长点，为产业融合、脱贫攻坚和乡村振兴不断注入新动能。2018年6月，国务院常务会议提出要“使手机成为广大农民的‘新农具’，使互联网成为助力农村第一、第二、第三产业融合发展的重要设施”，要“鼓励社会力量运用互联网发展各种亲农惠农新业态、新模式，满足‘三农’发展多样化需求，推动大众创业、万众创新在农村向深度发展，带动更多农民就近就业”。

近年来，电子商务成为推动“互联网+”发展的重要力量和中国新经济的重要组成部分，“互联网+农村电商”在解决农村发展、农业现代化、农民脱贫致富等问题方面，提供了有效的解决方案。实践证明，“互联网+农村电商”能够拓宽农产品的国内外销售渠道，保障农副产品供应，带动农村劳动力就业，提高农民收入，助推农村经济增长，推动数字乡村建设，助力扶贫攻坚战和乡村振兴。

在政策层面，为推动农村电商商务深入发展，国家出台了一系列政策，例如：2015年5月，国务院发布《国务院关于大力发展电子商务 加快培育经济新动力的意见》；2015年7月，国务院发布《国务院关于积极推进“互联网+”行动的指导意见》；2015年11月，国务院发布《国务院办公厅关于促进农村电子商务快速发展的指导意见》；2017 年 2 月，中共中央、国务院发布《中共中央国务院关于深入推荐农业供给测结构性改革　加快培育农业农村发展新动能的若干意见》；2017 年 8 月，商务部、农业农村部发布《商业部 农业部关于深化农商协作大力发展农产品电子商务的通知》；2019 年 2 月，国务院发布《国务院办公厅关于深入开展消费扶贫　助力打赢脱贫攻坚战的指导意见》；2019 年 2 月，中共中央办公厅、国务院办公厅发布《关于促进小农户和现代农业发展有机衔接的意见》；2019 年 4 月，财政部、商务部等联合发布《关于开展 2019 年电子商务进农村综合示范工作的通知》，鼓励各地优先采取以奖代补、贷款贴息等支持方式，通过中央财政资金引导带动社会资本共同参与农村电子商务工作；2019 年 5 月，中共中央、国务院发布《中共中央　国务院关于建立健全城乡融合发展体制机制和政策体系的意见》；2020 年中央一号文件发布，针对农村电商的政策红利值得期待。

2020 年，一场突如其来的新冠肺炎疫情在全球蔓延，国内疫情严重地区封城禁行，全国各地严阵以待，经济遭受重创，我国的农产品销售和出口贸易下降明显。在居家隔离、商业关门、企业停产、学校停学之际，电商成了维系国民生活正常运转的主要渠道，并立下了汗马功劳。疫情期间，农村电商生意火爆，县长、镇长、网红纷纷开启“带货模式”，不少农产品上线不久就被抢购一空。新冠疫情期间，我国农村电商逆势增长的势头进一步证明，“互联网 + 农村电商”已成为转变我国农村经济发展方式和鼓励农民科技致富、信息致富的重要途径。

2. 农村电商促进产业融合并助力乡村振兴

在理论研究方面，杨海涛[61]研究了农村电商推动乡村产业结构转型升级问题；张筑平[62]对农村区域电商发展的模式、问题进行了研究并给出了对策及建议；周冬、叶睿等人[63]基于模糊集，对农村商务发展的影响因素与政府支持状况进行了定性的比较分析和实证研究；周莉莉、苗银家等人[64]以贵州为例，调研分析并给出了农村电商助力扶贫的作用途径。

在实际操作层面，阿里巴巴网络技术有限公司（以下简称阿里巴巴）

2014 年开始推出“千县万村”计划（计划在 1 000 多个县、10 万个行政村建立村级服务站），同时菜鸟物流也于同年开始布局农村物流网；2014 年，苏宁控股集团有限公司（以下简称苏宁）为了发展农村电商，自 2014 年开始在全国贫困县建立了包含苏宁易购直营店、服务站等在内的数百家农村电商，并在苏宁易购上线数百家“地方特色馆”，农村电商悄然兴起。

在 2015 年的政府工作报告中，提出“互联网 +”战略规划后，在阿里巴巴、苏宁等龙头企业的引领下，农村电商如雨后春笋般快速出现并迅猛发展。如 2015 年，北京京东世纪贸易有限公司（以下简称京东）在全国范围内建立自营模式的“县级服务中心”，并以加盟形式开设“京东帮服务店”；2015 年，“拼多多”上线，为农副产品线上直销提供了便捷平台，以高补贴、低价等优势获取了众多网民的青睐。

2016 年，是农村电商发展的重要一年，农村淘宝（村淘）、京东农村电商、苏宁易购、淘实惠、乐村淘、卖货郎、邮政、赶街网、易田、超综连锁卖等农村电商平台崛地而起，并以各自的模式大手笔烧钱发展。由阿里巴巴自主经营、联合县域合伙人、协同村级服务站的村淘，招募有激情的乡镇年轻创业者，选择乡村里地理位置好、思维活跃、服务意识强、熟悉互联网、会熟练网购的本地人（特别是返乡青年），作为专业化的村淘合伙人，通过帮助村民代买商品、代卖副产品，按照淘宝客的分佣体系获得提成。京东农村电商通过京东帮和县级运营中心两种模式进行发展；京东帮以与京东合作、缴纳保证金（2 万 ~5 万元）、销售返点的营销模式，在四线、五线、六线县级城市及农村消费者集中的市场招募商户（须具备大家电营销、配送、安装和维修四位一体功能）；县级运营中心由京东总部直派人到县域，为客户提供代下单、配送、展示、推广、招募培训乡村推广员（乡村合作站）、录入和分配业务链接等服务，并通过佣金的方式为合作伙伴支付报酬。苏宁易购直营店被称为“线上中华特色馆的 O2O”，以“工业品下乡 农产品进城”的双向模式，打造苏宁农村经济生态圈；2016 年，苏宁会在农村市场投资 50 亿元，在已有 1 011 家的基础上再开 1 500 家直营店，发展 10 000 家代理点及授权服务站，上线200个地方特色馆，带动10万人才返乡创业，打造20个“最美乡村”样本。淘实惠通过招募全国县域合伙人，合伙人组建公司，搭建县级营运中心的途径，使得合伙人通过淘实惠农村电商平台解决农民买卖难问题，实现最后一公里物流；同时，通过整改乡村镇小卖部，进而打造连锁超市；此外，合伙人通过将县城实体店进行互联网转型，从线下搬到线上来运营，实现全世界销售；淘实惠已建成覆盖23个省，200个县，落地30 000个网点。不难看出，相对于阿里、京东、苏宁三大电商巨头而言，淘实惠拥有自己独特、创新的农村电商模式。譬如，淘实惠的合伙人制度使得合伙人拥有全方位的平台操作控制权限，各县域构成相对独立自主的地方农村电商平台，进而让合伙人具有掌控自己命运的机会；淘实惠基于县域经济运行的农村电商平台，使得数据、人才、GDP都留在县域，有利于促进县域经济转型升级；淘实惠不从商品层次分享利润，而从为县域经济提供服务获取回报。《2016中国农村电商消费趋势报告》[65]显示：农村电商用户数自2014年来呈井喷式增长；农村电商用户的消费习惯和消费结构呈现女性化、年轻化、重促销，品质、品牌需求明确的特点，地域特色鲜明，对地域特产、高品质农副产品的需求日渐强烈。

2017年，据商务部委托映潮科技（农村大数据中心）开展的大数据分析显示，全国农村实现网络零售额12 448.8亿元，同比增长39.1%；截至2017年年底，农村网店数量达985.6万家，比2016年增加169.3万家，增长20.7%，带动就业人数超2 800万。农村网络零售额中，实物类产品网络零售额占62.9%，达7 826.6亿元，同比增长35.1%。在实物类产品中，网络零售额居前三位的依次为服装鞋包、家装家饰、食品保健，分别实现1 600.3亿元、1 129.5亿元、1 031.0亿元，同比分别增长30.5%、6.4%、61.0%；2017年农村服务类产品网络零售额为4 622.2亿元，同比增长46.6%，占农村网络零售总额的37.1%，较2016年提升了1.9个百分点。

根据拼多多发布的扶贫助农年报，2018年，拼多多平台农产品及农副产品订单总额达653亿元，同比增长233%，已经成为中国最大的农产品上行平台之一。截至2018年底，拼多多平台注册地址为国家级贫困县的商户数量超过14万家，其中有相当一部分是“三区三州”深度贫困地区的商户，不仅促进了农产品销售，还带动了当地物流、运营、农产品加工业的升级，并新增大量就业岗位。通过精简农产品供应链，拼多多大幅提升留存价值链的附加值，推动生产要素优化配置，最终实现农货上行体系的“人才本地化、利益本地化、产业本地化”。从全国范围看，2018年全国农村网络零售额达到1.37万亿元，同比增长30.4%，全国农产品网络零售额超过3 000亿元，同比增长33.8%，农村电商发展迅猛。

根据商务部发布的数据，2019年全国农村网络零售额从2014年的1 800亿元增加到1.7万亿元，规模扩大8.4倍。其中，农产品网络零售额高达3 975亿元，同比增长27%，带动300多万贫困农民增收。

2016—2019年全国农村网络零售额、全国农村网店数量、全国农产品网络零售额等信息如表6-4所示。

表6-4　2016—2019年全国农村网络零售额、网店数量、农产品网络零售额信息

年份	全国农村网络零售额	全国农村网店数量	全国农产品网络零售额
2016	8 945.4亿元	816.3万家	2 200亿元
2017	12 448.8亿元	985.6万家	2 436.6亿元
2018	1.37万亿元	1 200万家	超过3 000亿元
2019	1.70万亿元	1 300万家	3 975亿元

数据来源：商务部。

从表6-4所示的数据及本节前述内容可知，2016年至今，在国务院、国家部委、省市县密集出台的农村电商支持政策，以及庞大农村人口对内需拉动、农民网上消费观念转变、农民智能手机普及等因素的综合作用下，通过阿里、京东、苏宁等电商巨头的引领和渗透，越来越多的农民开始依赖电商平台购物、消费，淘实惠、乐村淘、卖货郎等农村电商崛起并迅猛发展，创新了农村传统的商业模式，带动了农村第一、第二、第三产业的升级融合，促进和带动了农民的创业和就业，加速了农村发展，促进农民增收，极大地助力了乡村振兴。

第二节　乡村产业融合对乡村振兴的经济效应分析

一、乡村产业融合对乡村振兴的宏观经济效应

（一）促进乡村产业创新

农村第一、第二、第三产业融合发展不仅是简单地融合，而且可以促进产业分工的细化和深化，进而促成乡村产业新业态的诞生。我国乡村产业新业态的形态越来越丰富和多样化，尤其是在农业与服务业融合发展上，会借助于创意，产生创意农业、体验农业、观赏农业、旅游农业、生态农业、休闲农业等新业态。特别是随着我国“互联网+”在农业农村领域的推广和应用，两者融合上也衍生出众多新业态，如农业电商、订单农业、现代农业等。这些新业态的出现，不仅开发和丰富了农业的多种功能，同时也为农业的优化和升级找到发展空间，为农业对接销售市场、城乡间要素流动和融合、农民就业渠道等开拓了门路。分工的细化和深化，可以提升生产的专业化水平，是产业结构升级的主要推动力。产业融合所衍生的各种新业态和新产业，从分工细化的角度看，使得农业、农村工业和服务业衍生各种新的业态，尽管这些业态不一定属于新的商业运行模式，但是会产生众多的产业新业态。农业生产性服务业、农村旅游业和农业电商的发展，对于农业农村或者经济社会全局都有着积极广泛的意义。

产业创新是一全方位、多层面的创新系统，依据 Freeman（1997）的产业创新理论，产业创新包括技术和技能创新、产品创新、流程创新、管理创新（包含组织创新）和市场创新。乡村产业融合创新过程能够实现产品创新、流程创新、技术创新、管理创新，比如精深加工农产品、有机农产品、休闲农业、生态农业、体验农业等的出现，是更高形态的现代农业，具有更高价

值形态和更高附加值，成为新的经济增长点，推动农村经济增长。乡村产业融合“新业态”“新模式”，比如有机种养和餐饮经济结合起来，形成“前餐后种”“前餐后养”的商业模式；电商平台和农业跨界融合的“互联网＋农业电商”模式；物联网和大数据等信息技术和农业融合的智慧农业；农业和休闲旅游融合的休闲农业和体验农业等新业态。

浙江省由于具有良好的经济基础，将精品农业和电子商务相结合，大力发展“互联网＋农业”模式，乡村产业融合发展取得丰硕成果，农村电子商务保持迅猛发展态势。根据浙江省商务厅发布的2018年浙江省农村电子商务发展报告，2017年，浙江省共有“淘宝村”779个，占全国总数的36.8%，拥有活跃的涉农网店近2万家，实现农产品网络零售506.2亿元，同比增长27.8%。从涉农电子商务平台来看，形成了一批以淘宝“特色馆”为典型的第三方农产品电商平台。2016年，全省建成并上线淘宝“特色馆”39个，入驻企业超10 000家，销售额超80亿元。浙江省各地经过多年发展农村电商，已经形成产品、区位、产业优势各具特色的产业模式，其中以“电子商务综合服务商＋网商＋特色产业”为核心，实现县域经济带动乡村经济的发展。同时，通过培育电子商务与旅游业融合的市场主体、整合电子商务和旅游的基础设施资源，推动农业、农产品加工和农村旅游业发展，促进第一、第二、第三产业融合发展，激发农村市场经济活力。

关于乡村产业结构的理论，本书采用英国经济学家科林·克拉克提出的三次产业分类，第一产业包括农业、林业、牧业、渔业；第二产业包括采掘工业、加工业、制造业、建筑和公共工程、水、电、煤气及卫生行业；第三产业包括流通、销售、农业技术服务、金融、保险业、运输、仓储及通信行业、服务行业等。农村的产业结构体系包含农业、农村工业和农村服务业的完整体系。乡村产业融合的产业结构效应表现为三个方面：第一，横向拓宽了现代乡村产业体系。产业融合促进各产业间技术渗透，并进行产品创新和产业创新，开发农业多种功能，增加农产品品类，提升农产品品质，催生新型产业出现，拓宽了农业的产业幅度，逐步形成包含生态农业、特色农业、休闲农业、旅游农业、智慧农业等的多元化产业体系。第二，纵向深化了现代乡村产业体系。产业融合中各产业突破边界实现产业链前向或后向延伸，提升农业价值链功能，纵向深化现代农业生产体系。第三，实现产业协同发展效益。各产业间的技术渗透和交叉融合，导致各产业之间的增长速度和生产效率差异缩小，形成农业更高效率和更高技术的资源配置方式、生产方式和管理模式，使乡村产业结构向规模化、高效率、高附加值和高加工度演进，实现乡村产业结构的优化升级。

产业融合发展将促进乡村产业结构协同化。推动农村第一、第二、第三产业融合发展，各产业之间相互连接，农村各产业的调整不再是一个产业内部的行为，而是各产业调整相互关联作用，一个产业的技术进步和管理优化会带动其他产业进行同样的技术进步和管理优化。另外农产品加工业的影响系数大，农产品加工业会将市场需求的变化信息传递给农业，农业根据相应的信息会做出适应市场变化的调整和改进，这也就意味着加工业对农业有着较强的牵动和影响力量。产业融合中，农村旅游休闲服务业的发展，会引导农业和农产品加工业进行调整和改进，提供更丰富和优质的旅游体验。因此乡村产业融合发展，会使得农村第一、第二、第三产业的结构调整更趋于协同化，大大提高乡村产业融合发展的整体协同效应。农村第一、第二、第三产业融合发展具有产业结构协同效应，产业协同效应是产业融合其他效应的基础，只有产业协同发展才能实现产业融合的其他经济效应。过去很多年，农业发展很难有突破性进展，根本原因就在于农村第二、第三产业没有充分发展，乡村产业发展存在产业结构失衡的问题，第二、第三产业发展严重滞后，影响了农业的技术创新和升级。

产业融合将促进产业结构高度化，产业结构高度化也即产业结构高级化。乡村产业融合发展，第二、第三产业比重逐渐增大，在乡村产业结构中的比重逐渐增加，随着产业融合发展，乡村产业链不断延伸，农产品加工产业链不断延长，农村加工业在乡村产业结构中的比重不断提高。在我国乡村产业融合发展实践中，有些农村农产品加工业发展迅速，农村工业产值已明显超过农业产值，这可以说是乡村产业化发展的结果，从乡村产业结构来看，促进了乡村产业结构高度化。乡村产业融合的发展中，农村服务业得到发展，现代服务业在乡村产业结构中的比重逐渐提高，从产业结构演进规律来看，服务业的占比提高是产业结果高度化的表现。因此，农村三产融合发展必将有效推动乡村产业结构高度化进程，这是农村三产融合促进乡村产业结构的又一个重要效应。

近年来，在乡村产业融合发展各项政策的支持下，各地瞄准城乡居民消费需求的变化，大力发展现代食品、休闲农业、乡村旅游、农村电商等新产业新业态，乡村产业融合快速发展，现代乡村产业体系加快构建，推动乡村产业结构优化升级。根据农业农村部发布的数据，2017 年，全国规模以上农产品加工主营业务收入超过 22 万亿元，农产品加工业与农业总产值之比达到 2. 3∶1，主要农产品加工转化率超过 65%；农村新产业新业态蓬勃发展，休闲农业和乡村旅游营业收入超过 6 200 亿元，同比增长 25%，年接待游客 23 亿人次，占全国旅游接待游客总量的 43%；全国农村网络零债额达到 12 448. 8 亿元，同比增长 39. 1%，农村网店达到 985. 6 万家，同比增长 20. 7%，劳动就业人数超过 2 800 万人。乡村产业融合中农产品加工业和农村服务业的发展，使农村的产业结构逐渐摆脱依靠农业发展的落后局面，呈现第一、第二、第三产业协调发展的高级化趋势，促进了乡村产业结构的优化升级。

（二）促进乡村产业集群化

乡村产业融合发展，无论是农产品加工业还是乡村旅游的模式，最终将有助于形成乡村产业集群化发展。产业融合发展都会表现在区域内乡村产业链的延伸，产业链的延伸会以分工为纽带而连接在一起，分工的细化会带来产业多元化的内在市场需求动力，会在一定区域空间内形成大量各类规模企业、关联企业和支持企业，并以集聚、集群的形态存在，出于节约交易成本的内在动机，相关企业会呈现集聚、集群式发展。所谓的产业集群就是特定地理空间上相关产业的集聚。农村三产融合会促进乡村产业布局的集群化，集群化发展对于乡村产业的发展有积极意义，主要有几个方面：一是乡村产业集群化既是农村三产融合发展的结果，同时又会循环促进产业融合的进一步发展，集群内企业会由于供求关系、相互学习等进行紧密的合作和分工，进而促进了产业融合的进一步深入和发展。二是乡村产业集群化有助于降低生产经营成本和交易成本。由于相互融合的各个产业经营主体在一定地域空间内集聚，各产业经营主体可以共用某些基础设施、共享信息、相互学习等，从而可以降低生产经营成本、交易成本和学习成本。三是乡村产业集群化发展将有助于提高产业融合的规模效益，进而提升农村经济整体竞争力。乡村产业集群往往是农产品加工企业、销售企业和服务业企业的集聚，可以形成一定产业集群规模，发挥产业集群规模经济效益，促进集群内企业的技术提升和经营管理提升，或者也可以形成区域品牌效应，并引领农业生产技术升级，进而提高农村经济的整体竞争力。

（三）有利于增进农村社会福利

乡村产业融合发展促进了农业产品品质的提升，实现农业生产效率的提升，增进了农村社会福利水平。马歇尔从边际效用理论出发，构建消费者剩余理论和生产者剩余理论，社会总福利水平比较可简化为生产者剩余和消费者剩余总和的比较，产业的社会福利等于消费者剩余加上生产者剩余之和，乡村产业融合前后增进社会福利效应如图 6－3 所示。

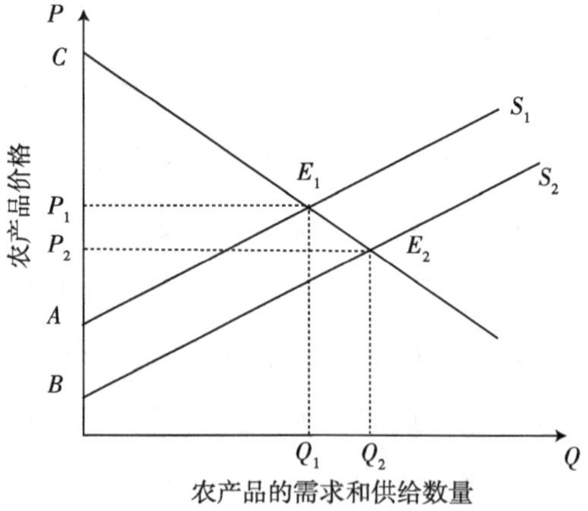

图 6－3　乡村产业融合前后的社会福利增进效应

在图6－3中，横轴表示农产品的需求和供给数量 Q，纵轴表示农产品的价格 P，产业融合前的农产品需求和供给曲线分别为 S_1 和 D_1，假定农产品需求价格弹性在一定时期中具有刚性，产业融合后的农产品供给曲线为 S_2，而农产品需求曲线由于具有刚性而不发生改变，产业融合推动农业生产经营方式由粗放型向高效集约型转变，优化资源配置方式和生产效率，产业融合的发生使供给曲线由 S_1 平移到 S_2，融合前后均衡价格和产量分别为：（P_1，Q_1）、（P_2，Q_2）。产业融合前，生产者和消费者剩余之和为 $\triangle AE_1C$ 的面积，用 $S_{\Delta AE_1C}$ 表示，产业融合后生产者和消费者剩余之和为 $\triangle CE_2B$ 的面积，用 $S_{\Delta CE_2B}$ 表示。

产业融合前后社会福利之差 ΔS 的计算方法如下：

$$\Delta S = S_{\triangle CE_2B} - S_{\triangle AE_1C} = S_{\text{四边形}E_1E_2BA} \quad (6-1)$$

在式6－1中，$S_{\text{四边形}E_1E_2BA}$ 为产业融合后社会福利的增加额，因此产业融合的发生明显增进了农村社会福利水平。

二、乡村产业融合对乡村振兴的微观经济效应

（一）有利于企业组织结构的提升

产业融合通常是由分属于不同产业中的企业建立产业联盟、进行兼并和重组而实现跨产业的多元化经营等手段来实现的。企业跨产业的多元化经营必然导致企业组织结构的变革，企业网络理论对此提供了有力的理论解释。企业网络广义上的理解泛指与企业活动有关的一切相互关系以及由所有信息单元所组成的 n 维向量空间；狭义上的理解则是指企业和市场相互作用与相互替代而形成的企业契约关系或制度安排。企业网络具体可分为企业集团、战略联盟、虚拟企业等三种形式。发展企业网络的经济效应：一是有利于节约交易成本，包括与供应商、经销商的多次交易、规模交易、信息共享、谈判、合同履行的交易成本节约。产业融合中参与乡村产业链的企业，获得了

稳定、优质、可控的农产品生产供给基地，降低了获取原材料的成本和市场风险，实现交易成本的节约。二是有利于提高企业创新能力。企业创新能力依赖于企业新知识和新技术的持续性获得，企业网络使得成员企业之间获得学习效应，提升企业创新能力。三是有利于增强企业的核心竞争力。企业核心竞争力的获得必须通过整合企业内外部资源，充分利用内外部环境而获得，企业网络使企业能够充分利用网络平台资源，提高自身的核心竞争力。

近年来，我国各类乡村产业融合主体农业大户、家庭农场、农民合作社、乡村产业化龙头企业等快速发展，经营能力和竞争力得到快速提升，逐步从数量生产方式向质量生产方式转变。根据国家发展改革委发布的《农村一二三产业融合发展年度报告（2017）》，截至2017年底，全国家庭农场、农民合作社、农业企业等各类新型经营主体超过300万家，新型职业农民超过1 500万人，社会化服务组织达到22.7万家。农业生产经营标准体系建设逐步完善，农产品质量和安全等级逐步提高。截至2017年9月，全国已完成农产品商标注册279.5万件，注册地理标志商标3 734件。截至2017年10月底，贵州省已获得认证的无公害农产品2 663个、产地6 355个；有机农产品1 117个，农产品地理标志48个；“三品一标”面积3 474万亩，占全部耕地的50.1%；国家级出口食品农产品质量安全示范区8个。

（二）促进农民增收

乡村产业融合新产业和新业态的出现，实现市场规模扩大，创造更多农村就业机会，为当地农民提供更多就业岗位和社会福利。农民在从事农业生产的同时，还可在农产品加工、销售、服务、农村旅游等领域就业，对于增加农民收入和脱贫致富具有重要的意义。乡村产业融合发展中，各类农产品加工、销售、流通和服务企业，发挥自身管理、技术、销售和物流等优势，辐射带动当地农户提高生产经营管理能力，降低生产经营成本，有利于实现农业提质增效、农民增收。生态农业、智慧农业、乡村旅游等产业的发展，提升了乡村产业价值空间，惠及农民实现农民增收。

农工结合、休闲农业、乡村旅游、农村电商等产业的快速发展，成为农民就业创业的重要领域，实现了农民增收。据统计，2016 年山东省乡村产业融合惠及农户户均增收 2 680 元，占农民家庭经营性收入的 40%。2017 年，全国返乡创业人员超过 740 万，其中返乡农民工占 72.5%；全国从事休闲农业的人员达到 900 万，带动了 700 万户农民从中受益。在研究文献方面，李云新、戴紫芸[66]采用 2016 年农户家庭微观调研数据，采用引入控制变量的回归分析和倾向得分匹配分析方法，实证分析了乡村产业融合对农户收入的影响，研究表明：农村第一、第二、第三产业融合能显著提高农户收入，相较于传统农业单一发展模式，农户增收效应大于 50%。

（三）改善生态环境

实现乡村振兴要求的农村环境生态宜居，发展生态农业和现代农业，有利于保护农村生态环境，促进农业优质、高效及可持续发展，提升农村环境生态宜居能力。现代生物技术、信息技术通过产业融合向农村和农业渗透。农业生产广泛应用生物育种、无土栽培、农业滴灌、智能化监控等现代农业技术，减少了农业生产对自然资源和环境的依赖，降低了农业资源消耗，提高了农业生产经营管理水平。采用生物链技术的种植业、养殖业、畜牧业等耦合形成的生态农业，能够实现农业排放物循环利用，降低了农业资源消耗，提高资源使用效率。农产品加工过程中，采用现代农业加工技术和工艺，提高了农产品利用率和副产品的循环利用，减少了农业废弃物排放，实现循环经济效应。生态农业采用现代生物技术生产出环保型农资产品，包括生物肥料、生物农药、生物农膜、生物能源等，减少对农村水、土、气等自然环境的污染。

第七章

中国乡村产业融合的现状与问题分析

第一节　中国乡村产业融合发展现状

2015 年中央一号文件对推进农村第一、第二、第三产业融合发展做出了全面部署和具体安排，全国各地纷纷开始因地制宜探索实践，农村地区的产业融合发展进入快速发展阶段，多地也涌现出典型案例。总体而言，乡村产业链延伸成效明显，农业多功能拓展彰显特色，农村新业态、新产业得到发展，产业融合发展已经成为我国农村经济发展的新常态和乡村产业兴旺的基本路径。

一、因地制宜探索多种融合发展模式

（一）种养融合型模式

这种模式以农业优势资源为基础，以若干涉农经营组织为主体，围绕农业关联产业发展，将种植业和养殖业联结起来，形成内部紧密协作、循环、可持续发展的生态农业生产方式，优化资源使用效率，拓宽了农业增值空间[67]。这一模式主要有三个优势：一是降低整体成本；二是节约农业资源；三是保护自然环境。如温氏的种养融合模式以“生猪养殖一体化”项目为切入点，开展养殖和循环农业为一体的农业服务。这种新型养殖模式彻底改变了传统的生猪养殖模式，有效促进生猪养殖标准化、规模化、集约化的转型升级，走出了一条以“小区养猪、大棚种菜、山上栽果、林下种药、水中养鱼”的现代生态循环农业发展新路。如今，温氏的“生猪一体化”项目已在全国多地开花结果，合作的地级县市包括东安县、山西阳城县、铜仁市、合江县等。正大集团也是种养融合型模式的典范，利用当地盛产桃子的种植资源，在附近种上几千亩的桃林，用 300 万只蛋鸡场处理过的鸡粪为桃林施肥。此外，在养猪场旁种玉米，猪粪经过处理可以流向玉米地作有机肥，然后种出的玉米作为猪饲料。

（二）链条延伸型模式

该模式依托涉农企业，以生产、加工、营销和物流为延伸产业，产业链前向或后向延伸，拉长乡村产业链，提升农产品附加值。各地实践中有很多地方采用这种模式，如云南国巨绿色食品有限公司，依托农产品加工业主体，向前延伸联结原料种植业，建成中葱、香葱、大蒜等农产品基地，实现自动化、规范化、规模化生产，确保优质加工原料供应和生产。该公司依托“国巨万和”等知名品牌，向后延伸到深加工和销售领域，同国内主要方便面企业建立了稳定的合作关系。福建光阳蛋业股份有限公司成立于1995年，是一家专注于禽蛋第一、第二、第三产业融合发展的企业，该企业已成长为“乡村产业化国家重点龙头企业”“全国农产品加工业出口示范企业”和全国首批24家出口食品“三同”示范企业。该企业努力打通产业上下游生产、流通环节，拓展延伸产业链条，构建利益分享机制，与农村养殖户构建联结关系，保证农户的稳定收益，同时全程聘请专业技术团队为养殖户生产提供技术指导，制定清晰、规范的生产标准，并严格按照产品标准对农户的产品进行收购。在销售环节，企业积极搭建与超市对接合作渠道，省去批发市场中间环节，如与沃尔玛、家乐福超市等进行长期合作，构建了稳定的销售渠道和营销体系，保证了市场的稳定销路，规避了农户的市场风险，也稳定了农户的收益。

（三）功能拓展型模式

该模式依托本地绿色生态资源和自然资源，强化农业与旅游、文化创意、休闲农业等第三产业的融合，开发农业多种功能，激活农业的生活、生态和文化等功能，培育新型业态，形成多种全新的商业模式，主要有休闲农业、乡村旅游、文化农业、创意农业、生态农业等，提升农业价值功能，拓展农民增效增收空间。如天津市依托示范小城镇，充分挖掘农村传统文化、农耕文化等资源优势，培育休闲农业文化项目和文化品牌，带动休闲农业和文化旅游等产业的发展，利用山、水、海等资源特色，打造山货节、河蟹节、海鲜节等文化旅游项目，既打造了特色品牌，又繁荣了乡村旅游经济。

辽宁绿维农业发展有限公司探索产业融合发展道路，打造有机大米产业和休闲农业融合发展模式，公司采用土地流转方式获得16 000多亩耕地的集中承包经营权，通过这种合作方式与农户建立稳定利益联结机制，保证农户获得土地租赁收入，投资股权结构为龙头企业占有78%，农民专业合作社占有20%，农户占有2%，并引领建成有机大米生产基地和加工厂，以此为基础进行多功能产业拓展，发展休闲采摘、休闲观光、体验农业、餐饮住宿、流通服务等相关第三产业。同时，公司牵头投资基础设施建设，2014年公司投资2 950万元用于设施农业、休闲农业及基础设施建设和提升，新增了特色果蔬采摘园、特种禽类放养区、薰衣草观赏摄影基地、垂钓休闲体验基地、特色美食中心等特色休闲农业项目，每年可接待游客8万人次，取得了较好的经济效益，并实现了农民增收和农业增效，成为辽宁省乡村旅游和乡村振兴典范[67]。

（四）技术渗透型模式

该模式以农业为基本依托，应用生物技术、物联网、云计算、大数据和人工智能等现代信息技术，通过引入农业生产领域，促进农业生产方式现代化，实现产业优化升级，提升产业附加值，或诞生新业态，实现农产品电子商务及农业信息服务提供，服务于农业经营主体，将各种优质鲜活农产品销往全国，提升农业信息化水平。如湖北华山水产食品有限公司是一家加工出口淡水小龙虾系列产品、鮰鱼系列产品、甲壳素及其衍生物系列产品的乡村产业化国家重点龙头企业、高新技术企业，公司凭借自己掌握的现代生物技术，充分利用当地小龙虾水产养殖的传统产业基础和优势，将小龙虾传统水产养殖产业扩展到医疗保健行业，增加产品附加值，通过“公司+行业协会+基地+农户”的利益联结模式，建设了小龙虾、鮰鱼养殖基地近18万亩，辐射带动周边8万多家养殖户实现增收致富。公司负责从原料种苗、技术指导、饲料供应、产品保护价回收等方面为农户提供产前、产中、产后全程服务。依托基础产业，该公司继续深化现代生物技术研发和应用，将原本是废弃物的虾壳进行加工，实现变废为宝，通过提取虾壳中富含的甲壳素，研发生产出一系列甲壳素衍生产品，从而成功进入医药、保健、养生等产业领域。从 2012 年开始，华山公司通过产学研结合，与武汉大学合作将现代生物技术应用于龙虾副产品开发，并投资 4.15 亿元建成年处理 10 万吨废弃虾壳的甲壳素深加工厂，生产氨基葡萄糖、钾盐、钠盐、壳聚糖等甲壳素衍生产品，2013 年公司全年实现销售额 40.2 亿元，成功将现代生物技术应用于小龙虾养殖业，实现了传统农业与现代生物医药产业的深度融合，并实现了乡村产业优化升级。

（五）复合型农业综合体模式

该模式发挥资源、技术、资金等优势，依托龙头企业或产业链核心企业，促进涉农企业集聚集群发展，做强农业、做大加工业、做活农村服务业，实现一产"接二连三"、三次产业联动发展，打造出融合生产加工、科技研发、物流仓储、营销推广、信息咨询、金融服务、生态旅游、养生休闲等多种功能的复合型农业综合体。如湖北襄阳蓝贝酒业集团重点依托当地玫瑰种植产业优势，加工开发保健品、饮料、化妆品等系列化的玫瑰精深加工产品，提高产品的附加值，实现产品品质的提升，并通过打造浪漫时尚风格的休闲、商务、风情、文化等高品位玫瑰文化广场项目，建设种植园、产业园、文化园三大主体园区，构建起集种植、研发、生产、观光、娱乐、体验、销售于一体，实现农业"接二连三"的复合型农业综合体模式[68]。

二、形成了日趋紧密的经营利益联结机制

乡村产业融合经营利益联结机制，是指乡村产业融合过程中，各经营利益主体之间形成的利益联结关系，一般是指乡村产业融合中的企业、中介和农户之间的利益纽带关系。随着我国社会主义市场经济体制的逐步完善和农

村经济体制改革的逐步深入，产业融合利益联结机制的形式和模式也在不断创新和发展。利益联结机制的形成取决于企业与农户对产品特性、合作模式、利益的追求及风险的防控等，是建立在合作自愿基础上的在一定时期具有稳定性的联结关系。

全国各地各地区产业融合发展探索和实践中，不断探索“优势互补、利益共享，全链协作、共同投入，风险共担、持久运营”的互利共赢合作关系，培育发展了一大批基础作用大、引领示范效应好、服务能力强、利益联结紧的专业大户、家庭农场、农民合作社、乡村产业化龙头企业等融合主体，逐渐形成了订单合同、股份合作、技术资本服务型、反租倒包再就业型等合作模式。农村第一、第二、第三产业融合主体已实现从数量增加到质量提升、从单纯生产到综合带动、从收益独占到利润共享的转变，展现出较强的经济实力、发展活力和带动能力，进入到蓬勃发展期。据有关部门统计，截至2017 年底，全国家庭农场、农民合作社、农业企业等各类新主体超过 300 万家，新型职业农民超过 1 500 万人，社会化服务组织达到 22. 7 万家，已服务3 600多万农户，托管面积 2. 32 亿亩[69]。

（一）订单合同型模式

这种产业融合模式市场化程度较高，是普遍采用的一种利益联结方式，早在乡村产业发展阶段就得到了较快发展。通过合同契约的形式，将产业经营组织内部不同利益主体联结在一起，进行合作，通过合同确定合作中的合作与利益关系，建立在一个时期内较为稳定的合作模式和利益关系。国外将其称之为“合同制”，而在国内一般叫作“订单农业”。现在许多地方的实践探索是龙头企业同农户之间签订合同，按照“公司 + 基地 + 农户”方式，农民为企业生产提供原料，企业按照约定的数量、质量和价格收购农户农产品，形成订单农业关系，为稳定农产品价格和稳定农民收入提供保障，也确保企业能够获得稳定优质的原料供应。有的企业根据事先签订的保护价或高于市场价格一定幅度，将资金一次性支付给农民；或进行利润返还、二次结算，促进农民增收。

（二）龙头企业模式

农业龙头企业是乡村产业化发展阶段的主要经营主体，是具有较为成熟实践经验的融合模式。农业龙头企业是以农产品加工或流通为主，通过利益联结机制与农户联合，使农产品的生产、加工、营销、物流有机结合、相互促进，在规模和经营指标上达到规定标准并取得较好经济效益的企业。农业龙头企业具有产权关系明晰、治理结构较为完善、经营管理效率高的明显优势，实行企业化或集团化经营，在高端农产品生产、农产品精深加工、农业品牌打造与营销渠道建设、农业商业模式创新方面具有显著的引领作用和辐射带动效应。龙头企业能提高农业生产专业化、标准化及规范化程度，使农产品及加工产品市场化、品牌化。同时，龙头企业更具有市场适应和灵活反应能力，具有治理乡村产业链、价值链和供应链的潜能，在推进农业绿色发展和“三农融合”发展方面更具引领能力。从我国目前产业融合的实践情况看，龙头企业带动型融合模式占产业融合近50%，在农村经济发展中已经彰显出蓬勃发展的趋势。截至2017年底，经县级以上农业部门认定的乡村产业化龙头企业达8.70万家，其中，乡村产业化国家重点龙头企业1 242家，年销售收入超过1亿元的省级以上重点龙头企业8 000家，超过100亿元的省级以上重点龙头企业70家[70]。

（三）农业专业合作社模式

农业专业合作社是农户自发形成的利益联结模式，是以农村家庭承包经营为基础，通过提供农产品的销售、加工、运输、贮藏以及与农业生产经营有关的技术、信息等服务来实现成员互助目的的经济组织，从成立开始就具有自愿联合、民主管理、经济互助性，拥有一定组织架构，成员享有一定权利，同时负有一定责任。近年来，随着各地产业融合实践的需要，农业专业合作社发展驶入规范化发展快车道，农民专业合作社联系农民、组织农民、服务农民的优势和功能得到较好的体现。

截至2019年8月底，全国依法登记的农民合作社共220.7万家，联合社共有1万多家，辐射带动了全国近一半的农户。其中，县级以上示范社18万家，国家级示范社近8 500家。农民合作社是广大农民在家庭承包经营基础上自愿联合、民主管理的互助性经济组织，是实现小农户和现代农业发展有机衔接的中坚力量，主要集中在种植业、林业、服务业、渔业、畜牧业，经营内容包括生产与销售一体化、生产、购买、仓储、运销、加工服务等。近年来，农民专业合作社经营服务内容逐渐丰富化，以农产品加工为主要经营内容、具有产业融合性质的合作社逐步壮大。合作社通过从事农产品精深加工和农产品系列开发，实现了加工增值，在一定程度上体现了我国农民专业合作社在经营服务中开始注重承载农村第一、第二、第三产业融合发展。

（四）股份合作型模式

股份合作型模式是组织化程度较高的利益联结模式，农民以土地、劳务、资金等经营权或资产入股企业，企业以资金、技术、管理、营销品牌等资源入股合作企业，形成更为紧密、组织化的股份合作型利益联结关系，相比较于订单农业联系更为紧密，但需要共担风险，在农户与企业之间建立起风险共担、利益共享、互利互惠的合作关系。农民能够凭借股份获得更加客观的利润收入，同时可以参与企业利润的二次分配，形成风险共担、互利互惠的利益共同体。一些企业推行“保底收益＋按股分红”“按股分红＋务工收入”“按资分红＋二次返利”“资产入股”“产值分成”等分配方式，稳定了农户的收入预期，带动了农民增收。随着我国农村集体产权制度的改革以及土地产权制度的改革，也从制度上为农业股份合作模式的发展逐步突破制度障碍。

（五）技术资本服务型模式

该模式下，农业龙头企业拥有技术、资本、营销等优势，同农民专业合作社及农民形成稳定的技术或资本服务合作关系，向农民提供先进技术指导和资金扶持，农民按企业提供的技术标准和生产标准要求进行生产，农民向企业提供优质的农产品原料，保证企业有优质、稳定的原料生产基地。如四川省圣迪乐村公司，主要从事绿色养殖、绿色蛋品和肉品生产及深加工等系列健康食品开发，并发展了旅游和职业教育培训等产业。公司按照“公司+园区+农户”合作模式，和农户建立利益联结关系，公司为农户提供养殖设施、圈舍规划方案、畜禽种苗、绿色饲料、防疫用药、技术指导、养殖技术规范，并按照统一提供鸡苗、统一提供饲料、统一提供疫苗药品、统一提供管理、统一回收毛鸡的“五统一”的模式[69]，提高农户养殖的规范化和养殖水平，保证农户生产的产品品质。

三、乡村产业化经营体系逐渐完善，新产业新业态蓬勃发展

随着我国农村经营体制向市场经济转轨，逐步形成了种养加、产供销、贸工农一体化的乡村产业化经营体系，乡村产业化组织数量逐步增加，类型逐步丰富多元化。2002 年全国各类乡村产业化组织 9.4 万多个，到 2018 年国家重点龙头企业、全国县级以上乡村产业化龙头企业分别达 1 243 家和 8.7 万家。以龙头企业为代表的新型农业经营主体，2018 年辐射带动农户 1.27 亿人，农户年均增收超过 3 000 元，成为连接小农户和现代农业的重要纽带，极大带动农民参与市场竞争的能力。乡村产业化取得巨大成效，得益于新型农产品流通和交易方式的快速发展，尤其是“互联网 +”与现代农业的结合，促进了产销对接和交易的便捷化，催生出了数字农业、订单农业、大数据农业、智慧农业、精准农业等新产业新业态。2018 年我国农村网络零售额达到 1.37 万亿元，占全国网上零售额比重提升至 15.18%，全国农村网商超过 980 万家，带动就业超过 2 800 万人[71]。农村电商企业发展打开了消费品下乡与农产品进城的新路径和新市场，并搭建了物流平台和渠道，为解决农民消费和农产品销售提供了新思路和新途径，实现了城乡农产品流通渠道的开拓，规避了农户自组织应对市场的高风险，带动了农民增收致富，也为转变农业发展方式、促进农业新产业新模式的蓬勃发展提供了新路径、新方法。

四、乡村新产业新业态提档升级

经过近些年来的发展，各地涌现出多类型、多样化的乡村第一、第二、

第三产业融合发展方式，延伸了乡村产业链，促进了农业生产、加工、物流、营销等产业链式发展；引导更多的农村第二、第三产业向县城、重点乡镇及产业园区集中，推动了产城融合发展。特别是农业与文化、旅游、科技、生态、教育、休闲、康养等产业深度融合，形成的休闲农业、乡村旅游和生态农业等新产业新业态蓬勃发展，呈现出主体多元化、业态多样化、设施现代化、服务规范化和产业集聚化等态势。各地相继打造出一批集自然、乡情、历史、文化、人文等于一体的“可游、可养、可居、可业”的乡村景观综合体和田园实践区，推出了休闲农业示范县、美丽乡村和经典乡村旅游等地方知名品牌，配套设施和基础设施条件大幅改善，服务能力和竞争力显著增强。2017 年全国休闲农业和乡村旅游经营收入超过 6 200 亿元，年接待游客 22 亿人次。同时，农村电子商务势头勃发，迅速覆盖广大的县、乡、村，显现出较高的业态价值和广阔的发展前景。2017 年，全国农村网络零售额达到 12 448. 8 亿元，同比增长 39. 1%；农村网店达到 985. 6 万家，同比增长 20. 7%，带动就业人数超过 2 800 万人。新产业新业态加快发展，已经成为农业农村发展新活力和新动能的重要来源。

五、乡村产业结构调整更加优化，乡村产业链条延伸壮大

随着农业农村现代化的逐步推进，我国乡村产业结构日益丰富和优化，多功能性得到拓展和开发，农业与其他产业相融合释放出巨大活力，潜力得到挖掘，农业的经济、社会、文化和生态价值得到充分发挥。从农业广义内涵即农林牧渔业来看，改革开放之初农业以种植业为主，占比达到 80%，林业、畜牧业和渔业比重分别为 3. 4%、15. 0% 和 1. 6%；乡村产业结构经过多年调整，2018 年种植业、林业、畜牧业和渔业比重变为 57. 1%、5. 0%、26. 6% 和 11. 3%，种植业的比重下降较多，畜牧业和渔业比重逐渐增加，这也反映了居民消费需求的变化，农业的供给结构更加能适应居民消费需求的变化。从乡村产业链条横向延伸来看，循环农业、生态农业、休闲农业和现代农业等农业新形态快速发展，拓宽乡村产业内涵。2012 年全国农业设施数

量为 3 178. 8 万个，设施农业占地面积为 262. 9 万公顷；到 2017 年设施数量增至 3 360 万个，占地面积增加了 34 万公顷；2018 年全国休闲农业、乡村旅游营业收入超 8 000 亿元，农村生产性服务业营业收入超过 2 000 亿元。从乡村产业链条纵向延伸来看，产前、产中、产后产业链环节联系日渐紧密。2018 年我国规模以上农产品加工企业达 7. 9 万家，农产品加工业主营业务收入 14. 9 万亿元。

第二节　乡村产业融合发展中存在的问题

一、产业融合层次和深度不够

当前我国乡村产业融合发展在总体上还处于初级发展阶段，乡村各产业之间融合度不高、融合水平低，普遍存在各产业之间渗透度不高、产业之间交叉、延伸和相互融合不够等问题，缺乏深层次的融合渗透和交叉重组。主要表现在以下几方面。

一是产业融合链条短，附加值低。我国乡村产业融合起步较晚，乡村产业融合尚属于新生事物，很多地区都是在摸索中推进，这些地区的绝大多数农户受各方面局限，只能进行原料生产或者初级产品加工，高附加值农产品较少，农产品就地加工转化率不高，市场营销和品牌管理能力落后，农产品市场经营能力和开拓能力比较低，品牌影响力较弱，市场竞争力较低，乡村产业融合链条短，农业附加值没有得到很好的提升。农村各产业之间的协作性较为简单，乡村产业链条不完善，尤其是农产品加工业比较薄弱，在农产品加工过程中存在深加工水平低下、产成品品质不高、运输成本较高、引领市场消费导向能力不够等问题。

二是产业融合规模小、层次低、经营能力弱、竞争力不强，同类企业同质性强，技术水平低、产品或服务档次低，创新能力、竞争能力弱，整合资源、整合要素、协同创新、开拓和提升市场能力弱，难以在市场竞争中占据优势，很难形成在较大范围内引领农户参与产业融合的带动作用。如，有些农产品加工企业仍然以初级产品加工为主，产品处在产业链前端，价值链低端，行业进入门槛低，很容易被别的企业模仿复制，这些企业通常将主要经营力量放在如何通过促销或者降价来应对竞争对手，如何降低生产经营成本，很难精心谋划产业融合升级和产业链提升问题。

三是产业融合发展模式还不够丰富。目前主要集中呈现种养结合型、链条延伸型、功能拓展型、技术渗透型和复合型农业综合体等 5 种模式。与国外发达国家乡村产业融合发展的情况相比，融合模式还不够丰富，缺乏文化融入和创意要素等较高端元素的融入。

四是由于农村地区的市场条件不完备，政策支持体系不完善，新兴技术的获取及掌握应用能力较差，加之农业生产的自然风险、市场风险叠加，产业融合发展的产业链也比较脆弱，抵御风险能力弱，融合的经济效益具有较大不确定性，很难保障农户持续稳定的收益[72]。

二、经营主体辐射带动能力不足

乡村产业融合属于跨界融合，对经营主体有更高的要求，普通农户由于自身规模小、经营管理能力弱小等难以适应市场，只有新型农业经营主体才能在产业融合发展中发挥引领作用。经过前期乡村产业化的快速发展，我国新型农业经营主体得到较快发展，但总体来说尚处于起步阶段，没有充分发挥辐射带动作用。

第一，家庭农场和专业大户的生产经营结构比较单一，经营实力还不够强，延伸产业链的能力比较有限，并普遍面临着技术、市场、资金等多方面的困难，融合带动能力尚未充分发挥，多是以从事种养殖业为主，生产经营规模比较小，并且存在着技术和经营管理水平低的问题，难以有效发挥引领农村三大产业融合发展的辐射作用。

第二，农业合作社的生产经营方式单一，职能发挥不充分，经营管理不规范。有些合作社还处于成立初期或者处于空壳状态，内部管理制度不健全，指导管理服务滞后，合作社负责人素质不高，把产业推向纵深发展的能力不够，开拓市场能力不足。从农业合作社的职能来看，大多数农业合作社在提供技术支持、发布供求信息、业务培训、开拓市场、抵御市场风险、反映群众诉求等方面没有充分发挥作用[73]。

第三，乡村产业化龙头企业的引领示范作用尚不充分。我国的绝大多数乡村产业化龙头企业规模偏小，生产能力不大，加工水平和产品档次不高，联结生产和消费的纽带作用不强，产业融合带动能力弱，与农户联系比较松散，对乡村产业融合的引领示范作用发挥不充分。例如，一些龙头企业在其传统产领域较为擅长，但在推动产业链纵向延伸过程中，很容易遇到营销、物流仓储、智能提升、电商竞价、休闲观光、检验检测等经营能力的不足，在产业链发展初期阶段，很难形成对产业融合发展的引领和带动作用。同时，龙头企业由于实力有限，主动创新意识不强，对农产品的加工多停留在初加工阶段，精深加工能力不强，没有形成区域特色和品牌，产品的推广和营销能力不强。

三、利益联结机制不健全

乡村产业融合发展，需要建立紧密的融合主体利益联结机制，健全而紧密的利益联结机制不仅可以发挥协同经济效应和学习效应，同时也可以保证农民能够分享产业融合价值增值收益。但我国乡村产业经营主体与农户之间还没有形成风险共担、互利共赢的利益联结机制，农民很难分享到产品加工业、物流、销售、旅游等产业带来的增值收益。

普遍存在的问题主要有三个。第一，产业融合利益联结机制不紧密，合作方式较为单一。目前，我国乡村产业融合利益联结方式主要以订单合同型模式为主，缺少股份合作制模式等利益联结方式。由于订单合同型模式是简单的产销合同模式，农民参与融合较为简单，仅以合同约定的价格出售商品，而产品附加值和价值增值均由农业企业控制，并且履行合同约束性低，违约率较高，农民难以获得股份分红、利润分配等产业链价值收益，使得农民游离于产业融合红利之外，这在一定程度上会打击农民参与产业融合发展的积极性，不利于推进产业融合发展。第二，部分农业经营主体忽视农户的利益。一些经营主体社会责任感不强，过分追逐利润目标，农民利益被边缘化。甚至有些经营主体会依靠自身的优势和对产业链的控制能力，强制干预农村资源配置，过分追逐自身经济利益，忽视带动周边农户的发展，使农民的利益被忽视。第三，风险防范机制不健全。农村地区还没有形成完善的风险防范机制，许多地方并没有建立土地流转、订单农业等风险保障金制度，农村地区农业保险、担保机制也还不健全，在与企业的合作中，农户往往需要承担很大的自然和市场风险，不利于乡村产业融合的顺利发展。

四、农产品加工业大而不强

农产品加工业一头连着农业和农民，一头连着工业和市民，亦工亦农，既与农业密不可分，又与工商业和城市紧密相连，是农业现代化的支撑力量和国民经济的重要产业，促进农产品加工业持续稳定健康发展，具有十分重要的意义。农产品加工业是乡村产业融合发展的主力军，也是乡村产业化发展的主要产业形式。经过乡村产业化的快速发展，我国农产品加工业有了长足发展，农产品加工业正成为农业现代化的支撑力量，农业农村经济的支柱产业。但也要看到，当前我国农产品加工业仍然大而不强，与现代乡村产业体系建设不相适应，与工业发展转型要求不相适应，与城乡居民不断升级的消费需求不相适应，因此加快提升农产品加工能力和水平形势紧迫、意义重大。2016 年，中国规模以上农产品加工企业 8.1 万家，主营业务收入达到 20 万亿元人民币，实现利润总额 1.3 万亿元，成为行业覆盖面宽、产业关联度高、中小微企业多、带动农民就业增收作用强的基础性产业。

2018 年，全国农产品加工业与农业产值比达到 2.2∶1，农产品加工率达到 65%。国际上统计一个国家进入现代农业的标准之一是农产品加工业与农业产值比值要在1∶5以上，发达国家甚至达到1∶8、1∶9[74]。但与发达国家相比，我国农产品加工业还存在资源利用水平低、产品类型不丰富、精深加工能力不足、科学储备和技术支撑不到位等问题，发展水平亟待提高。此外，融资难、建设用地审批难等问题也在一定程度上制约了农产品加工业的发展。发展农产品加工业是破解农产品卖难滞销、促进农民增收的重要手段。我国农业是千家万户搞生产、千军万马搞流通，面对的却是千变万化的大市场。由于农产品加工业发展滞后，产后储藏、保鲜、包装、分等分级和商品化处理能力不足，大量农产品都是集中上市，容易造成价格下跌、产品卖难，影响农民增收，也影响到乡村产业融合的顺利整体推进。

五、对农业多功能性挖掘不足

一些农村地区尤其是经济发展相对落后的地区，对农业多功能性的认识不足，即便有些地方具备文化历史资源或自然资源，但由于发展机遇和资金问题，当地政府很难找到发展路子。在这些地方，农业还只是停留在为工业化、城镇化发展提供产品和要素的产业，农村被当作建设用地指标的“蓄水池”。由于缺乏系统有效的保护，一些有价值且承载着农村传统文化的村落民居、民俗礼乐、手工技艺等，在工业化、城镇化进程中遭到破坏而损失了价值。同时随着工业化和城镇化的进程推进，我国自然村的数量在不断减少[75]。开发的休闲农业、旅游农业也是以观光为主，而具有文化传承、人物历史、风土乡俗等文化内涵的产业形态较少，中华民族灿烂多彩、丰富多样的地域村落文化没有得到开发和彰显。另外，少数地方的乡村产业融合项目存在同质化，雷同严重，缺乏差异化竞争和特色开发，因此，我国乡村休闲农业和旅游发展水平不高。长期以来，在我国农业的生产功能受到重视，而生态和文化价值功能开发落后，主要原因也在于我国生产型农业人才资源较为充分，但开发农业多功能性、发展休闲农业和乡村旅游的文化创意类人才严重不足，成为乡村产业融合发展的制约因素。

第三节　乡村产业融合发展中的制约因素

当前，很多地方在推进乡村产业融合发展方面进行了积极探索，形成了一些卓有成效的实践模式，催生了大批新型经营主体，繁荣了农村经济，带动了农民就业增收，但同时，依然存在制约因素，普遍问题有：基础设施较薄弱，产业融合层次和深度不够，主体带动能力不强，人才和金融支持乏力，相关机制不健全等。

一、基础设施仍存在短板

目前，电力和网络通信设施的不完善，严重影响了信息技术在农村的应用和推广，不利于乡村产业融合度极高的农村电子商务的发展。在没有信息流和物流传递渠道的条件下，互联网＋农业的发展模式几乎无法生根，加之大多数农村垃圾处理和污水处理基础设施落后，整体生态环境和人居环境状况堪忧等，这些问题制约着乡村营商环境建设，影响了特色产业发展壮大和工商资本的进入，成为目前乡村产业融合发展的突出瓶颈。我国农村地区的基础设施和信息化建设状况还较为落后，制约了农村第一、第二、第三产业融合的深度发展。

第一，农村基础设施建设滞后。近年来，在实施乡村振兴战略和脱贫攻坚各项措施的推动下，农村基础设施建设整体有了较大提升，但很多地方的交通、水利、通信等基础设施仍较为落后，不能提供产业发展的基础条件，跟不上经济发展需要，没有形成能支持产业融合发展的环境，尤其是一些偏远乡山，供水、供电、供气、交通、物流、公共服务设施和网络通信设施建设仍然很落后。加之农村环境和卫生条件较差，大多数农村垃圾处理和污水处理基础设施落后，整体生态环境和人居环境状况堪忧等，加大了企业建设成本和困难，很难吸引优秀人才，更难形成支撑产业发展的基础环境，推进农村三大产业融合发展的配套设施支撑不足。这些问题制约着乡村营商环境建设，影响了特色产业发展壮大和工商资本的进入，成为目前乡村产业融合发展的瓶颈。

第二，农村信息化建设滞后。产业融合发展需要利用信息技术为产业发展提供网络和综合信息服务，但我国农村许多地区信息网络建设比较滞后，农村区域基础通信设施建设不完善，网络信号差，严重影响了新兴信息技术在农村的应用和推广，不利于新技术在农业上的应用以及农村电子商务的发展。在没有信息流和物流传递渠道的条件下，互联网 + 农业的发展模式几乎无法生根，另外我国农村地区信息资源共享程度比较低，缺少综合性信息化服务平台，农户无法通过信息平台获得关于农业信息技术和市场的专业信息，容易造成种养决策失误，在一定程度上阻碍了乡村产业融合发展。

二、农村资源环境严重透支

伴随着我国工业化和城镇化的进程，加上农村人居环境和生态环境建设投入不足，农村的自然资源和生态环境在一定程度上遭到破坏。近些年，虽然各地各部门积极探索农业绿色发展路子，农业产地环境逐步改善，但之前由于农业过分追求产量的种植方式，在农业生产中长期过量使用化肥、农药等，造成农业土地肥力下降，土壤、水源、林地等遭受污染问题日益严重。同时农村长期公共产品和公共服务的供给水平低，已不能满足农村居民日益增长的美好生活的需要，生活垃圾和生活污水无法得到集中无害化处理，已影响人居环境[76]。农村人居环境总体水平仍然较低，居住条件、公共设施和环境卫生等方面与乡村振兴的目标要求还有较大差距。2014 年 5 月 16 日国务院办公厅印发《国务院办公厅关于改善农村人居环境的指导意见》（国办发〔2014〕25 号），提出到 2020 年，全国农村居民住房、饮水和出行等基本条件明显改善，人居环境基本实现干净、整洁，建成一批各具特色的美丽宜居村庄。但是，由于农村居民的生活习惯在短时期内还很难改变，农村环卫基础设施建设也是一个逐步落实并需要资金的系统工程，农村污水处理设施建设严重滞后。以广东省为例，截至2018年7月底，全省行政村生活污水处理设施覆盖率也仅为19.07%，大部分省份行政村生活污水处理设施覆盖率更低。农村生活污水处理问题受到越来越多的关切，各地也在采取不同的方式推进农村生活污水集中处理。

三、人才支撑乏力

随着工业化和城镇化的推进，我国农村空心化情况较严重，男性青壮年外出务工，农业从业人员多为老人和妇女，这些群体普遍存在观念落后、受教育水平低、知识技能水平低等的情况。这些问题决定了现有的农村劳动力对新思想、新技术、新应用、新产品的接受程度和掌握程度较低，尤其是环保、食品安全、无公害农产品、标准化生产、信息技术应用等方面知识的接受能力较弱，从而不能较好适应现代农业发展和乡村产业融合发展对人才的需求。农村各类专业技术人才存在专业技术人才总量不足，人才资源分布不均衡，高素质高学历人才、技能型人才较少等问题，导致现代农业技术推广应用较为缓慢，农业规模化、专业化经营程度不高，新技术在生产实际中应用不够，产品技术含量、附加值较低。从经营管理方面来看，管理者缺少产业融合的思路和经验，从业人员也没有经过专业知识和技能训练，能力素质相对偏低。企业总体策划、产品定位、产品推广、技术应用、市场营销、品牌建设等方面的复合型人才非常稀缺，尤其是面对休闲农业、电子商务等农村新业态的发展需要，经营管理人才缺乏成为制约乡村产业融合发展的突出短板。

四、金融服务短缺

农村三大产业融合发展中融资难、贷款难问题比较突出，影响了产业融合资本要素的形成。三产融合需要充足的资金去支撑产业链发展，但长期以来，农业农村发展领域整体处于金融抑制状态，资金短缺、融资困难在一定程度上制约着乡村产业融合进程，特别是在近年来金融行业“去杠杆”的背景下，融资困难成为产业融合的阻碍。金融服务短缺主要表现在：一是投入资金短缺，融资渠道单一。乡村产业融合涉及的农田水利建设、农村基础设施、乡村产业化发展、产业开发等众多项目需要大量资金，然而乡村产业面临自然和市场双重风险，同时存在投资回报周期长、经济效益低等问题，导致农业企业及农业发展普遍面临融资难困境。近年来，商业银行不断放弃农村地区，缩减经营机构，减少对农村经济区域的信贷投放，导致乡村产业发展融资难、融资贵。农业企业主要贷款业务来自农村信用社，资金来源渠道单一、门槛高。二是农业企业借助资本市场的融资能力不够，存在涉农企业整体实力不强，多数农业经营主体规模偏小，抵御风险的能力较差，银行信用等级不高，获得贷款难，上市涉农企业融资方式单一，可持续发展能力弱，企业负责人缺乏直接融资能力等问题。三是保险对乡村产业发展支持不够，存在产品创新不足、覆盖面不全、保障水平低、大灾风险分散机制不健全等情况，难以满足产业融合发展的需要。四是期货市场还没有完全发挥服务农业生产的作用，农产品期货品种较少，农业企业参与期货市场规避价格波动风险和套期保值严重不足，期货市场服务企业的作用还没有真正得到发挥。

五、配套机制不健全

我国农村第一、第二、第三产业融合发展起步较晚，发展时间短，相关法律法规还很不完善，再加上我国管理体制部门分割的问题，影响了产业融合的政策供给和公共服务供给，制约了我国农村三大产业融合发展。第一，从公共服务体系看，由于农村地区地方政府财政年资金不足，政府提供公共服务的能力和水平较低，产业发展的营商环境和政策环境较为落后，公共服务供给水平较低，很难吸引一些优秀企业到农村地区选址投资。第二，从管理体制上看，各部门分工和职责的不同导致经营主体需要接受多头管理，开展产业融合项目时需要和多个部门进行沟通和办理审批手续，产业融合推进中沟通成本大、信息传递渠道效率低，严重影响了产业融合的顺利推进。第三，从用地保障看，产业融合发展需要农业生产基地、生态农业基地、乡村旅游空间等多方资源的整合，需要一定数量的农业设施用地。尽管自然资源部和农业农村部出台了相关用地政策，但部分地区由于用地指标紧张，难以落实。同时，发展休闲观光农业，提供餐饮、住宿等服务的经营主体，在用地过程中存在建设用地获批和审批困难的问题。第四，从产业利益联结机制来看，普通农户缺乏足够的市场竞争力和主导能力，在整个农产品供应链中处于弱势地位，无法平等地与合作企业达成公平的利益联结机制，而且还要承担自然风险和市场风险。在“公司＋农户”的融合模式中，企业往往具有绝对的话语权和主导权，企业对于双方的合作方式、形式及利润分配处于主导地位，农户话语权较弱，农业经营收益不能有效保障。由于产业联结机制不健全，机会主义行为频繁发生，违约现象时有发生，影响农户参与融合的信心和积极性。第五，从法律层面来看，我国国家层面和地方层面关于支持和保护产业融合的相关法律法规不健全。既要保证资本下乡支持农业农村发展，又要保证农户在生产经营中取得合理稳定的利益，需要在法律层面给予明确和保障。

第四节　“互联网＋”新技术对乡村产业融合的制约

一、“互联网＋现代农业”存在的不足

“互联网＋”是国家发展战略，“现代化农业”是“十三五”重中之重。党中央、国务院积极推进“互联网＋现代农业”的重大举措，是顺应数字经济发展、补齐“四化”短板的重要选择，也是实现我国城乡发展一体化发展的战略支点。然而，当前“互联网＋现代农业”既存在农业自身转型的局限性、进入条件较苛刻、顶层设计缺乏、农产品市场受限、地域发展差异问

题[77][78]，也存在政策及资金支持不够、农村互联网发展不容乐观、农村信息化人才匮乏、“互联网+”推进传统农业转型升级的条件欠缺等问题[79]。本书在前人的研究基础上，从乡村产业融合视角，对当下“互联网+现代农业”存在的不足进行总结。

（一）“互联网+”农产品出村上行困难

“互联网+”农产品出村就是基于“互联网+”的农产品营销。以淘宝、京东为代表的传统电商通过互联网把大量的工业品、消费品顺利输送到农村，对活跃我国广大农村的物质供应、方便农民生活发挥了积极作用。然而，从乡村振兴角度看，帮助农民把优质合格、特色鲜明、物美价廉的农产品出村、卖到城市去，即基于互联网解决农产品的出村上行问题，是当今“互联网+现代农业”需要面对的问题。

不难想象，农产品的质量安全可追溯、标准化、分级包装、冷链物流等因素都直接影响农产品的出村上行。如何基于“互联网+”思维，将农产品出得去、出得好、出得好价钱，进而促进乡村振兴、产业振兴和农民致富，是“互联网+现代农业”需要解决的困难。

（二）“互联网+现代农业”的精准生产及高价值链难以实现

农业生产历来是农业的重中之重。本书从产业振兴视角倡导农村第一、第二、第三产融合，也就是试图将第一、第二、第三产融合起来，形成高价值的现代乡村产业链条，提高价值链效益。然而，如何在我国现有的农业土地资源、水资源等硬约束日益加剧、农作物种植品类及面积不透明等条件下提升生产效率，如何利用互联网、物联网、大数据、人工智能等新一代信息技术支撑现代农业的精准生产，是直接影响“互联网+现代农业”快速发展的问题。

（三）经营规模化、生产标准化、营销品牌化待加强

“互联网+现代农业”的目标之一是通过高效精准服务农业全产业链，提高农业生产经营组织化、规模化、标准化、品牌化程度，进入现代农业的新

模式、新业态，进而达到提高农业供给侧改革效率目的。在农村土地经营权有序流转逐渐推进，新型农业经营主体培育日渐成型的背景下，如何借助“互联网+”的东风推动农业生产经营的集约化、专业化、组织化、社会化发展，进而为优质农产品基地集中连片开发、规模化建设创造条件，如何推动优质农产品基地落实各项技术标准、生产规程进而实现生产标准化，如何推动农产品品牌建设、拓展农产品销路、让农民获得更好的回报，感受到品牌建设带来的效益，这些问题有待解决。

（四）农村互联网基础设施、服务及安全问题的影响

农村互联网是对接农业生产、农产品流通、农民日常生活和农村社会管理的重要纽带。国家互联网信息中心的统计显示，截至2016年6月，我国农村互联网普及率保持稳定，达到31.7%，但城镇地区互联网普及率超过农村地区35.6个百分点，城乡差距仍然较大。同时，农村网民上网设备主要依靠手机，截至2015年12月，农村网民使用手机上网的比例为87.1%。农村网民上网地点与城镇相比存在较大差异，截至2015年12月，农村网民在单位、学校以及公共场所上网的比例与城镇差距较大。2017年，农村地区的家庭计算机拥有率平均为44.37%，农村家庭互联网普及率为62.19%，农村互联网基础建设有进步，手机已成为小乡村连接大世界的窗口，但农村互联网基础设施覆盖差异较大，部分农村地区信号差，影响互联网应用。2018年，中国农村网民规模达2.22亿人，互联网普及率为38.4%。2019年6月，中国农村网民规模达2.25亿人。正如习近平总书记2016年4月在网络安全和信息化工作座谈会上指出“相比城市，农村互联网基础设施建设是我们的短板”，最近几年，我国农村的互联网基础设施建设虽有明显进步，但“互联网+现代农业”的需求依然不能得到满足。

在农村互联网服务方面，为农村基层政府决策提供依据的信息监测服务，目前存在信息不对称、数字鸿沟问题。加快基于移动互联技术和大数据技术的农村网络化服务技术体系建设，积极推进信息进村入户工程，搞好“互联

网＋现代农业”精准服务，是亟待解决的重要问题。

此外，“互联网＋农产品安全”应该按照全产业链的全过程追溯，建立以规模化、标准化生产为前提的全过程追溯体系，运用移动互联、物联网、二维码、RFID（无线射频识别）等技术来实现。然而，这并不只技术问题，需要有完整的体制和机制来保障。

因此，如何根据农业特点，接好地气，遵循市场和产业发展规律，探索可持续的“互联网＋现代农业”商业运行模式，如何搭建多层次的服务平台，完善物流服务体系，确保农产品安全，是解决“互联网＋现代农业”领域制约乡村产业融合发展的重要问题。

二、“互联网＋乡村旅游”现存的问题

“互联网＋乡村旅游”自 2015 年实施至今，改善了传统乡村旅游的营销模式，变革了乡村旅游的消费模式，带动了农村相关产业发展和居民就业率。但也存在资源整合不充分，产品和服务创新不足，宣传力度不够大，营销手段不智慧，诚信不足、隐私难保障等问题。

（一）资源整合不充分，产品和服务创新待加强

当前，“互联网＋乡村旅游”尚处于发展期，产品依旧还不够完善，旅游目的较原始，即多数旅游目的仍停留在看山看地看庄稼、烧烤垂钓、采摘蔬菜瓜果、吃农家饭等。随着“互联网＋乡村旅游”的不断深化，乡村旅游得到了全新的支持，需要重新思考与审视乡村旅游的经营方式、服务、产品及市场。

在“互联网＋乡村旅游”新时代，乡村旅游的经营者和管理者需有强烈的差异化意识和创新意识，可借助大数据、人工智能等新一代信息技术分析游客心理，创造地开发个性化的乡村旅游产品，建构“互联网＋乡村旅游”的网络特色。将文化创意品牌化，利用互联网技术提升旅游服务，用“互联网＋”创新乡村旅游发展方式，整合电话咨询服务资源、移动 12580、联通

116114、电信 118114 及互联网等资源，打造乡村旅游智能呼叫中心、智能乡村旅游信息咨询服务系统，用云计算、大数据、物联网等新技术为乡村旅游业创新产品服务，重构商业模式，甚至是重塑产业生态提供支撑。

（二）宣传力度不够大，营销手段不智慧

目前，人、财、物的不足及对新媒体在认知及应用方面的缺乏，导致大多数的乡村旅游宣传营销还无法适应“互联网 +”新时代的需求。基于新兴的“互联网 +”，可积极采用不同的智慧营销方式，为乡村旅游发展建设专门的智慧化旅游营销系统，将各种能够吸引人的要素宣传出去，宣传工具可为大屏幕、手机及网络等，在内容上可为特色物资物产、多彩风光风貌、精彩故事传说及独特民风民俗等。

（三）诚信不足、隐私难保障

2018 年 10 月，马蜂窝旅行网被指涉嫌数据和评论造假事件，引发舆论广泛关注。乡村旅游数据造假可能导致恶性竞争，催生乡村游行业泡沫，危及乡村游发展生态。因此，应进一步完善互联网旅游诚信体系，为旅游行业的良性竞争、优质发展，规范市场秩序，营造更加开放、公平的发展环境。

2018 年 8 月，汉庭、桔子、全季等酒店的开房信息遭泄露、售卖，“互联网 + 乡村旅游”的游客隐私数据安全事件时有发生。因此，针对安全意识较为淡薄的乡村旅游经营者和管理者来说，需要进一步强化游客信息安全管理意识，切实保护游客个人隐私，保障游客的合法权益。

三、“互联网 + 农村电商”存在的短板

（一）农村电商产业基础薄弱

产业基础牢固是电子商务发展和壮大的前提。农村电商需要将农产品与市场紧密结合，但农产品本身具有鲜明的特点，影响了电商效应的发挥，具体表现为：农产品生产具有季节性和周期性，不同时间、不同地块的农作物在品质和产量上存在差异，导致农产品在销售环节存在不稳定性问题。

农产品以传统农户家庭生产模式为主，导致产品质量参差不齐，制约了规模化和标准化生产，不利于品牌打造，更缺乏线上线下品牌农产品营销推广体系。多数农产品保质时间较短，在储存和运输中容易发生腐烂霉变，无法保证到达销售终端的产品品质。另外，农村地区农产品品牌意识不强、宣传不力，导致农产品在网上销售的竞争力不足。

（二）农村电商人才匮乏

首先，缺乏农村电商的专业性人才。截至 2019 年 6 月，我国农村网民规模达 2.25 亿人，但精通电子商务的农民数量还很少。涉及农村电商的整个链条，无论是与产业相关的生产、加工、管理方面的技术型人才，还是与农村电商相联系的维护、财务、营销、推广等专业型人才都比较缺乏。其次，农户参与农村电商的能力不足。农村地区地处偏远、规模较小，有一定专业技能或受过较高教育层次的人才流失严重，而留守农民受教育程度普遍较低，开展技术培训难度大，知识接受能力和熟练操作能力偏弱，严重抑制了电子商务的推广和应用。

（三）资金不足、基础设施不完备

开展农村电商的资金匮乏。虽然政府为促进农村电商的发展，给予一定财政补贴和政策支持，但由于农村地区经济发展水平较低，个体农户资金需求有限，多数金融机构在农村电商资金支持方面缺乏主动性，资金来源渠道狭窄。同时，农产品生产销售存在自然风险和市场风险，势必造成在产业发展、设施完善等方面面临巨大的资金缺口。

此外，开展农村电商的相应基础设施不完备。农村电商对信息通讯、交通运输等基础设施有一定要求，但目前我国大部分农村地区相应基础设施普遍落后和匮乏，这限制了物流网络的延伸，诸如“快递最后一公里”问题突出，导致农产品在储存和运输过程中存在不及时和不安全等问题。

第八章

乡村产业融合的模式与测度

第一节　乡村产业融合模式的理论

一、早期乡村产业融合发展类型的理论研究

理论领域乡村产业融合发展模式的分类方法并不统一，早期的研究文献代表性的观点主要有两种划分标准，一种观点是根据乡村产业融合的界定及国家统计局三大产业划分标准，将乡村产业融合划分为产业内融合和产业间融合两种模式[80]。另一种观点是根据产业融合过程的不同划分为延伸型融合、交叉型融合、重组型融合和改造型融合等四种类型[81]。两种分类方法都有一定的理论依据，但只是基于某种理论视角的探讨，尚未形成基于产业经济学理论基础之上，并能达到学术认同的分类体系。段海波、曾福生[82]对农业与相关产业融合的基本类型及推进对策进行了研究，按照关联产业关系，将农业与相关产业的融合发展划分为三种类型，农业与第三产业之间的交互型融合、高新技术对农业的渗透型融合、乡村产业内部的整合型融合等三种类型，并从内涵、外延、机理过程、类型结构、具体等角度，对三种类型的产业融合方式进行了理论分析和探讨，并提出了促进融合的对策。

二、有关农村第一、第二、第三产业融合发展模式的理论研究

随着各地产业融合的实践和深入，产业融合的模式更趋于多样化，有一些学者对这些问题进行更为丰富的研究。赵霞[83]提出了农村三产融合的概念，立足于产业融合实践，从产业分类的视角，将融合模式归纳为四种：乡村产业内部整合型融合、乡村产业链延伸型融合、农业与其他产业交叉型融合和技术渗透型融合。戴紫芸[84]从组织一体化视角出发，从纵向一体化和横向一体化两个维度分析乡村产业融合过程，并提出农村第一、第二、

第三产业融合的典型模式包括纵向一体化融合模式和横向一体化融合模式。赵海[85]立足于调研，从融合主体的不同划分融合类型，认为农村第一、第二、第三产业融合模式主要有农户主导型、农民合作社、龙头企业和“互联网 + X”型四种模式，并分析了每种模式的典型案例。夏英[86]依据工商资本与农业生产经营者的行为关系划分融合模式，认为主要有两种融合模式：第一种模式即是以工商企业为主体，从某一农产品产业链的中、下游的农产品加工、流通业向上游农业的逆向融合；第二种模式是以农业生产经营者为主体，从乡村产业链上游的农业生产向中、下游的加工、流通业延伸的顺向融合。

三、有关农村第一、第二、第三产业融合发展路径的理论研究

在理论研究领域，有些学者对乡村产业融合路径进行了研究，姜长云[87]根据第一、第二、第三产业在农村第一、第二、第三产业融合发展中的地位和组合方式，将融合发展路径归纳为顺向融合方式延伸乡村产业链、逆向融合方式延伸乡村产业链、乡村产业化集群型融合、农业功能拓展型融合和服务业引领型融合等五种模式。这种分类方法立足于产业经济学理论基础，反映了产业融合不同路径的本质。吕岩威[88]结合典型案例，从产业融合的经营主体出发，提出农村第一、第二、第三产业融合路径主要有纵向一体化龙头企业带动模式、工商本带动模式、垂直一体化经营模式、互联网 + 农业电商平台模式等四种模式，并对每种模式的优劣势进行了比较分析。孙学立[89]从融合的组织模式与路径创新视角提出，并结合实地调查，认为传统产业融合模式主要有农业内部融合模式、产业链延伸模式、休闲农业和乡村旅游发展模式等，新型产业融合模式有农业龙头企业 + 智慧农场模式，农业 + 特色小镇模式、农业 + 电商平台模式、田园综合体模式等。

第二节 乡村产业融合模式与案例

当前，我国乡村产业融合发展持续快速推进，许多农村地区因地制宜积极探索，呈现产业融合发展的良好势头，涌现出产业融合典型案例，本书结合已有研究文献和典型案例，并进行实地调查，对产业融合模式进行梳理归纳，认为我国乡村产业融合发展目前主要有以下七种典型模式，具有研究价值和借鉴意义。

一、农业内部融合模式

农业内部融合模式是我国农村第一、第二、第三产业融合发展的基础模式。农业内部融合指种植业、畜禽养殖业、渔业、林业等各类农业子产业之间，或者各子产业内部不同品种、不同生产过程之间以资源循环利用、生态优先、经济效益最大化原则等进行融合发展，进而形成多层次、多结构、多功能的农业融合模式。这种融合方式是整合农业内部产业间资源，使各子产业可循环利用资源的循环生态农业融合方式，其融合模式主要有种养融合和林养融合。

（一）种养融合

种养融合之一是种植业与畜禽养殖业有机结合，种植业产生的作物秸秆和畜禽养殖业产生的排泄物经过生物发酵成为高效肥料，作为种植业的肥料进行循环利用。这样的融合模式形成相辅相成、资源循环利用的生态循环农业模式。首先，经过生物降解的肥料含有丰富的有机物质和粗蛋白物质，施肥效果比有机肥高，因此不仅可以用于蔬菜水果的种植，还可以减少农药使用并有效改良土壤环境，从而提高农产品品质。其次，经过生物降解的肥料含有比例适宜的氮磷钾以及不含杂菌，可以作为理想的食用菌培养基，有利于人工菌种植的产业发展。再者，生物发酵产生的能量还能转化为清洁能源，用于发电或取暖等。这样的循环发展促使营养素被充分利用且在动植物之间良性循环，既解决畜禽养殖业排泄物污染问题，保护了环境，降低了种植业的生产成本，又提升了各类农产品的品质，提高了综合经济效益，达到人与自然和谐共生的目的。

种养融合之二是运用现代科学技术把种植业与养鱼业有机结合，建立相互促进、利用，和谐共生的生态链关系，实现农产品的优质、高效、低耗。目前我国大部分生态渔业采用桑基鱼塘系统，运行由规模化种植桑树开始，桑叶养蚕，蚕沙和蚕蛹用于养鱼，鱼塘定期挖出塘泥再用于蔬菜水果的种植。这个循环系统能量交换和物质循环充分，每个环节紧密联系，构成一个比较完整的食物链或生态链系统，而且各个部分相互促进、和谐共生发展，形成一个良性循环发展模式。

以安徽省的稻虾综合种养业迈入绿色高质量发展轨道的实践为例。安徽省是农业大省，水稻常年种植面积有 3 000 万亩以上，主要分布在沿江沿淮地区。长期以来，农民种植模式按照“一麦一稻”“一油一稻”和“一年双季稻”等传统种植模式，农业种植技术水平低，种植品种单一、品质低、产量效益低，投入产出效益低。安徽省立足于新时代农业高质量发展的新要求，敢于创新，积极利用新技术进行农业种养综合模式创新探索，围绕在水稻集中产区种养结合，发展生态农业、绿色农业、提高农业综合效益，用绿色技术改造传统产业，勇于探索农业生态系统中种养一体、共生共存生态链的新型农业融合发展模式，完善生态链，拉长产业链，紧密结合市场需求导向和产业扶贫的要求，加快农业市场化步伐，为精准扶贫和乡村振兴注入新动能。2015 年安徽省水产技术推广部门从农业实际情况出发，在传统稻区推广稻虾综合养殖技术，通过政府规划引领、技术支持、协调服务、政策扶持等统筹协调，初步形成了政府规划引领、市场主导、农民主体、典型示范的发展格局，并已成为新时代发展绿色渔业最具活力、潜力和特色的乡村产业融合典范，同时，有效改善了农业生态环境，促进了土地流转，新型经营主体健康成长，拓宽了产业创新和产业扶贫的新路子，促进了第一、第二、第三产业融合，实现了种养业与农旅新产业协同发展，引领传统农业迈入了绿色发展、高质量发展的轨道，成为当地产业精准扶贫和实施乡村振兴战略的典型。

据统计，经过近几年的努力发展，2019 年上半年安徽省稻虾综合种养已发展到 317 万亩，正在形成沿江、沿淮和环巢湖三大稻虾综合种养产业带，滁州、六安等市全力推进，面积已发展到 60 万亩以上，合肥市已接近 50 万亩，巢湖、宣州、枞阳、桐城等市县已达到 10 万亩，全省 5 000 ~ 10 000 亩的片区已发展到 100 多个，达到 10 亩、100 亩、300 亩和 500 亩规模的种养大户已发展到 1 万多个，为稻虾综合种养服务的各类专业合作社发展到 3 000 多家，通过规模化发展稻虾综合种养业，初步形成了有特色的专业村 60 多个，具有一定规模的龙虾加工企业已达 15 家，年出口加工产品 30 000 吨。同时，随着稻虾综合种养业发展，一批以稻虾综合种养为依托的种苗、成虾批发销售市场、餐饮业以及景观农业、体验农业、休闲农业和农村旅游业应运而生，大力推动稻虾综合种养的产业链延伸和高质量发展。此外，瞄准大众消费市场，开拓市场消费渠道，发展稻虾加工业、精深加工业，并不断扩大稻虾加工产品出口，向外寻找更广阔的市场机会。同时，努力打造更高融合形态的稻田园综合体发展模式，通过田园景区化、环境生态化、生活养生化、吃住行一体化的思路，把稻虾共生区打造成农旅结合、休养生息的综合发展模式，为农民收入创造更多的增长点[90]。

（二）林养融合

林养融合模式是依托林区或山区形式的生态种养模式。在山区种植果树、杨树或其他经济林木，在林下种植香菇、木耳等人工菌类品种，同时放养家禽（鸡、鸭、鹅）或野猪等畜禽品种，充分利用林区或山区的植物资源，投入少量的农业生产资料如饲料，就能实现较高的木材、水果、菌类、畜、禽、蛋等一系列产品的产量，生态资源得到充分循环利用，提高资源使用效率和减少污染物的排放。这种融合模式，养殖的动物如鸡、鸭等，可以以林下和山区的野生植物和昆虫为食，在一定程度上节约饲料成本，同时也提升了畜禽产品品质，实现有机产品和生态产品产业。同时，畜禽排泄物可以为林地提供有机肥料，通过这样的生态循环利用，提高资源使用效率，提高生产经营者收益，实现林区、山区经济升级发展，因此林养融合模式具有明显的经济效益、生态效益和社会效益，对于一些生态资源良好的林区、山区是一条良好的产业振兴道路[91]。

二、乡村产业链延伸融合模式

乡村产业链延伸模式是发展较早的产业融合模式，这种模式通常以龙头企业或农民合作社等经济组织为产业链的核心，围绕某一农产品的种养和加工，向产业链的上下游延伸，将农产品生产与农产品加工、销售衔接起来，形成新的产业链，降低交易费用，扩大了农业的利益增长空间。按照产业链上下游关联，有顺向融合和逆向融合两种形式。产业链顺向融合方式立足农业第一产业，向农产品加工业、农产品销售、农产品物流和餐饮等第二或第三产业延伸，或者形成连接农业生产、加工、销售、物流和服务的全产业链发展模式。这种模式通常由乡村产业化企业或农民合作社作为领头羊，其主导乡村产业链的研发和营销管理，通过构建农产品产业链，开拓全国乃至国际农产品市场，逐步提升资源、要素和品牌整合能力，提升产业链价值体系，从而辐射带动本土农户乡村产业化经营能力提升。

湖北省宜昌市晓曦红柑橘专业合作社成立于2006年，是“中国柑橘之乡”宜昌市夷陵区的农民专业合作经济组织，成立之初单纯从事柑橘种植业，现已延伸到柑橘生产、加工、销售、果蔬冷链物流、农业科技开发、柑橘文化和农业生态旅游多个产业环节，形成围绕柑橘种植、加工、生态旅游的“接二连三”产业融合发展模式。目前，该合作社已发展成员 1 525 个，柑橘种植基地 1.7 万亩，网络柑农 11 000 户，辐射面积 10 万亩，拥有固定资产 8 000 余万元。该合作社先后被评为“全国农民专业合作社示范社”“湖北省五强农民专业合作社”“湖北省级农业、林业产业化重点龙头企业”等。“晓曦红”商标获“中国驰名商标”，被中国果品流通协会评为中国十大柑橘品牌和中国百强柑橘品牌，其产品获得“湖北产品”和“湖北三大名果”，《晓曦红蜜橘》和《晓曦红蜜橘生产技术规程》两个标准荣升为湖北省级地方标准。近年来，该合作社按照“合作社 + 基地 + 成员 + 实体”合作模式，投资成立了 6 家实体农业企业。该合作社实行“整合资源、优势互补、抱团经营、共同发展、利益共享、风险共担”的合作原则，同时按照“成员股和投资股”的思路，探索成员资金互惠、互助方式，解决合作社实体发展的资金难题。合作社职责覆盖标准化果园建设、专业化技术服务、商品化加工包装、多层面宣传推广和品牌化营销等多种业务的牵头和整合，有效提高了品牌知名度和竞争力。该合作社还通过搭建外贸出口、农超对接、农商对接、电子商务等渠道，构建广阔的市场销售网络，有效解决了市场销路狭窄和被中间商掌控利益的问题，实现了农产品稳定的销售网络，同时提高了橘农的收入，让乡村产业价值链提升真正惠及橘农。

产业链逆向融合模式，按逆向融合方式延伸乡村产业链，依托农产品加工或销售企业，建设优质、高效、生态、安全的标准化农产品生产基地，构建安全可靠的农产品质量安全控制体系，为农产品加工或销售企业提供数量稳定、品质可靠的农产品原料供应。以第二产业或第三产业发展为引领，带动第一产业发展，实现农村第一、第二、第三产业逆向融合。将第二产业先进的生产技术和标准扩散到第一产业生产中，促进第一产业生产现代化和技术进步，强化覆盖全程的农产品质量安全保障体系。依托逆向延伸乡村产业链，深化乡村产业链分工，丰富了乡村产业链和现代乡村产业体系的内涵。有些超市或大型零售商，结合逆向延伸产业链，培育自有品牌，创新商业模式，发展体验农业，得以更好地发现、引导、培育消费需求，促进农业价值链的升级，推动乡村产业化由生产导向更好地向消费导向转型。

湖北秀水天香茶业有限公司成立于 2003 年，该公司以“秀水天香”品牌系列茶为主导产品，产业链覆盖茶叶种植、加工、仓储保鲜和销售等多个相关产业领域，实行产业化经营模式，采用科学化管理理念，带动农户实现产业融合发展。该公司现有资产总额 5 281 万元，固定资产 2 769 万元。该公司拥有新开发的无公害、无污染标准化茶园 30 000 多亩，覆盖周边茶园 40 000 多亩，带动周边茶农 10 000 多户；年加工干茶 5 000 余吨，年销售额近亿元。2006 年“秀水天香”茶被评为宜昌市“消费者最喜爱的十大魅力品牌”，2009 年被评为宜昌市“优质产品茶”，2010 年“天香雪芽”等 7 个产品获得绿色食品认证，“秀水天香茶”获中国食品博览会金奖，2010 年被授予宜昌市乡村产业化、林业产业化龙头企业。2009 年 6 月，该公司发起组建了宜昌高山云雾茶叶专业合作社，搭建了“龙头企业 + 合作社 + 基地 + 茶农”的运作模式，通过这个运作模式的联结机制，既帮助农民解决了茶叶鲜叶销路问题，又为龙头企业稳定了茶叶加工的鲜茶货源和品质保障。2013 年，组建了秀水天香土地股份合作社，构建了“整村入社，土地入股，土地所有权、承包权、经营权分离”土地合作模式，合作社以农民土地承包经营权和茶叶专业合作社的资产评估作价入股，合作社利润分配中按照股金分红和茶叶鲜叶交易额分红各占 40%、60% 的分配模式，保证了茶农的稳定、合理的收益分配。截至 2014 年底，高山云雾土地股份合作社拥有社员 1 008 户，流转土地 7 658 亩，总股份 75 948 股，带动茶农人均年增收 1 000 余元。高山云雾茶叶专业合作社已成为国家农民专业合作社示范社。

三、乡村产业集群型融合模式

乡村产业集群融合模式以乡村产业集群或产业区为依托，形成农村第一、第二、第三产业空间集聚集群和叠合发展的形态。乡村产业集群通常以某个农业生产基地为基础，关联产业基于节约交易成本的动机而在周边某一区域范围内形成集聚集群。乡村产业集聚是乡村产业化发展的集聚形态，通常是以一个或少数几个乡村产业化龙头企业为核心而发展起来的产业集聚形态，可以说是乡村产业化的升级版。具体而言，乡村产业集聚区是以农产品加工或农资及农产品流通、农业服务企业集聚区为依托，以乡村产业化龙头企业或乡村产业链核心企业为主导，以优势、特色农产品种养基地为支撑，农产品加工企业、农产品流通企业、农资流通企业、农业服务企业等高度分工、密切协作、有效联结、有机融合的乡村产业经济空间，具有集约化程度较高、经济效益较好、对农产品原料生产基地建设和农民增收的具有较强辐射带动作用等优势。许多地方发展“一村一品”“一乡一业”，建设特色村镇，就属于这种融合发展模式的雏形。

河南省新郑市是有名的“红枣之乡”，有红枣产品加工企业200多家，年红枣交易量约6 000万千克，年加工红枣数量5 000万千克以上，生产枣粉、枣酪、枣精、枣饮料、枣片等多个品种，年利税10余亿元，是全国枣产品加工集散地和技术孵化中心。该企业集群的龙头企业“好想你”枣业是国家级乡村产业化重点龙头企业，是国内加工规模最大、产品种类最多、辐射带动力强劲的红枣深加工企业，“好想你”枣业拥有自建原料基地8 000亩，联合建立的标准化种植基地50 000亩，销售网络遍布全国300多个城市的2 000多家专卖店。红枣种植和加工的发展，有效带动了相关商贸物流业的发展。在当地产业集群中，以“好想你”枣业为代表的若干红枣深加工企业通过建立标准化原料生产基地，按照“龙头企业+基地+农户”“龙头企业+基地+合作社+农户”模式，带动了枣农收入增长，又保证了稳定可靠的原料来源。“好想你”正在致力于打造中国红枣产业集群，在新郑市主导建设以“一区、两心、三园、四组团”为核心的产业园区。“一区”是指一个年交易100万吨红枣及其枣制品交易市场；“两心”即国家级红枣技术研发中心和木本粮博览中心；“三园”是指一个枣博园、一个万果园和一个植物园；“四组团”则包括商贸物流组团、生产加工组团、生态旅游组团和新型社区组团。

该产业集聚区项目以“好想你”企业为引领，拉动种植、营销、物流、旅游、文化等产业链全面发展，建设集农业种植、农产品加工、科技示范等为一体的综合型示范基地，形成别具特色的以红枣文化为核心的农业休闲基地，促进信息化、农业现代化、文化旅游业的充分融合发展，推动中原经济区工业化、城镇化与文化旅游业协调发展。该产业集聚区还致力于发展以红枣为主题的红枣种植和文化旅游产业，产业集群逐渐形成，“枣乡风情游”旅游项目已连续举办了16年，已发展成为集红枣采摘、文化旅游、养生体验、农家餐饮为一体的生态旅游项目。据统计，2018 年风情游期间，园区总计接待游客 36 803 人次，活动累计接待游客约 34 万人次，成为集观赏性、娱乐性、参与性、知识性为一体的大型旅游文化盛事，为久居闹市的都市人提供了一处返璞归真、享受自然的好地方。新郑红枣文化的品牌影响力、区域带动力、产业辐射力不断增强，2018 年，好想你红枣小镇荣膺国家 AAA 级旅游景区和河南省休闲观光区称号，产业集聚区在生产、研发、加工、服务、销售、宣传、旅游等多方面多领域都取得了令人瞩目的成绩。

四、农业多功能延伸融合模式

乡村产业的特殊性在于其多功能性，农业的功能除了提供粮油、肉蛋奶、果菜和水产品等外，还具有提供工业原材料、田园景观、农业体验场所、保护生态环境、传承农业文化、休闲旅游的功能[92]。农业不同的功能可以延伸出不同的产业，这为产业融合提供了契机。通过发展休闲农业和乡村旅游等产业，挖掘农业的多重功能产业，实现第一产业和第三产业的融合发展，赋予农业环保、生态、教育、文化、旅游、休闲等多功能内涵，推动农业发展方式转型升级，提升农业的经济效益和经济价值。有些地方探索用经营文化、经营乡土的理念，打造乡村旅游景点，培育特色化、品牌化和高端化的休闲农业和乡村旅游品牌。这种模式通常需要当地政府的精心培育和文旅企业的积极参与，按照经营文旅产业的模式打造乡村休闲旅游品牌。

有些地方探索从“桃子经济”向“桃花经济”转变，实现由“种桃卖果挣钱”向“种桃养花赚钱”的转型。有些地方采用发展循环经济和生态经济的原理，利用产业或产品生产的食物链、生态链关系，重组农村第一、第二、第三产业之间的联结关系，促进资源节约、集约和可持续发展，并同时拓展延伸农业的教育、文化、科技、休闲等功能，将现代农业生产和发展乡村旅游结合起来，实现乡村产业“接二连三”的全产业链融合发展。近年来，在中国许多城镇郊区蓬勃发展的现代农业和乡居社区等新型业态，就属于这种融合发展模式。

河南郑州侯寨从原来的“樱桃经济”向“樱花经济”转变，使农业由过去的卖农产品业态转变为以旅游观光、生态采摘等为主业态的农业旅游产业。把农业和文化、旅游业相融合，或者把养殖业与生态休闲农业相融合，极大提升了农业的发展空间和经济价值。郑州樱桃沟景区通过努力发展乡村旅游，景区被评为国家AAA级旅游景区，首批中国乡村旅游创客示范基地，中国乡村旅游模范村。景区以樱桃沟村为中心，种植樱桃4 000多亩，环绕四周，布满了青翠繁茂的樱桃树，享有“百里樱桃沟”的美誉，具有“中原樱桃之乡，创意徒步天堂”之称。这里樱桃种植历史已有千年，由于气候适宜、土壤肥沃，产出的樱桃色泽饱满、果大肉多、味道甘甜，1999年，樱桃沟景区的樱桃被评为“郑州市十大历史名产”。

2000年3月，樱桃沟景区获得市旅游局颁发的旅游景点证书，并确定为郑州市重点旅游景区。每年举办的“郑州樱桃节”已成为郑州休闲旅游的知名品牌。“郑州樱桃节”的举办，带动了樱桃沟休闲旅游业的发展，樱桃沟正逐步成为集度假、娱乐、健身、餐饮、休闲于一体的全方位、综合性、多功能的生态旅游景区。樱桃沟景区近几年来共接待游客80多万人次。各种节日的举办使樱桃沟变产地为产业，不但彻底解决了农民水果销售难问题，还成为省会近郊观光农业的一大亮点。如今，樱桃沟景区樱桃种植面积已达4 000多亩，年产樱桃100万千克以上。近几年樱桃沟投资近5亿元，经过升级改造，樱桃沟累计建设道路20多条、60多千米，升级拓宽整修道路近十条，不仅方便乡村百姓出行，也为更多的游客前来旅游打造了良好的基础设施，同时为樱桃产品物流运输奠定了交通基础，解决了产品销售和加工等多方面的问题，全方位提高了农民收入和经济效益。郑州樱桃沟乡村旅游业的发展，直接改善当地农村人居环境，促进农民收入持续稳定增长，成为郑州市二七区乡村振兴的典范。

五、“互联网+农业”融合模式

技术创新是产业融合的重要推动力，以云计算、物联网和大数据为代表的新一代信息技术与传统农业的融合，催生了乡村产业的新业态、新模式。这种模式主要有两种形式，一种是智慧农业，另外一种是“互联网 + 农业”电商模式。

智慧农业将信息技术运用到农业种养、生产和流通的每个环节，通过构建环境生态监控系统和精准调节自动化系统，根据自然生态条件改进农业生产流程，提高农产品品质，并提高农业全要素生产率。在农产品流通环节，构建农产品溯源系统，消费者可以通过手机扫描二维码追溯农产品从种养、收获、加工到配送的每个环节。例如，北京市房山区琉璃河镇中粮智慧农业，充分采用了信息技术与农业的融合，采用生物技术旋转追光种植技术，该技术可以自动使每株植物不停旋转，保证每株植物均匀接受光照，并可以自动定时为每株植物添加营养液，实现年产量提高 3 倍的种植效果，并能节约人工成本 50% 以上。

宜城市流水镇是湖北省西瓜种植第一镇，西瓜产业是全镇经济发展的支柱产业。然而因为长年累积过量施用化肥，导致土壤板结，地力衰退，西瓜品质严重下降，再加上种植模式和种植品种单一，西瓜品质毫无市场竞争力。流水镇作为湖北省乡村产业融合发展试点示范镇，努力推进乡村产业融合实践，引入“新技术 + 农业”模式。首先，针对土壤地力下降问题，政府和农户多方筹集资金，聘请专业生物科技公司担任技术指导，建立土壤监测大数据中心，对该镇耕地实施休耕和土壤改良；其次，引入生态科技公司和生物科技公司，由公司配备多台密闭式真空吸粪车，将该镇农民生活、农业生产中产生的农业废弃物、人畜粪便、有机垃圾等三大废弃物集中转运并进行循环利用，通过公司开发的沼气工艺技术，产出气、肥、电、热、冷等五种可循环利用资源；最后，流水镇与华中农业大学合作建立西瓜育苗工厂，推广应用西瓜嫁接新技术，实现集中统一供苗，加快西瓜新品种引入和新技术应用。通过以上三个措施，流水镇牢牢把握可持续发展理念和科技是第一生产力的思想，通过新技术不断向农业领域的融合渗透，最终实现了新技术与农业的深度融合，实现农业生产现代化和循环经济，也诞生了农村三产融合发展新模式[93]。

以“淘宝村”为代表的农村电商的涌现是“互联网＋农业”融合模式的第二种形式。“淘宝村”借助互联网技术“嫁接”到乡村产业生产和销售环节，为农产品找到了广阔的销售市场，并完善了农业信息服务。对城市消费者和农户来说，实现了双赢，城市消费者可以买到更生态、更低价的农产品，对于农户来，找到了很好的农产品销路，避免因为产品滞销而陷入困境。在“大众创业、万众创新”的背景下，这种模式备受青睐，尤其对于返乡大学生和返乡创业青年较具吸引力。山东省菏泽市农村电商是发展典范，10 年的时间，从最初的一家淘宝店到淘宝村遍地开花，形成了电商产业集群，2017 年“双十一”菏泽电商交易额达 26 亿元，呈现爆发式增长。2017 年中央一号文件提出要发展农村电子商务，推进乡村产业融合发展，并将其作为农业现代化和新型城镇化战略的一项重要举措，长期来看，农村电商模式将成为乡村产业融合发展的主要模式。

六、特色小镇引领模式

有些地方涌现的各具特色的特色小镇，也属于乡村产业融合模式。特色小镇位于城、乡之间，是带动乡村产业发展的重要引擎，也是乡村振兴战略实施的有力抓手和有效载体，可以充分发挥对于乡村产业的引领带动作用。建设特色小镇，可以实现城市和乡村各种资源要素的双向流动，还能够把乡村特有的自然风光、历史、文化底蕴、风土人情等特色资源进行空间上、产业上的凝聚和整合，打造具有浓郁地方特色和鲜明产业特色的美丽乡村，带动乡村特色产业的发展，为乡村振兴打下坚实的基础。一方面通过特色小镇文化旅游产业、现代农业等产业的发展，辐射带动周边乡村相关产业的发展，为周边村民带来更多的产业机会和就业机会；另一方面也可以将特色小镇作为吸引城市资源要素流入乡村的平台，辐射带动周边乡村发展，同时满足城市居民的生活和消费需求，承接城市人口生活和消费的外溢，使城市人能够体验乡愁、感悟乡愁、记住乡愁，使农村居民能够了解城市、懂得城市、融入城市，从而促进城乡真正融合发展。

河南省西峡县太平镇以优美自然资源为依托，帮助引导和鼓励群众充分利用现有资源，以“观山水景、吃农家饭、住农家屋、享农家乐”为主要内容，把农家宾馆建设和发展特色旅游相结合，形成了以东坪、桦树盘和黄石庵为中心的3个农家宾馆群，推进农游一体化融合发展，提升和壮大产业发展，同时更注重美丽乡村建设。在西峡县太平镇建设中，重点突出“三化入户”。一是美化入户。该镇投资860多万元对东坪村区域内房屋建筑进行统一徽派风格改造升级，54家农家宾馆全部建造了仿古实木门楼和栅栏，体现古香古色；同时，注重对村居村舍进行美化，实现环境山清水秀，村容村貌整洁。二是文化入户。该镇邀请省市县多位书画家、摄影家到农家宾馆群进行实地创作，作品精装后分给各家，提升了农家宾馆和农居的文化品位。同时，积极挖掘推农耕文化。收集石磨、石碌、石臼等农耕用具，设置农耕用品展示广场，在此基础上，举办“茱萸花节”“山茱萸采摘节”和“杜鹃花节”等丰富多彩的特色活动，丰富美丽乡村的文化内涵，建设文化品牌。三是标准化入户。该镇出台了“太平镇农家宾馆星级指数评定标准”，对农家宾馆进行星级评定，对菜品进行进一步规范，提高了农家服务质量，彰显了农家菜肴特色。截至2018年6月，太平镇共发展各类农家宾馆268家。每逢节假日，农家宾馆游客爆满，生意兴隆。附近城市南阳、洛阳、郑州、西安等外游客源源不断前来游玩，体验休闲度假时光，享受亲近大自然、回归大自然的休闲时光。据统计，每年旅游旺季，太平镇旅游居住度假的人数平均每天超过3 000人，农家宾馆的接待量达20万人次以上，实现营业收入3 000万元以上，乡村旅游已经成为该镇的一个新经济增长点，并逐渐形成乡村旅游区域品牌。太平镇特色小镇的建设从宏观上提高太平镇旅游产业竞争力和县域经济实力，从微观上促进太平镇乡村产业创新，促进当地农民收入持续稳定增长，同时又改善了生态和人居环境[94]。

七、田园综合体模式

田园综合体模式是指发挥农村区位、资源、资金等优势，依托乡村产业化龙头企业和产业链核心企业，促进涉农企业密切协作，第一、第二、第三产业联动集群式发展，打造集农业生产、农产品加工、仓储物流、科技研发、商务会展、金融服务、生态旅游、养生休闲等于一体的复合型农业综合体。田园综合体是乡村产业深度融合的产物。它是伴随现代农业的发展、新型城镇化和文化旅游的发展而诞生的新模式，是乡村新型产业发展的亮点，也是三产融合的升级版本，是集现代农业、休闲旅游、田园社区为一体的特色小镇和乡村综合发展模式，是未来乡村产业融合的大趋势。2017 年中央一号文件把田园综合体模式作为未来乡镇产业发展的目标模式。具体而言，田园综合体是在一定的区域和空间范围内，通过聚集现代生产要素，将现代农业生产空间、人居生活空间、游客游憩空间、生态涵养发展空间等功能进行组合，形成一个多功能、高效率的现代农业和人居综合体[89]。

武汉市东西湖区依托紧邻武汉中心城区的区位优势、有湖有景的自然生态资源以及武汉市政府优先支持政策等优势，率先探索都市田园综合体武汉模式。该模式提出“三中心、一廊道、两绿道、多板块化”的空间功能布局，以新型都市农业为产业主体，以设施特色农业为支撑，以旅游服务业为主线，融合农垦公园、田园小镇区、智慧田园和农业创意产业区等多种模式，最终打造总面积约 180 平方千米的现代都市农业示范园。东西湖区已组建武汉临空港经济技术开发区农业发展投资集团有限公司，为田园综合体建设搭建运营管理及投融资平台，通过农村第一、第二、第三产业相互融合和农业多功能性拓展，实现产业链延伸，价值链提升和农民收入增加[93]。

第三节　构建乡村产业融合评价指标

目前对乡村产业融合的理论研究重点主要集中在内涵、模式等方面，对乡村产业融合发展成效和程度进行系统评价和测度的理论和实证研究少见，探讨仅限于个别，缺少广泛而深入的研究。乡村产业融合发展成效和程度直接影响乡村产业兴旺的实现程度，关乎乡村经济发展和“三农”问题，然而目前学术研究领域尚未形成一套科学有效的评估指标体系和评价方法，难以对乡村产业融合发展程度和成效进行综合评价和系统分析。有关乡村产业融合的关键因素和评价指标体系的理论研究明显滞后，已经制约了乡村产业融合发展实践，各地区在探索推进乡村产业融合过程中缺乏科学有效、系统的理论指导，更缺失具有普适性的综合评价体系。随着乡村振兴战略的逐步推进和深入发展，乡村产业融合关键因素、指标体系、定量评价成为一个亟待解决的研究课题。通过构建具有普适性和广泛性的乡村产业融合评价指标体系，能够准确找到推进乡村产业融合的关键因素，进而能更加清晰地找到推进产业融合发展的思路和对策，更好实现产业融合有效发展。

一、农村乡村产业融合评价研究观点梳理

国外关于产业融合水平评价的理论研究较少，植草益等人[95]从产业融合与产业绩效关联程度、产业创新、产业升级、经济一体化、企业发展战略调整方面对产业融合效应进行了研究。纵观国内对于产业融合评价指标体系和评价方法的研究，多是对工业、信息业、服务业、制造业、旅游业等产业领域，而关于农村第一、第二、第三产业融合方面的评价研究较少。

直接对农村第一、第二、第三产业融合水平评价进行的研究，李芸、陈俊红、陈慈等人[96]从农业与第二、第三产业融合的行为和融合的社会经济效

益两个维度构建了乡村产业融合水平评价指标体系，运用层次分析法和综合指数法，查阅了2011—2014年北京市乡村产业融合的各指标数据，对北京市乡村产业融合发展水平进行了评价，并且从时间序列的角度对北京市乡村产业融合的发展水平进行了分析。蒋一并[97]从产业链延伸、多功能性发挥、农业服务业融合、农民增收就业和城乡一体化五个维度构建了包含19个指标的乡村产业融合水平评价指标体系，并运用墒值法，选择北京市2005—2014年产业融合数据，对北京市乡村产业融合水平进行了评价与分析。蒋辉、张康洁等人[98]运用了熵权法、系统耦合调度模型、探索性和回归模型等方法，对我国农村第一、第二、第三产业融合发展水平的时空差异性进行了实证分析。谭明交[99]基于趋同理论模型构建农村第一、第二、第三产业融合理论模型，并查阅31个省（区、市）面板数据评价中国农村第一、第二、第三产业融合发展质量水平。冯伟、石汝娟等人[100]研究了农村第一、第二、第三产业融合发展指标体系，构建了包含4个层次的指标体系，一级指标为2个，包含农业与关联产业的融合互动和融合发展的经济社会效益，二级指标为5个，分别为产业链延伸、农业多功能发挥、农业服务业融合发展、农民增收与就业促进、城乡一体化发展等，然后又根据指标内涵构建了20个三级指标的评价体系。姜峥[101]从产业融合的深度和广度、融合效果两方面构建农村第一、第二、第三产业融合评价指标体系，将三产融合的深度和广度分为乡村产业化经营、农业多种功能拓展、农业服务业融合发展、乡村产业金融支持4个模块，将产业融合的效果分为经济效益和社会效益2个指标，并且运用层次分析法和耦合协调分析法，采用2010年至2016年的数据，对我国农村第一、第二、第三产业融合水平进行了评价与分析。

还有学者对农业与相关产业之间的关联程度进行了研究，梁伟军[102]以交易成本理论作为基础，对现代农业与相关产业之间融合发展机制进行了研究，并且建立了农业与相关产业融合度测评体系。梁树广、马中东[103]运用灰色关联分析法分析了农业与18个相关产业之间的关系程度，并且对其进行了排序，发现运输、储藏、信息、公共管理和社会组织等因素对于农业影响较大，另外从市场结构、行为、绩效、产业结构四个方面分析了乡村产业融合效应。

二、构建乡村产业融合评价指标体系

本部分内容在充分借鉴和吸收已有研究成果的基础上，构建乡村产业融合评价指标体系，以期能为理论界同行进行相关研究提供一个参考，也为各地方政府量化评价当地产业融合发展现状，寻找深化发展之路提供理论依据和实践指导。

（一）评价目的

构建一套相对科学、具有普适性的乡村产业融合评价指标体系，探索乡村产业融合评价方法，深入系统剖析产业融合发展的关键因素，能够科学测度农村第一、第二、第三产业融合发展的进程、程度、成效和问题，分析产业融合发展中的薄弱问题，进而更加清晰地理顺促进产业融合发展的思路，找到产业融合发展的路径，并能提供产业融合发展的对策。

（二）构建评价指标体系的原则

1. 科学性

为了科学客观地度量和反映农村第一、第二、第三产业融合的程度和构成要素，选择的指标要有科学性，还要有一定的公认度和权威性，选择学术界和官方公认的指标，不选取有争议的指标。构建的指标体系要从产业融合的概念和内涵出发，把内涵的构成要素作为指标选择遵循的逻辑，所选择的指标要能够反映乡村产业融合的具体表现，指标体系要概念明确，内涵清晰，能够准确测度和反映农村第一、第二、第三产业融合发展的整体逻辑。

2. 前瞻性

指标体系的选择要充分参考国内外相关发展经验，必须结合我国农村农业发展的特点，立足我国农业发展基本国情，并能反映我国农村农业未来发展方向和趋势，充分结合我国农业供给侧结构改革的方向和重点，并能充分遵循我国农业结构调整、生产方式转变的指导思想，选取代表性强、前瞻性的指标。

3. 系统性

乡村产业融合发展是一个动态的复杂系统过程，选择具体指标要综合考虑其整体性、动态性和系统性，指标选取要依照指标体系的全面性、系统性原则。

4. 可操作性

首先，指标选择要具有可计量性，避免使用定性指标，定量指标应通过国家统计部门发布的数据直接或间接进行计算获得。其次，评估方法要简单明了，易于操作；指标的选择同时考虑数据的可得性和在实际评估中的可操作性；评估结果要客观、直观，易于理解和使用。

（三）构建评价指标体系

1. 构建评价指标体系的设计思路

乡村产业融合是个动态发展过程，从产业融合模式看，有多种形式，主要有产业链延伸、产业集聚区、多功能性拓展、乡村旅游、“互联网＋农业”等多种形式；有第一、第二产业的融合，也有第一、第三产业的融合，还有第一、第二、第三产业的融合，很难用产业统一标准去进行评价。因此，要想对乡村产业融合程度进行量化评价，不仅要关注产业融合的深度和广度，还要关注产业融合的经济社会效果。这对于充分体现乡村振兴的重要战略地位和决胜全面建成小康社会至关重要，乡村产业融合是实现乡村振兴的路径，而不是最终目标，最终目标是实现乡村全面振兴。

2. 构建综合评价指标体系

基于以上理论思考和设计思路，构建包括3个层次的乡村产业融合综合评价指标体系，第一层次包括2个一级指标，包括农业与第二、第三产业互动融合指标和产业融合经济社会效应指标，农业与关联产业的融合互动指标体现产业融合发展过程，并能够反映产业融合的深度和广度；经济社会效应指标体现的是产业融合发展的经济社会效果。农业与第二、第三产业互动融合指标分为乡村产业链延伸、农业多能性拓展和农业与服务业融合发展3个指标；经济社会效应指标分为农民就业增收、农业增效和城乡一体化3个指标，这 6 项指标构成第二层次指标。对这 6 项二级指标继续进行细分选取，选取 24 个三级指标，组成第三层次指标，由此构建出乡村产业融合的评价指标体系（表 8 - 1）。

表 8 - 1　乡村产业融合的评价指标体系

综合评价指数	一级指标	二级指标	三级指标	指标属性
乡村产业融合综合评价指标体系 A	农业与第二、第三产业互动融合 B1	乡村产业链延伸 C1	D1 农产品加工业年主营收入（亿元）	正向指标
			D2 农业收入（亿元）	正向指标
			D3 主要农产品加工转化率（%）	正向指标
			D4 农业与农产品加工业产值比（%）	正向指标
			D5 乡村产业化和合作社等带动农户数（户）	正向指标
			D6 农业生产基地和示范区数量（个）	正向指标
		农业多功能性拓展 C2	D7 人均主要农产品产量（千克）	正向指标
			D8 文化遗产项目和文化旅游产业项目（个）	正向指标
			D9 休闲农业年接待旅游人次（人）	正向指标
			D10 休闲农业年营业收入（亿元）	正向指标
			D11 设施农业和智慧农业收入（亿元）	正向指标
			D12 化肥施用强度（亩 / 吨）	负向指标
		农业与服务业融合发展 C3	D13 农业服务业产值（亿元）	正向指标
			D14 农民宽带和移动网络普及率（%）	正向指标
			D15 电子商务交易额（亿元）	正向指标
			D16 涉农贷款年增加额（亿元）	正向指标
	产业融合经济社会效应 B2	农民就业增收 C4	D17 农民人均纯收入增速（%）	正向指标
			D18 农民非农收入占比（%）	正向指标
			D19 乡村非农就业比例（%）	正向指标
		农业增效	D20 单位耕地第一产业增加值	正向指标
			D21 单位耕地平均生产成本降低比例	负向指标
		城乡一体化 C5	D22 城乡居民人均收入比（%）	正向指标
			D23 农村农业财政支出占总财政支出比例（%）	正向指标
			D24 农村农业固定资产投资增速（%）	正向指标

（1）乡村产业链延伸

乡村产业链延伸是指以农业为依托，沿乡村产业链条向前或向后延伸，将农业种植、养殖业与农产品加工、销售、物流、农资生产、农资销售、科技服务等有机联结起来，提高产品附加值，提升产业链功能，合理优化产业链条，构建现代乡村产业体系。当前，各地乡村产业链延伸的主要形式是发展农产品加工业和精深加工业，发展农村特色加工业，提高农产品加工增加值，提高农副产品综合利用率，提高农业附加值。因此，本书选取“农产品加工业年主营收入”“农业收入”“主要农产品加工转化率”“农业与农产品加工业产值比”“乡村产业化和合作社带动农户数”“农业生产基地和示范区数量”6个指标作为三级指标，来衡量乡村产业链延伸发展水平。

（2）农业多功能性拓展

农业多功能性拓展是指稳定农业的温饱功能和农村基本经济功能之外，促进农业与旅游、教育、文化、健康、休闲等产业深度融合，充分挖掘农业的生态功能、教育功能、文化、旅游、休闲、文化等功能，推进农业生产与服务业融合发展。当前，各地农业多功能性拓展的实践表现为大力发展休闲农业、乡村旅游业，扶持建设一批具有历史、地域、民族、文化、风土、乡情的特色景点、旅游村镇、文化村镇，打造丰富多彩、各具特色的乡村旅游项目。农业多功能性发挥的指标内涵，相关研究主要从产品、生态、休闲、景观、文化、项目等方面进行评价研究，本项目借鉴相关研究，选取“人均主要农产品产量”“文化遗产项目和文化旅游产业项目”“休闲农业年接待旅游人次”“休闲农业年营业收入”“设施农业和智慧农业收入”“化肥施用强度”6个指标来衡量农业多功能性发挥，其中“化肥施用强度”是个负向指标[96]。

（3）农业与服务业融合发展

农业与服务业融合发展也是农业与关联产业融合发展形式，农业的关联产业是为农业产前、产中、产后环节提供服务的服务业，农业与这些关联产业互动融合、协调发展，构建年利益联结机制。农业服务业主要包括农资销售服务、科技推广服务、农业信息服务、农产品销售服务、农产品物流服务、农产品电子商务、农业金融保险服务等。当前，各地推进农业与第二、第三产业融合发展过程中，很多地方积极利用大数据和物联网等现代信息技术和商业模式，发展农业电子商务和农产品信息技术服务，促进农业与现代服务业融合发展。借鉴前期研究成果，选择“农业服务业产值”“农民宽带和移动网络普及率”“电子商务交易额”“涉农贷款年增加额”4 个指标来衡量农业服务业融合发展水平。

（4）农民就业增收

农民就业增收促进效应，是指农业与第二、第三产业融合发展在促进就业和农民增收方面的经济社会效应的评价，也是指通过大力发展农业与第二、第三产业融合发展，在推动农民收入持续稳定增长、为农村地区创造更多就业岗位、促进农民就地就近创业和就业等方面产生的经济社会效应。农民就业评价方面，主要选择“农民人均纯收入增速”“农民非农收入占比”“乡村非农就业比例”3 个指标来反映农民就业增收情况。

（5）农业增效

通过推动农业与第二、第三产业融合发展，提高土地产出率、农业劳动生产率、资源利用率、农产品质量和标准提升等，体现了融合发展对转变农业生产方式，提高农业生产效率，实现农业生产现代化的作用。本指标选择“单位耕地第一产业增加值”和“单位耕地平均生产成本降低比例”2 个指标来反映农业生产增效情况。

（6）城乡一体化

城乡一体化发展经济社会效益，主要评价通过大力推动农业与第二、第三产业融合发展，促进城乡居民收入水平差距不断缩小，促进城乡资源要素优化配置，促进农业农村基础设施投资和公共事业优化，改善农业生产条件，提升农民生态环境优化，进而推进乡村振兴情况。城乡一体化经济社会效益方面，已有研究主要从城乡居民收入差距、农村财政投入和固定资产投资三个角度进行评价。参考前期研究成果，本书选取“城乡居民人均收入比”“农村财政支出占总财政支出比例”“农业农村固定资产投资增速”3个指标来反映城乡一体化发展水平。

第四节　基于AHP的农村资源型文化产业竞争力评价

一、设计原理

层次分析法（Analytical Hierarchy Process，AHP）是运筹学家萨蒂通过把与决策相关的众多因素分解成目标、准则、方案等层次，依据决策问题的本质、决策影响因素及其内在关系，并用较少的定量信息进行定性和定量分析的决策方法。AHP基于多目标的综合评价方法与文化产业竞争力评价具有惊人的相似性，鉴于此，本书提出了一种基于AHP的农村资源型文化产业竞争力评价方法（ahRCIC）[104]。

（一）评价指标体系构建

合理的指标体系及翔实的指标度量规则对文化产业竞争力评价至关重要。鉴于资源型文化产业具有文化产业和资源产业的双重特性，为不失一般性，参照国内外文化产业竞争力评价的通行做法，本书在“文化产业竞争力评价指标体系研究”的基础上进行补充、完善，形成的农村资源型文化产业竞争力评价指标体系及指标度量细则如表8－2所示。

表 8-2 ahRCIC 指标体系及度量细则

	评价要素	评价指标	量度方案
农村资源型文化产业竞争力评价结果 R	资源价值 F_1	时间价值 C_1	距今时间 M_1（年）
		稀有价值 C_2	资源的稀有度 M_2
		影响力价值 C_3	知名度 M_3
		美学价值 C_4	观赏性 M_4
		文化价值 C_5	文化内涵的丰富度 M_5
		组合价值 C_6	资源的组合状况 M_6
		区位价值 C_7	距中心城市的距离 M_7（KM）
		规模价值 C_8	游客容纳量 M_8（人）
	资源现状 F_2	保护状况 C_9	保护经费投入 M_9（万元）
		利用状况 C_{10}	实接游客数/可接游客数 M_{10}
		整合状况 C_{11}	文化产业资源的整合能力 M_{11}
	产业规模 F_3	人员规模 C_{12}	从业人数 M_{12}（人）
		产业产值 C_{13}	产业总产出 M_{13}（万元）
		资金规模 C_{14}	固定资产投资 M_{14}（万元）
	市场绩效 F_4	总利润 C_{15}	利润总额 M_{15}（万元）
		市场占有率 C_{16}	实际游客数/全省游客数 M_{16}
		生产效率 C_{17}	固定资产产出率 M_{17}
	基础设施 F_5	物质设施 C_{18}	水、电、交通等设施投入经费 M_{18}（万元）
		信息设施 C_{19}	信息基础设施投入经费 M_{19}（万元）
		科技设施 C_{20}	R&D 投入经费 M_{20}（万元）
	社会条件 F_6	社会治安 C_{21}	犯罪起数 M_{21}
		政策法规 C_{22}	与产业有关的地方法规条数 M_{22}
		财政支持 C_{23}	政府财政投入 M_{23}（万元）
	市场需求 F_7	居民收入 C_{24}	当地人均 GDP M_{24}（万元）
		消费支出 C_{25}	当地人均消费支出 M_{25}（万元）
		文化消费 C_{26}	当地人均文化消费支出 M_{26}（万元）
	相关产业 F_8	餐饮行业 C_{27}	相关餐饮行业的产值 M_{27}（万元）
		娱乐行业 C_{28}	相关娱乐行业的产值 M_{28}（万元）
		宾馆行业 C_{29}	相关宾馆行业的产值 M_{29}（万元）

（二）评价因素权重计算

为便于描述 ahRCIC 中各评价因素的权重计算过程，笔者将评价指标体系中的评价结果、评价要素、评价指标和度量细则分别用变量 R 、F_i 、C_j 、M_k 表示，其中 $i,j,k \in N$（自然数集合）且同时满足 $1 \leqslant i \leqslant 8$ 、$1 \leqslant j,k \leqslant 29$ 。

1. 权重计算流程

首先定性描述评价指标体系中 8 个评价要素、29 个评价指标，通过重要性的两两比较进而构造判断矩阵；然后，求解判断矩阵的最大特征根及其对应特征向量；最后，在保证判断矩阵一致性前提下对特征向量进行归一化处理，进而获得评价指标的权重。

2. 判断矩阵构造

ahRCIC 中的判断矩阵用于量化文化产业竞争力评价过程中的定性指标。依照国内外现有文化产业竞争力评价的通行做法及资源型文化产业中资源价值、资源现状、产业规模、市场绩效、基础设施、社会条件、市场需求、相关产业所占比重的不同，采用如表 8－3 所示方法对评价要素 $F_i(1 \leqslant i \leqslant 8)$ 相对于评价结果 R ，评价指标 $C_j(1 \leqslant j \leqslant 19)$ 相对于各自上层的评价要素 F_i 的重要程度进行专家打分，进而构造判断矩阵。

表 8－3　ahRCIC 判断矩阵元素 a_{ij} 生成规则表

标度 a_{ij}	含义
1	因素 i 与因素 j 一样重要
3	因素 i 略微重要于因素 j
5	因素 i 比较重要于因素 j
7	因素 i 非常重要于因素 j
9	因素 i 绝对重要于因素 j
2，4，6，8	以上两判断之间的中间值
倒数	$a_{ij} = 1/a_{ji}$

依据表 8－3 所述的矩阵元素生成规则，并结合资源型文化产业的具体实际，在河南省软科学研究计划项目中经专家打分得到的评价要素 $F_i(1 \leqslant i \leqslant 8)$

相对于评价结果 R 的两两比较判断矩阵（记为 M_R ）如式（8－1）所示。

$$M_R = \begin{pmatrix} 1 & 2 & 5 & 6 & 5 & 7 & 6 & 7 \\ \frac{1}{2} & 1 & 5 & 5 & 4 & 6 & 5 & 7 \\ \frac{1}{5} & \frac{1}{5} & 1 & \frac{1}{2} & \frac{1}{3} & \frac{1}{2} & \frac{1}{3} & 2 \\ \frac{1}{6} & \frac{1}{5} & 2 & 1 & 1 & 3 & 2 & 3 \\ \frac{1}{5} & \frac{1}{4} & 3 & 1 & 1 & 2 & 2 & 3 \\ \frac{1}{7} & \frac{1}{6} & 2 & \frac{1}{3} & \frac{1}{2} & 1 & 2 & 3 \\ \frac{1}{6} & \frac{1}{5} & 3 & \frac{1}{2} & \frac{1}{2} & \frac{1}{2} & 1 & 2 \\ \frac{1}{7} & \frac{1}{7} & \frac{1}{2} & \frac{1}{3} & \frac{1}{3} & \frac{1}{3} & \frac{1}{2} & 1 \end{pmatrix} \tag{8-1}$$

式中 M_R 中的第 1～8 行/列分别表示 ahRCIC 中的资源价值 F_1、资源现状 F_2、产业规模 F_3、市场绩效 F_4、基础设施 F_5、社会条件 F_6、市场需求 F_7、相关产业 F_8 评价要素。

依据表 8－2、表 8－3 及上述判断矩阵构造策略，ahRCIC 中 29 个评价指标相对于评价要素的 8 个判断矩阵名称及其含义如表 8－4 所示，矩阵 M_{F_1}～M_{F_8}的内容如图 8－1 所示。

表 8－4　ahRCIC 各判断矩阵及其含义

矩阵名称	含义
M_R	F_1 ～ F_8 相对于 R 重要性的两两比较判断矩阵
M_{F_1}	C_1 ～ C_8 相对于 F_1 重要性的两两比较判断矩阵
M_{F_2}	C_9 ～ C_{11} 相对于 F_2 重要性的两两比较判断矩阵
M_{F_3}	C_{12} ～ C_{14} 相对于 F_3 重要性的两两比较判断矩阵
M_{F_4}	C_{15} ～ C_{17} 相对于 F_4 重要性的两两比较判断矩阵
M_{F_5}	C_{18} ～ C_{20} 相对于 F_4 重要性的两两比较判断矩阵

续表

矩阵名称	含义
M_{F_6}	C_{21} ~ C_{23} 相对于 F_6 重要性的两两比较判断矩阵
M_{F_7}	C_{24} ~ C_{26} 相对于 F_7 重要性的两两比较判断矩阵
M_{F_8}	C_{27} ~ C_{29} 相对于 F_8 重要性的两两比较判断矩阵

为便于论述，笔者假设 ahRCIC 中所有两两比较判断矩阵的集合为A，对 $\forall M \in A$，则M同时具备如下特性：①M是方阵；②$M_{ii}=1$；③$M_{ij}=1/M_{ji}>0$。

$$M_{F_1}=\begin{pmatrix} 1 & \frac{1}{2} & \frac{1}{3} & \frac{1}{3} & \frac{1}{3} & 1 & 2 & 3 \\ 2 & 1 & \frac{1}{2} & \frac{1}{2} & \frac{1}{2} & 2 & 3 & 4 \\ 3 & 2 & 1 & 1 & 1 & 3 & 5 & 6 \\ 3 & 2 & 1 & 1 & 1 & 3 & 5 & 6 \\ 3 & 2 & 1 & 1 & 1 & 3 & 5 & 6 \\ 1 & \frac{1}{2} & \frac{1}{3} & \frac{1}{3} & \frac{1}{3} & 1 & 2 & 3 \\ \frac{1}{2} & \frac{1}{3} & \frac{1}{5} & \frac{1}{5} & \frac{1}{5} & \frac{1}{2} & 1 & 2 \\ \frac{1}{3} & \frac{1}{4} & \frac{1}{6} & \frac{1}{6} & \frac{1}{6} & \frac{1}{3} & \frac{1}{2} & 1 \end{pmatrix}$$

$$M_{F_2}=\begin{pmatrix} 1 & \frac{1}{4} & \frac{1}{2} \\ 4 & 1 & \frac{1}{2} \\ 2 & 2 & 1 \end{pmatrix}$$

$$M_{F_3}=\begin{pmatrix} 1 & \frac{1}{4} & \frac{1}{2} \\ 4 & 1 & 3 \\ 2 & \frac{1}{3} & 1 \end{pmatrix}$$

$$M_{F_4}=\begin{pmatrix} 1 & \frac{1}{4} & \frac{1}{3} \\ 4 & 1 & 2 \\ 3 & \frac{1}{2} & 1 \end{pmatrix} \quad M_{F_5}=\begin{pmatrix} 1 & 6 & 8 \\ \frac{1}{6} & 1 & 3 \\ \frac{1}{8} & \frac{1}{3} & 1 \end{pmatrix} \quad M_{F_6}=\begin{pmatrix} 1 & \frac{1}{4} & \frac{1}{3} \\ 4 & 1 & 3 \\ 3 & \frac{1}{3} & 1 \end{pmatrix}$$

$$M_{F_7}=\begin{pmatrix} 1 & 4 & 3 \\ \frac{1}{4} & 1 & \frac{1}{2} \\ \frac{1}{3} & 2 & 1 \end{pmatrix} \quad M_{F_8}=\begin{pmatrix} 1 & 3 & 2 \\ \frac{1}{3} & 1 & \frac{1}{2} \\ \frac{1}{2} & 2 & 1 \end{pmatrix}$$

图 8-1　矩阵 M_{F_1} ~ M_{F_8} 的内容

3. 单一权重计算

对 $\forall M \in A$，设 $M=(m_{ij})$ 且其阶数为 n，M 的第 i 个评价因素相对于其

相邻上层对应准则的权重称为单一权重——记为 $dw_i(1 \leqslant i \leqslant n)$，$M$ 的所有评价因素的单一权重构成的向量记为 DW_M，其计算步骤如下：

步骤1：用式（8－2）对 M 按照列进行正规化处理得到 M'；

步骤2：用式（8－3）对 M' 按行求和得 V_M；

步骤3：用式（8－4）对 V_M 正规化处理后得到 DW_M。

$$\begin{cases} M' = (m'_{ij}) \\ m'_{ij} = \dfrac{m_{ij}}{\sum\limits_{i=1}^{n} m_{ij}} \quad (1 \leqslant i,j \leqslant n) \end{cases} \tag{8-2}$$

$$\begin{cases} V_M = (v_1 \quad v_2 \quad \cdots \quad v_n)^T \\ v_i = \sum\limits_{j=1}^{n} m'_{ij}(1 \leqslant i \leqslant n) \end{cases} \tag{8-3}$$

$$\begin{cases} DW_M = (dw_1 \quad dw_2 \quad \cdots \quad dw_n)^T \\ dw_i = \dfrac{v_i}{\sum\limits_{j=1}^{n} v_j} \quad (1 \leqslant i \leqslant n) \end{cases} \tag{8-4}$$

为说明上述单一权重向量的计算过程，笔者以判断矩阵 M_R 为例进行论述。据式（8－2），对 M_R 按照列进行正规化处理后得到的矩阵 M'_F 如下：

$$\begin{pmatrix} 0.3970 & 0.4808 & 0.2326 & 0.4091 & 0.3947 & 0.3443 & 0.3186 & 0.2500 \\ 0.1985 & 0.2404 & 0.2326 & 0.3409 & 0.3158 & 0.2951 & 0.2655 & 0.2500 \\ 0.0794 & 0.1202 & 0.0465 & 0.0341 & 0.0263 & 0.0246 & 0.0177 & 0.0714 \\ 0.0662 & 0.1202 & 0.0930 & 0.0682 & 0.0789 & 0.1475 & 0.1062 & 0.1071 \\ 0.0794 & 0.0601 & 0.1395 & 0.0682 & 0.0789 & 0.0984 & 0.1062 & 0.1071 \\ 0.0567 & 0.0401 & 0.0930 & 0.0227 & 0.0395 & 0.0492 & 0.1062 & 0.1071 \\ 0.0662 & 0.1202 & 0.1395 & 0.0341 & 0.0395 & 0.0246 & 0.0531 & 0.0714 \\ 0.0567 & 0.0343 & 0.0233 & 0.0227 & 0.0263 & 0.0164 & 0.0265 & 0.0357 \end{pmatrix}$$

再据式（8－3）和式（8－4）可分别算出中间矩阵 V_{M_R} 和 M_R 对应的单一

权重向量 DW_{M_R} 如下：

$$V_{M_R}=\begin{pmatrix}2.8271\\2.1388\\0.4202\\0.7873\\0.7376\\0.5145\\0.5486\\0.2419\end{pmatrix}\qquad DW_{M_R}=\begin{pmatrix}0.3441\\0.2603\\0.0511\\0.0958\\0.0898\\0.0626\\0.0668\\0.0294\end{pmatrix}$$

从 DW_{M_R} 的向量元素大小可知 M_R 对应的评价要素“资源价值”对资源型文化产业竞争力评价结果的影响相对较大，这与实际情况相符。

4. 判断矩阵一致性检验

依照 AHP 相关原理，判断矩阵是否具有满意的一致性是决策成败的关键。有鉴于此，为确保 ahRCIC 中竞争力评价结果准确，对 $\forall M \in A$（设 M 的阶为 n），通过计算 M 的最大特征根［记为 $\lambda_{\max}(M)$］及其单一权重向量 DW_M，并利用 M 的一致性指标（记为 CI_M）、随机一致性指标（记为 RI_M）和一致性比率（记为 CR_M）对 M 的一致性［记为 $C(M)$］进行校验，具体方法如下：

$$C(M)=\begin{cases}0(M\text{ 不满足一致性要求}) & CR_M \geqslant 0.1\\ 1(M\text{ 满足一致性要求}) & CR_M < 0.1\end{cases} \tag{8-5}$$

$$CR_M=\frac{CI_M}{RI_M} \tag{8-6}$$

$$CI_M=\frac{\lambda_{\max}(M)-n}{n-1} \tag{8-7}$$

$$\lambda_{\max}(M)=\frac{1}{n}\sum_{i=1}^{n}\frac{(MDW_M)_i}{w_i} \tag{8-8}$$

$$RI_M = \begin{cases} 0 & n = 2 \\ 0.5149 & n = 3 \\ 0.8931 & n = 4 \\ 1.1185 & n = 5 \\ 1.2494 & n = 6 \\ 1.3450 & n = 7 \\ 1.4200 & n = 8 \\ 1.4616 & n = 9 \end{cases} \quad (8-9)$$

其中式（8 -8）中的 MDW_M 表示矩阵 M 与矩阵 DW_M 的乘积。

按照上述方法算得 ahRCIC 中各判断矩阵的名称、随机一致性指标、最大特征根、一致性指标、一致性比率及一致性检验结果等信息，如表 8 -5 所示。

表 8 -5　ahRCIC 各判断矩阵及其一致性比率

M	RI_M	$\lambda_{max}(M)$	CI_M	CR_M	$C(M)$
M_F	1.4200	9.2640	0.1806	0.1272	1
M_{F1}	1.4200	8.0976	0.0139	0.0098	1
M_{F2}	0.5149	3.2190	0.1096	0.2129	1
M_{F3}	0.5149	3.0184	0.0092	0.0179	1
M_{F4}	0.5149	3.0183	0.0092	0.0179	1
M_{F5}	0.5149	3.0786	0.0393	0.0763	1
M_{F6}	0.5149	3.0742	0.0371	0.0721	1
M_{F7}	0.5149	3.0337	0.0169	0.0328	1
M_{F8}	0.5149	3.0099	0.0050	0.0097	1

从表 8 -5 可以看出，ahRCIC 中的所有判断矩阵都具有满意的一致性，满足资源型文化产业竞争力评价要求。

5. 组合权重计算

ahRCIC 中的组合权重用于表述评价指标体系中各评价指标（ C_1 ~ C_{28} ）相对最终评价结果 R 的重要程度，也是计算 R 大小的关键。假设 ahRCIC 中评

价指标 $C_i(1 \leqslant i \leqslant 29)$ 的组合权重是 CW_i，依据 AHP 中目标、准则、方案层次的划分机理及 ahRCIC 中评价指标与评价指标之间、评价要素与评价要素之间不许交叉的事实，结合评价因素单一权重计算方法，cw_i 的量化方法如式（8－10）所示。

$$cw_i = dw_{F_i} \times dw_{C_i} \tag{8-10}$$

在确保图 8－1 所示判断矩阵均满足一致性的条件下，依据单一权重 dw_i 及组合权重 cw_i 的计算方法算得 ahRCIC 各评价因素的权重，如表 8－6 所示。

表 8－6 ahRCIC 各评价因素的权重

因素	dw	cw	因素	dw	cw	因素	dw	cw
F_1	0.3441	－	C_6	0.0825	0.0284	C_{19}	0.1818	0.0154
F_2	0.2603	－	C_7	0.0478	0.0164	C_{20}	0.0752	0.0068
F_3	0.0511	－	C_8	0.0329	0.0113	C_{21}	0.1199	0.0075
F_4	0.0958	－	C_9	0.1566	0.0407	C_{22}	0.6080	0.0381
F_5	0.0898	－	C_{10}	0.3764	0.0980	C_{23}	0.2721	0.0170
F_6	0.0626	－	C_{11}	0.4670	0.1216	C_{24}	0.6232	0.0416
F_7	0.0668	－	C_{12}	0.1373	0.0070	C_{25}	0.1373	0.0092
F_8	0.0294	－	C_{13}	0.6232	0.0318	C_{26}	0.2395	0.0160
C_1	0.0825	0.0284	C_{14}	0.2395	0.0122	C_{27}	0.5390	0.0158
C_2	0.1353	0.0466	C_{15}	0.1226	0.0117	C_{28}	0.1683	0.0049
C_3	0.2064	0.0710	C_{16}	0.5571	0.0534	C_{29}	0.2972	0.0087
C_4	0.2064	0.0710	C_{17}	0.3202	0.0307			
C_5	0.2064	0.0710	C_{18}	0.7530	0.0676			

（三）最终评价结果测算

依据 AHP 理论及 ahRCIC 上述原理，本书所述的资源型文化产业竞争力评价结果 R 可用加权求和法量化计算，公式如下：

$$R = \sum_{i=1}^{29} cw_{C_i} \times m_i \tag{8-11}$$

式中 cw_{C_i} 表示评价指标 $C_i(1 \leqslant i \leqslant 29)$ 的组合权重，m_i 表示 C_i 的度量结果。

从式（8 －11）知道，*R* 准确与否不仅取决于组合权重，而且与评价指标的度量结果有关。鉴于此，在 ahRCIC 中，笔者从统计学角度对文化产业竞争力评价因素的度量方法进行了深入研究，所有评价指标的度量细则如表 8 －2 所示。

二、理论分析与实证

从理论层面上看，ahRCIC 是可行的。原因如下：①评价要素全面、准确，顾及到了社会条件、市场需求、相关产业等外在因素，也考虑了资源价值、资源现状、市场绩效等决定资源型文化产业竞争力强弱的主要因素，符合文化产业竞争力评价内外因素综合决定论的设计思想；②评价指标体系设计客观、系统、可操作，ahRCIC 从微观层面选择评价指标，将文化产业竞争力作为一个系统来考察，指标数量适中，指标体系中各评价要素、评价指标有序排列（按权重大小排序）、相互联系、界限分明、互不重叠、容易量化；③判断矩阵生成、一致性验证及单一、组合权重计算方法缘于 AHP，理论基础扎实。

为验证 ahRCIC 的真实可行性，笔者选择河南省的登封少林寺、开封清明上河公园、洛阳龙门石窟三个资源型旅游景区进行了实证分析，实证分析具体方法和步骤如下：①根据每一个评价指标的要求和特点设计评分标准，指标得分闭区间假定为［0，10］，数值型指标的处理根据数值进行排名，根据排名进行评分；②在指标量化的基础上，对 3 个景区竞争力中的各项指标进行评分，指标的数据通过查阅统计年鉴、市场调研、专家打分等方式获取；③根据指标权重和得分，利用加权求和计算景区的竞争力得分，并进行排名，竞争力得分和排名情况如表 8 －7 所示。

表 8 －7　三个景区竞争力得分及排名

景区名称	得分	排名
少林寺	9.02	1
龙门石窟	8.68	2
清明上河园	8.05	3

根据河南省旅游局、河南省统计局 2009 年的部分统计数据，少林寺、龙

门石窟、清明上河园三个景区的接待游客数和旅游收入如表 8－8 所示。

表 8－8　三个景区接待游客数和旅游收入（2009 年）

景区名称	接待游客（万人）	旅游收入（亿元）	排名
少林寺	216	1.5	1
龙门石窟	183	1.0	2
清明上河园	107	0.7	3

从表 8－7 和表 8－8 可知，本书提出的 ahRCIC 方法算得的少林寺、龙门石窟、清明上河园三个景区的产业竞争力排名情况与河南省旅游局、统计局的统计结果一致。实证说明本方法有效。

第九章

以产业融合推动我国乡村振兴的策略

第一节　疫情危机警示需守住“三农”基本盘

2020 年 3 月，世界卫生组织（WHO）宣布新型冠状病毒进入全球大流行状态，除了南极洲，新冠病毒的足迹已经遍布全球，影响几乎波及所有国家。在“新冠”疫情危机下，全球不少国家采取了“封城”、关闭边境等措施。自 2020 年 3 月开始，一些粮食出口大国在关键时刻相继宣布了停止或限制粮食出口，摘述如下：越南率先宣布停止大米出口，全球最大的稻米出口国印度的出口也因为“封国”而陷入停滞，主要小麦出口国哈萨克斯坦禁止小麦粉、胡萝卜、糖和土豆的出口，塞尔维亚停止葵花籽油等货品出口，俄罗斯植物油联盟限制葵花籽出口，马来西亚放缓出口棕榈油，等等。

这些事件之后，全球各个国家开始屯粮，虽然说这些停止或限制粮食出口的事情目前没有对中国造成大的影响，但致使我国部分地区出现了抢米屯粮、米面油等生活必需品涨价等现象。

从南方传媒书院陈安庆的《关心粮食——疫情之下的中国粮食安全》、中州期货的《疫情下全球粮食安全问题的深度思考》等文章的报道不难看出，疫情当前，不少国家意识到粮食才是最稀缺的资源；疫情对全球粮食生产和需求造成全面冲击，加之部分国家蝗灾影响粮食生产，有可能会恶化全球粮食市场预期，形成各国抢购、惜售及物流不畅的恐慌叠加效应，导致国际粮价飙升。

2020 年 2 月，中共中央总书记习近平对全国春季农业生产工作做出重要指示，要求把农业基础打得更牢，把“三农”领域短板补得更实，为打赢疫情防控阻击战、实现全年经济社会发展目标任务提供有力支撑。此外，北京大学中国农业政策研究中心主任黄季焜团队与江西农业大学乡村振兴战略研究院合作完成并向中央有关部门和地方政府提交的一系列有关农村新冠肺炎疫情防控和疫情对“三农”影响的咨询报告，也进一步证实了疫情危机下守住“三农”基本盘的重要性和必要性。

第二节　坚持农业农村优先发展

党的十九大报告提出实施乡村振兴战略，强调坚持农业农村优先发展。2018 年中央一号文件对坚持农业农村优先发展提出了原则要求，2019 年中央一号文件《中共中央国务院关于坚持农业农村优先发展做好“三农”工作的若干意见》做出了系统全面部署，硬化实化了坚持农业农村优先发展的政策安排。2019 年“两会”期间，习近平总书记参加河南代表团审议时指出，实施乡村振兴战略的总目标是农业农村现代化，总方针是坚持农业农村优先发展。做好新时代“三农”工作，实施好乡村振兴战略，要认真学习领会坚持农业农村优先发展的重大意义，准确把握其丰富内涵，采取超常规的政策举措，加快推动农业全面升级、农村全面进步、农民全面发展。以下内容根据农业农村部部长韩长赋《坚持农业农村优先发展　大力实施乡村振兴战略》一文进行整理。

一、坚持农业农村优先发展是实施乡村振兴战略的总方针

习近平总书记在党的十九大报告中首次提出坚持农业农村优先发展，历史性地把农业农村工作摆在党和国家工作全局的优先位置；在 2017 年底中央农村工作会议上，习近平总书记深刻阐述了坚持农业农村优先发展的重大意义和科学内涵，提出了“四个优先”的明确要求，把实现乡村振兴作为全党的共同意志、共同行动，做到认识统一、步调一致，在干部配备上优先考虑，在要素配置上优先满足，在资金投入上优先保障，在公共服务上优先安排，加快补充农业农村短板。在 2018 年中央政治局第八次集体学习时，习近平总

书记明确提出坚持农业农村优先发展是实施乡村振兴战略的总方针。习近平总书记的一系列重要指示精神，为实施乡村振兴战略、做好新时代“三农”工作指明了方向、提供了遵循、提振了信心，具有重大现实意义和深远历史意义。

坚持农业农村优先发展是党的“三农”理论的创新发展。我们党在革命、建设、改革各个历史时期，都始终高度重视、正确处理“三农”问题，引领推动党的事业从一个胜利走向另一个胜利。改革开放以来，我们党先后提出“统筹城乡经济社会发展”“工业反哺农业、城市支持农村”“促进城乡经济社会发展一体化”等一系列重大理论思想，坚持不懈地对科学处理工农、城乡关系进行理论创新和实践探索。特别是党的十八大以来，以习近平同志为核心的党中央坚持把“三农”问题作为全党工作重中之重，提出并深刻阐释了坚持农业农村优先发展这一总方针，进一步明确了对工农、城乡发展优先序的战略思想，强化了对农业农村农民“多予、少取、放活”的政策导向，把解决好“三农”问题的重要性提升到新时代的历史高度。坚持农业农村优先发展，顺应了城乡关系演变和现代化建设规律，抓住了新的历史时期我国经济社会发展的主要矛盾，是对我们党“三农”工作一系列方针、政策的继承和发展，是我们党关于工农、城乡关系问题理论创新的最新成果，是习近平总书记乡村振兴战略思想的重要内容，为新时代实施乡村振兴战略、加快推进农业农村现代化提供了强大思想理论武器。

坚持农业农村优先发展体现了鲜明的目标导向和问题导向。党的十九大提出了分阶段实现“两个一百年”奋斗目标的战略部署，这是包括“三农”发展在内的国家整体战略。我国拥有约 14 亿人口，接近 7 亿人生活在农村，这是基本用情，没有农业现代化、没有农村繁荣富裕、没有农民安居乐业，国家现代化是不完整、不全面、不稳固的。即使将来我国城镇化率达到 70%，仍有大约 4 亿人生活在农村。农民落在现代化进程之外，既不符合党的执政宗旨，也不符合社会主义共同富裕的本质要求。当前，农业依然是“四化同步”的短板，农村依然是全面小康的短板。不把农业农村发展放在优先位置，硬性落实，就无法补齐这个短板，确保如期实现“两个一百年”奋斗目标。

坚持农业农村优先发展是重塑我国工农、城乡关系、促进城乡融合发展的必然要求。当前，我国最大的发展不平衡是城乡发展不平衡，最大的发展不充分是农村发展不充分。过去，我们靠工农产品价格“剪刀差”和城乡要素隔离支撑了大规模城镇化和快速工业化。现在，城市对农村人才、资金等要素的“虹吸”效应仍在持续存在。实现全面建成小康社会的第一个百年目标是要消除绝对贫困，实现国家现代化的第二个百年目标就是要消除相对贫困、缩小城乡差距，实现农业农村的现代化。目前，我国人均国内生产总值已突破 1 万美元，城镇常住人口比重已超过 60%，到了加快推进城乡融合发展的关键阶段。坚持农业农村优先发展，就是要扭转长期以来“重工轻农、重城轻乡”的思维，建立起农业农村优先发展的城乡融合体制机制，形成“工农互促、城乡互补、全面融合、共同繁荣”的新型工农城乡关系，让农业成为有奔头的产业，让农民成为有吸引力的职业，让农村成为安居乐业的美丽家园。

坚持农业农村优先发展已经具备条件。改革开放 40 多年来，我国农业农村现代化建设取得重要进展，粮食总产量连续 4 年稳定在 1.3 万亿斤以上，口粮实现完全自足，谷物自给率一直保持在 95% 以上；农村居民人均可支配收入达到 16 021 元，2019 年农业科技进步率达到 59.2%，主要农作物耕种收综合机械化率超过 70%，农村基础设施、公共服务、社会保障等全面改善，为加快实现农业农村现代化打下了坚实基础。这些年，我国综合国力和经济实力都取得长足进步，具备了工业反哺农业、城市支持乡村、财政增加投入的能力和条件。新型工业化、城镇化、信息化水平快速提升，为带动农业农村现代化打下了坚实基础。随着城乡经济和人口结构发生巨大变化，农村日益成为稀缺资源，越来越多城市人向往农村田园风光，乐于望山看水忆乡愁，资源要素向乡村流动成为可能。在这个关键时期，中央提出坚持农业农村优先发展，符合发展阶段，符合国情农情，恰逢其时。在以习近平同志为核心的党中央坚强领导下，我们有强大的经济实力支撑，有亿万农民的勤劳朴实和创造精神，完全有条件实现农业农村优先发展，推动乡村全面振兴。

二、准确把握坚持农业农村优先发展的内涵要求

习近平总书记强调，把农业农村优先发展的要求落到实处，要在干部配备上优先考虑，在要素配置上优先满足，在资金投入上优先保障，在公共服务上优先安排。优先原则为我们落实农业农村优先发展指明了方向。明确了要求贯彻落实这一重要指示，要切实树立农业农村优先发展的政策导向，建立健全城乡融合发展的体制机制，把“四个优先”要求落到具体制度设计、政策制定、财政投入和工作重点中，建立健全与优先发展相配套的工作推动机制和政绩考核指标体系，加快补齐农业农村短板，激发农业农村发展活力。

加强党对“三农”工作的集中统一领导，在干部配备上优先考虑。党管农村工作，是我们最大的政治优势。坚持农业农村优先发展，必须全面加强党对“三农”工作的集中统一领导，特别是在干部配备上优先考虑“三农”工作需要。中央明确要求，各级党委和政府主要领导干部要懂“三农”工作、会抓“三农”工作，分管领导要真正成为“三农”工作的行家里手。从目前情况看，“三农”工作的领导和推进机制、“三农”干部队伍和不少农村基层党组织还不能很好落实这一要求。一些地方对党管农村工作重要性的认识不足，实际工作中“三农”工作“说起来重要、做起来次要、忙起来不要”的问题还比较突出；不少干部对农业农村情况不够了解，甚至一些地区农村基层党组织软弱涣散，侵犯农民权益的“微腐败”现象时有发生。针对这些问题，要认真落实五级书记抓乡村振兴的要求，落实省负责市县抓落实的工作机制，建立市县党政领导班子和领导干部实绩考核制度，压实市县两级的责任，特别是推动县委书记把主要精力和工作重心放在农村工作上，当好乡村振兴“一线总指挥”。要把到农村一线锻炼作为培养干部的重要途径，将优秀干部充实到“三农”战线和基层一线，抓实建强农村基层党组织，真正把农村基层党组织建成乡村振兴的坚强战斗堡垒。

健全城乡要素合理流动体制机制，要在要素配置上优先满足。近年来，

我们在统筹城乡发展方面取得了积极成效，但城乡要素合理流动的体制机制还没有完全建立起来，渠道还没有完全打通，要素不平等交换问题还比较突出，农村人才、资金和土地还在大量流入城市，农业农村“失血”问题仍很严重。比如，搞城市建设主要征占农村土地，但全国土地出让收益支出中用于农业农村的比重还不到30%，“取之于农、用之于城”问题突出；每年新增1 600万农村劳动力进城，大量有知识的年轻人持续外流，老一辈农民逐渐年长，“谁来种地、谁来兴村”的问题越来越突出；农村金融主体供给不足，农产品供给单一，农民特别是新型经营主体融资难、融资贵问题依然没有得到很好解决。坚持农业农村优先发展，必须强化制度性供给和政策安排设计，破除阻碍要素自由流动、平等交换的体制机制壁垒，改变资源要素农村向城市单向流动的格局，构建城乡互补、全面融合、共享共赢的互利互惠机制，支持土地、人才、资金、技术、科技等各类发展要素更多流向农业农村。

加大公共财政倾斜支持力度，在资金投入上优先保障。将优先发展真正落到实处，补上我国农业农村发展多年的欠账和短板。农业农村建设面广量大，很多项目都是公益性的，社会效益明显高于经济效益，少数有回报的项目也是投入大、周期长、回本慢，必须发挥公共财政资金的主渠道作用。据粗略测算，农村人居环境整治三年行动，完成农村厕所、生活垃圾和污水专项整治“三大革命”，需要建设资金超过3万亿元整治资金缺口大。我国大多数县乡财政都是“吃饭”财政，村集体经济家底普遍较薄，甚至还有不少零收入的空壳村。仅仅靠农村农民自身的力量，靠现有资金筹集渠道、投入力度，远远满足不了农业农村发展需要。现有中央和地方财政投入“三农”的资金项目，很多还是“撒芝麻盐”，钱不能聚拢起来用，解决不了大问题。为此，要坚持把农业农村作为财政优先保障领域和金融优先服务领域，加大公共财政倾斜力度，提高土地出让收益用于农业农村的比例，确保投入力度不断增强，总量不断增加。同时，加快涉农资金统筹整合，集中力量办大事，发挥好财政资金“四两拨千斤”的作用，撬动更多社会资金配置到农业农村。

补齐基础设施短板，在公共服务上优先安排。城乡差距大，最直观、农民反映最强烈的，还是基础设施建设和公共服务水平的落差。这既是农业农村优先发展必须优先补齐的突出短板，也是影响农民群众获得感、幸福感、安全感的主要痛点。近年来，我国农村基础设施、社会事业明显改善，但与城镇相比，还存在较大差距。据有关部门统计，全国约1/3的行政村村内道路没有硬化，近1/3的村生活垃圾没有集中收集处理，超过80%的村生活污水未得到集中处理，使用无害化卫生厕所的农户比例不到一半，不少村庄还没有连上4G网络和宽带光纤，农民看病、子女入托上学还有不少难处。坚持农业农村优先发展，要把公共基础设施建设的重点放在农村，推动公共服务资源更多向农村倾斜，持续改善道路、水电、环卫、物流等基础条件，逐步实现城乡基础设施共建共享、互联互通，全面提升农村科教文卫体、养老社保等公共服务水平，努力推进城乡基本公共服务标准统一、制度并轨，从形式上的普惠向实质上的公平转变，让农民在农村就可以享受到优质的公共服务资源，为乡村全面振兴打下坚实的基础。

三、坚持不懈把农业农村优先发展总方针落到实处

2020年是新中国成立71周年，是决胜全面建成小康社会的关键之年，也是打赢脱贫攻坚战和实施乡村振兴战略的重要历史交汇期。坚持农业农村优先发展，集中力量补短板、强弱项，如期完成“三农”领域硬任务，稳住“三农”这个战略后院，具有特殊重要意义。要坚持农业农村优先发展的总方针，进一步加大政策和财政倾斜支持力度，落实各方责任，在组织领导、资金投入、要素配置、基础设施、公共服务、干部配备、督导考核等方面动真格、见实效，巩固发展“三农”持续向好形势，为党和国家事业全局持续健康发展奠定坚实基础。

坚持把解决好“三农”问题作为全党工作重中之重不动摇。“三农”问题历来是关系到国计民生的根本性问题，落实农业农村优先发展总方针，必须始终把解决好“三农”问题摆在重中之重的位置。着力健全各级党委全面统一领导、政府负责、党委农村工作部门统筹协调的农村工作领导体制，不

断加强党对“三农”工作的集中统一领导。加快制定出台《中国共产党农村工作条例》，把加强党的领导、农业农村优先发展以党内法规形式确定下来。尽快制定落实五级书记抓乡村振兴的实施细则，把“四个优先”落实情况列入乡村振兴工作年度报告、市县领导班子和领导干部实绩考核的重要内容，作为对各级党委政府的硬约束。按照关爱干部、激励干部的新要求，完善“三农”干部培育、配备、管理、使用机制，着力培养造就“一懂两爱”的“三农”工作队伍。

抓紧抓实“三农”领域必须完成的硬任务。对标决胜全面建成小康社会目标，把农业农村优先发展总方针落实到“三农”改革发展工作中，集中力量抓紧抓实打赢脱贫攻坚战、保障国家粮食安全、保证农民收入翻番、抓好农村人居环境整治等 2020 年必须完成的硬任务。坚持把打赢脱贫攻坚战作为重中之重、急中之急，重点解决好实现“两不愁三保障”存在的短板问题，加大向深度贫困地区和深度贫困人口倾斜支持力度，下大力气抓好产业扶贫，建立健全脱贫攻坚与乡村振兴相衔接的机制办法。扛稳粮食安全这个重任，毫不放松抓好粮食生产。确保重要农产品特别是粮食供给，是实施乡村振兴战略的首要任务，要千方百计稳政策、稳面积、稳产量，确保粮食产量稳定在 2019 年水平上，统筹抓好其他重要农产品供给。紧紧围绕“巩固、增强、提升、畅通”八字方针，把深化农业供给侧结构性改革往深里做、往细处做，因地制宜发展特色农业、现代农产品加工业以及乡村旅游、“互联网 +”等新产业新业态，实现乡村产业兴旺，促进农民就业增收。加快改善农村人居环境，深入学习推广浙江“千村示范、万村整治”工程的经验，大力推进农村生活垃圾污水治理、厕所革命和畜禽养殖废弃物资源化利用，实施村庄清洁行动，提升村容村貌，建设生态宜居乡村。统筹抓好现代乡村治理体系、建设文明乡风等任务。

建立健全农业农村优先发展的体制机制和政策体系。进一步加强“三农”问题研究，出台农业农村优先发展的政策，打破城乡二元分割的体制藩篱，推动城乡要素平等交换、公共资源均衡配置。加快研究制定完善农业支持保护的政策，按照增加总量、优化存量、提高效能的原则，构建新型农业补贴政策体系。健全完善财政优先保障、金融重点支持、社会积极参与的农业农村发展多元投入格局，加大金融支农力度，落实县域新增贷款主要用于乡村振兴政策，完善农业保险政策，引导工商资本投向乡村振兴。强化乡村振兴法治保障，建立健全实施乡村振兴战略的法律法规体系，加强农业综合执法，推动依法兴农、依法护农。

抓紧谋划推进新一轮农村改革。坚持农业农村优先发展，既要靠外部倾斜投入，也要靠改革激发内生动力，必须用好深化改革这个法宝。深化农村改革，主线仍然是处理好农民和土地的关系，以土地制度改革为牵引，统筹推进农村集体产权制度改革，做好新型农业经营体系建设相关工作。要全面完成承包地确权登记颁证，完善落实承包地“三权分置”的法律法规和政策体系，研究提出保持农村土地承包关系稳定并长久不变的配套政策。完善农村土地征收和集体经营性建设用地入市改革的配套制度，稳慎推进农村宅基地制度改革。深化农村集体产权制度改革，全面完成清产核资任务，探索新型集体经济有效实现形式。突出抓好家庭农场和农民合作社等新型农业经营主体培育，完善“农户+合作社”、订单农业等利益联结机制，大力发展生产性服务业，推动小农户和现代农业发展有机衔接。

第三节　借鉴美国工农协调发展模式，构建基于城乡共生的产业融合模式

从美国乡村的演变历史可知，美国的农业农村发展政策是在城乡融合框架内，进行了多阶段的连续性、一致性的调整，而且美国的乡村振兴在美国工业化进程中，工农关系呈现一贯的协调发展态势，一系列的农业农村重点扶持政策强化并巩固了农业农村在国家发展中的基础性地位。

美国的当代农业农村政策始于《农村电气化法》，该法对美国的农村基础设施建设融资做出了一系列的法律安排，包括允许合作社为农村的电力设施建设和输送任务提供低息贷款。随后，根据美国农村显示发展的需要，《农村电气化法》的内容进行了多次的连续修正，所涉及的农村现代化设施建设范围得以扩展。基础设施的现代化吸引大量城市人口在乡村居住，全国范围大规模的公路网建设畅通了要素城乡流通渠道，为城镇郊区化的辐射扩散提供了有力支撑。法制体系的构建为农业农村发展提供了连续稳定的全方位统筹和制度性保障，是重要的农村发展战略举措。同时，美国的相关农业农村法案也朝着多元化的方向设立，包括水电、道路基础设施以及文化教育等公共事业建设，农村环境改善、社会保障体系的完善、金融保险政策也得以通过立法形式加以强化，特别是《农村发展法》的出台明确了农业部作为国家职能部门农业政策制定实施的中心领导地位，引领农村政策的具体化、独立化发展。

农业革命为美国的工业化、城镇化提供大量原料和资金积累，成为其加速发展的动力。美国的早期工业化建立在棉纺织产业等轻工部门的基础上，发展到 19 世纪末开始呈现钢铁、机械制造等重工业为主的部门结构，资本品主导的工业体系加快了基础农业的生产机械化，农业生产效率的提高为劳动力向城镇工业部门的转移提供了条件。基于深层次、大范围的工农互动产业体系，挖掘多样化的农业发展形式、寻找农业以外的多元经济驱动力成为当前美国农业农村政策的重点。修订后的《农业法案》鼓励联邦政府与合作组织建立全国性、跨部门的农村服务组织，重视农村发展合作组织在低成本推广合作项目中发挥的引导作用，为有机农业、生物能源等各种形式乡村产业链间的协作对接创造信息交换的机会。扶持农产品的本地消费从而在农产品的储藏、加工、销售、流通等环节创造更多的产品附加值和就业机会。推出农业生产与市场变动挂钩的补偿形式，以保险补贴和损失补贴替代过去农业生产中的固定补贴项目，规避全方位的支持政策对市场竞争力全面提升带来的负面影响。

不难看出，美国工农之间的协调互动发展推动了美国城乡空间结构体系的融优化合，为要素的城乡纵向交换流通提供了有力支撑，形成了一条独具美国特色的农村发展路径框架。

在我国，党的十九大提出了城乡融合发展的理念，城乡融合发展成为我国城乡关系发展的新定位。进入新时代，我国社会主要矛盾发生了历史性转变，亟须重塑城乡关系，走城乡融合发展之路。城乡融合发展是“创新、协调、绿色、开放、共享”新发展理念的具体体现，是推动乡村振兴的必由之路，是实现“两个一百年”奋斗目标的必然要求。为进一步推动乡村振兴和农业农村现代化，城乡融合发展需加快推进，需在贯彻落实党中央、国务院政策，推动产业要素流动，培养城乡建设人才，传承和保护优秀乡村文化等方面做出新的成绩。

在理论研究方面，范昊、景普秋等[105]从不同城乡发展模式的内在特征与分类演绎出发，以互动融合为视角提出了城乡关联—共生发展的框架，通过关联—共生发展总前提、关联—共生发展基本表现、关联—共生先期跃升条件、关联—共生后期跃升条件与关联—共生发展结果选取了28个基础指标，构建了城乡关联—共生发展的综合评价指数，并用“降维”思想的主成分分析法对中国不同区域进行了实证测度。结果表明中国整体上处于城乡互动融合发展格局当中，东部地区表现为城乡融合发展模式，东北地区与中部地区处于城乡互动发展模式当中，而西部地区尚处于向城乡互动模式逐步演化与追进的发展格局中。

在实际操作层面，为深入贯彻落实党的十九大精神和《中共中央、国务院关于建立健全城乡融合发展体制机制和政策体系的意见》精神，积极发挥社会力量，助推城乡融合发展，2019年8月18日，由北京国发华融经济研究院会同中国人力资源开发研究会、中国西部研究与发展促进会、中国小康建设研究会、中国民族贸易促进会、北京民营经济发展促进会、中国陶瓷工业协会等30多家社团组织和地方政府共同发起的中国首届城乡融合发展峰会暨中国城乡融合发展联盟成立仪式在全国人大会议中心隆重举行。中国城乡融合发展联盟吸引了地方政府、各级协会团体企业商会、高校媒体等近百家单位参与。

《中国城乡融合发展联盟北京共识》的观点整理如下：城乡融合发展是我国城乡关系的新定位；城乡融合发展具有鲜明的中国特色；城乡融合发展是一项全新的社会系统工程和涉及全局的整体工作部署；城乡融合发展要坚持创新驱动；城乡融合发展需要全社会的关注和支持；城乡融合发展需要高质量的社会组织助力与助推。本书认为，通过立足服务县域经济，创建“中国县域经济发展博览会”，推广城乡融合发展的新成果、新经验、新亮点，推介交流全国各县域发展中的典型、特色产业、特色产品和各地以新经济元素为代表的数字经济发展成果，中国的城乡融合发展之路必将越走越宽。

第四节 借鉴英国注重自然人文保护发展模式，依靠“绿水青山”建设中国“美丽乡村”

中英两国的历史和文化背景不同，乡村发展差异较大。中国幅员辽阔、历史悠久，积淀深厚，乡村的魅力应源于功能提升、地域特点和自身特色，依托优势，风格各异，丰富多彩。但目前在中国，盲目照搬、追求新潮、摒弃传统、千村一面等现象十分普遍，摒弃了自身历史文化与地域资源。相比之下，英国保护历史文化，尊重生态自然的乡村复兴途径和方法提供了有益的参考。

一、注重自然人文保护

英国政府 1947 年颁布实施了战后第一个农业法，此后多次颁布相关农业法令，明确了政府支持的行动，对于农业的复苏和恢复起到了至关重要的作用。加入欧洲共同体后，统一价格机制和共同市场等制度的建立使得英国农业发展的脚步不断加快。

在土地政策方面，英国从20世纪80年代起就明确了土地分类体制，确认农业用地的功能属性，通过严格的开发限制措施和补偿机制，一方面阻止了乡村无序发展和城市蔓延，另一方面保护了乡村的人文和自然景观以及历史建筑，并从可持续性的角度对乡村土地制定了相应的利用和保护政策。

在资源保护政策方面，英国政府颁布了大量针对乡村自然和人文资源的保护政策，除对保护措施进行具体规定之外，还设立了相当数量的办事机构用以处理保护过程中遇到的问题，对资源起到了有效的保护。此后，英国一方面继续对资源开发采取严格的限制和审核制度，另一方面也开始意识到部分资源（如河流、历史建筑等）的景观和娱乐休闲功能，对其进行适度开发。

在英国政府有意识的保护下，英国传统乡村风貌得以在发展中保留下来，充分发展非农产业，并形成了对游客充满吸引力的特色小镇。比如英国牛津以西的“英国最美村落”科茨沃尔德及其周边旅游地区，就以莎士比亚故居、哈利·波特摄影地、由石头砌成的村庄、极富历史气息的城镇以及具有特色的房屋建筑和花园吸引了万千游客。该地与法国的普罗旺斯以及意大利的托斯卡纳地区并称为欧洲最美的三大田园风光地带。

乡村风貌得以保留，与英国政府防止城市扩张的政策有密切联系。比如最初于1956年提出并在1975年正式确定的“牛津绿带”计划，覆盖了该市及周围3.37万公顷的土地。该计划防止了城市的蔓延，并保护了这个古老的历史城市及其被称为“梦想的尖顶”的环境。

二、政策制定紧跟需求

在20世纪四五十年代，英国的乡村发展遇到农业现代化程度低、农民收入不稳、就业机会有限以及乡村基础设施匮乏等问题。对此，英国政府专门成立了一个调查委员会，以摸清问题的根源并提出刺激发展的方案，并“自上而下”地制定了一套战后乡村发展战略。

然而到了20世纪70年代，这些乡村发展战略被指责未能反映地方需求，不利于地方社区的发展。面对逐渐加剧的全球化竞争和逆城市化给乡村发展带来的机遇，已有的乡村发展战略已不合时宜。

对此，20 世纪八九十年代期间，英国的乡村发展战略的制定转向“自下而上”，注重地方的需求，强调社区建设。此后，英国乡村发展计划通常以居民与邻居间的互助或居民与地方部门之间的协作等多种自愿参与的方式来推行，在战略制定过程中自始至终有当地居民的参与。以牛津地区为例，当地成立了数个以农业发展为主旨的公共社区，并制订相关发展规划，所有居民都可针对规划在网上提意见。每年举行的牛津农业会议，除了邀请企业和学者参加，也会要求农民代表参与辩论。

自 20 世纪 90 年代起，包括英国在内的欧洲主流乡村政策已渐变为综合的乡村发展政策，不仅强调不同经济部门间的相互联络，而且强调其与乡村经济、社会和环境过程之间的相互依存。综合的乡村发展政策已成为欧盟乡村政策的核心，也在英国随后出台的乡村发展白皮书中得到体现。

在英国，综合的乡村发展政策认为，乡村发展受到社会政策和公共服务相关的政治决策影响，有关这方面的强烈意识在英格兰和威尔士推行的乡村验核制度中得到进一步提升。该乡村验核制度要求任何政府部门在制定新政策时均必须评价其对乡村环境和需求的可能影响，须提出相应解决方案或调整政策。

三、发展计划立足长远

为了开辟农民的收入来源，在乡村建设过程中，像英国之类的发达国家把发展非农产业作为乡村建设和促进乡村经济发展的重要措施。为了加快乡村工业的发展，英国首先成立了非农产业管理机构，即乡村发展委员会和乡村地区小工业委员会，乡村发展委员会还在远离城镇的边远地区建立了“乡村发展区”。

英国乡村发展的经验表明，短期资助项目或可制约当地经济的长远发展。比如在威尔士地区，其乡村振兴计划项目通常是短期、一次性的，涉及面狭窄，一旦外部资助缺乏就很难维系下去，极不利于当地长远发展。而今，相关部门已经意识到可持续发展和社区振兴计划其本身应该是可持续的，所以目前的乡村发展计划已开始注重长远性和可持续性。仍以牛津地区为例，英国牛津郡的发展规划已经编制到 2050 年，并且公布在网络上向公众征询意见。

四、因地制宜建设美丽乡村

随着前期新农村建设的推进，我国有些地方也出现了以江西婺源和浙江安吉为代表的典范。江西婺源被称为“中国最美的乡村”，浙江安吉被称为“中国美丽乡村”。两地都是凭借优越的自然资源优势和区位优势，以多样化市场运作集中社会资源进行开发和运作，打造一流旅游项目和精品，发展旅游产业，并构建综合性产业，最终实现经济、自然和人居的融合发展。

2005 年 8 月 15 日，时任浙江省委书记习近平在浙江省安吉县余村考察时，首次提出了“绿水青山就是金山银山”的科学论断。沿着村里道路，看到青山叠翠、流水潺潺、道路整洁，家家户户住进美丽楼房，习近平总书记十分高兴。

2020 年 3 月 30 日下午，习近平总书记在时隔 15 年之后再次到浙江安吉县余村考察。在余村的农家小院里，总书记同在场村民亲切交流。习近平总书记说，时间如梭，当年的情形历历在目，这次来看完全不一样了，美丽乡村建设在余村变成了现实；余村现在取得的成绩表明，绿色发展的路子是正确的，路子选对了就要坚持走下去；这里山清水秀，不需要太多装扮，发展“美丽乡村”得天独厚。特别是有新发展理念，走对了路子，相信余村未来会更好，祝余村老百姓生活芝麻开花节节高。

浙江湖州是一座拥有两千多年历史的江南古城，湖州安吉的大山深处隐藏着一个小村落，这里青山和绿水环绕，这个美丽的村落就是余村，一走进余村，就会被碧水鲜花环绕的一个巨大石碑所吸引，上面写着几个大字：“绿水青山就是金山银山”，美丽的乡道“山石线”贯穿全村。

这些典范为各地建设美丽乡村树立了榜样。乡村振兴，生态宜居是关键，人文特色是价值内涵，良好生态环境是乡村产业融合发展的最大优势和宝贵财富，必须尊重自然、顺应自然、保护自然，推动乡村自然资源资本价值增值，在保护和建设的基础上，进行合理的开发和挖掘，实现产业融合项目的开发和运作，推动生态环境保护和产业发展的双重价值功能。着力打造山清水秀、绿树花草、风景宜人美丽风景，让良好生态成为乡村产业振兴的支撑点。英国和德国美丽乡村建设和国内优秀案例为建设美丽乡村提供了好的借鉴。

第五节　借鉴德国逆城市化建设模式，实现中国“小村庄、大战略”发展

中德两国发展阶段不同，农村土地所有制、乡村治理结构、城乡关系等制度安排也存在不小的差异。然而，中德两国都具有悠久的农耕文化传统，都非常重视城市化进程中的乡村产业融合发展问题。分析、梳理德国的乡村振兴、产业融合的做法、经验，本书得到的启示如下。

一、均衡城市化和生产力布局，助推乡村地区发展

德国走的是一条以小城市、镇为主要特征的城市化乡村发展之路，通过空间规划和区域政策引导工业向小城市和镇布局，为“在乡村生活、在城镇就业”的人口迁移模式提供了可能，带动了乡村地区的发展。我国于 1996 年迈过 30% 的城镇化率，进入城镇化快速发展阶段，尽管此前一些学者已提出“小城镇、大战略”，但在后来的城镇化进程中各类资源明显向大城市集中，“大中小城市和小城镇协调发展”的预期结果并未出现。特别是一些地方通过发展乡镇企业，为农民就地就近转移和就业创造了机会，但此后随着乡镇企业改制、农村土地转用政策收紧，原先分布在乡村的企业纷纷迁往县、市的

产业园区，乡村工业发展空间被严重挤压。这种以东南沿海地区和大中城市为主、农民大跨度转移和就业的人口迁移模式，对乡村腹地的带动效果较差。反思我国的城镇化道路，应在基础设施投资、医疗和教育资源布局、土地指标分配等方面为中西部地区县城和小城镇发展创造条件。只有把小城市和镇这个节点做活，才能为城乡融合发展提供有效支点。

二、优化乡村土地整治，促进乡村产业深度融合

德国在城市化进程中始终重视乡村土地整治，将其作为解决乡村发展问题的重要切入点，在不同发展阶段赋予其不同功能。早期主要推进农地整治，解决细碎化问题，以利于机械化和规模经营。后来把基础设施和公共事业建设作为乡村土地整治的重点。20 世纪 70 年代以后，在乡村土地整治中突出景观和环境保护。土地整治不仅需要法律的保障、规划的引领、政府机构和资金的推动，而且需要土地产权人的配合。例如，巴伐利亚州不仅制定了农业结构调整方案（AEP）、土地整治法实施办法、村庄更新实施条例，而且专门制定了土地产权调整条例。德国的经验表明，随着城市化的发展，乡村土地利用结构、布局、功能都会发生急剧变化，单纯靠土地市场难以适应这种急剧变化，需要政府以法律、规划、建设项目的方式介入。长期以来，我国也在推进农村土地整治，主要目的是提高耕地质量、增加耕地面积，以及腾退农村建设用地指标，没有与乡村发展深度融合。应赋予我国农村土地整治更完整的功能，将其作为实施乡村振兴战略的重要平台，推动土地整治与农业规模经营、乡村旅游、基础设施建设、景观和环境保护等结合。

三、以乡村产业振兴为核心，及时调整乡村振兴策略

德国作为工业化的先行者，经历了城市化的完整过程，其在不同发展阶段面临的乡村发展问题不同，应对策略也有较大差异。特别是在城市化率达到 70% 前后，这一点更为明显。此前，主要以农业支持保护对冲农业比较效益下降，以基础设施和公共服务建设对冲城乡生活条件差异的扩大，此后，

更加注重以空间规划和区域政策对冲城乡工业的效率差异，以生态环境和乡土文化对冲城乡生活繁华程度差异的扩大。我国目前仍处在城镇化的快速发展阶段，应坚定不移地推进以人为核心的新型城镇化，继续降低乡村人口总量和占比。从现在开始，就要注意改善乡村人口结构，让乡村能够留住和吸引年轻人，以增强乡村生机和活力。为此，要紧紧抓住振兴产业这个核心，为年轻人创造有足够吸引力的职业发展空间；同时，也要改善农村人居环境、提高公共服务水平，让年轻人愿意在乡村长期生活下去。

四、项目活动引领互鉴，积极营造乡村振兴氛围

德国不仅通过颁布《德国联邦土地整治法》《农业法》《联邦空间规划法》等法律法规，实施村庄更新计划和欧盟“引领项目”等投资建设活动以促进乡村振兴，而且注重为乡村振兴营造氛围。例如，在民间自发开展乡村社区美化竞赛的基础上，1961 年联邦德国将其转化为全国性的乡村竞赛制度，每三年举办一届“我们村庄更美丽”竞赛，2007 年更名为“我们村庄明天会更美好”竞赛，从注重村庄外在美转向注重内涵美。开展这个活动，既引起全社会对乡村发展的关注，也激发各个村庄建设美丽家园的积极性。近年来，我国一些地方自发开展了美丽乡村、星级农家乐等评比，近期农业农村部也在推动开展“中国农民丰收节”活动。应借鉴德国经验，对这些活动进行统筹谋划，围绕现阶段乡村振兴的核心内容设计赛事内容和规则，提高活动的实效性和影响力。

第六节　多模式推进中国的乡村产业融合

一、通过延伸产业链提升农业价值链

发展农业生产性服务业，鼓励开展代耕代种代收、大田托管、统防统治、

烘干储藏等市场化和专业化服务。完善农产品产地初加工补助政策，扩大实施区域和品种范围，初加工用电享受农用电政策。加强政策引导，支持农产品深加工发展，促进其向优势产区和关键物流节点集中，加快消化粮棉油库存。支持农村特色加工业发展，加快农产品冷链物流体系建设。支持优势产区产地批发市场建设，推进市场流通体系与储运加工布局有机衔接。在各省（自治区、直辖市）年度建设用地指标中单列一定比例。专门用于新型农业经营主体进行农产品加工、仓储物流、产地批发市场等辅助设施建设。健全农产品产地营销体系，推广农超、农企等形式的产销对接，鼓励在城市社区设立鲜活农产品直销网点。

坚持立足农业、振兴农村、惠及农民的方针，鼓励农村新型经营主体联动发展，延伸产业链、拉长供应链、提升价值链，将现代产业发展理念和组织管理方式引入农业。推动农业产前、产中、产后联动融合发展。鼓励种养企业和优势、特色农产品企业积极探索发展农业生产物资供给、技术与市场信息服务、农产品产地加工和农村特色加工业，推进农业发展方式转变。积极推进覆盖农业全产业链的标准化和品牌化建设，促进农业及相关产业提质增效。鼓励农产品产地加工企业建立农产品标准化原料基地和生产基地，稳定产业链利益联结机制。支持农产品流通企业培育农产品营销和流通品牌，创新流通方式、流通渠道，发展先进的产业业态和商业模式，建设农产品原料基地、发展农产品加工业，形成农产品流通品牌引领带动乡村产业链发展的格局。

实施地方特色食品加工业提升行动计划，扶持和培育一批地方特色美食和特色食品，实现产业化发展。鼓励发展林牧渔产品和加工业，促进农林渔复合型产业发展。推动地方乡村产业链与文化旅游、文化创意产业融合发展，开发体验式加工半成品和产成品项目，提升农业价值链功能。发展农产品产地直销店模式，纳入“万村千乡市场工程”和“新农村现代流通服务网络工程”改造提升行动，加快构建农村现代流通体系。推进农产品生产、产地初加工与产地直销渠道有效对接，推进农产品产地直销店规模化、标准化、网络化发展。鼓励农业经营主体与超市、学校、企业或城市社区对接，开拓产销直接对接流通渠道，降低农产品流通成本，提升乡村产业链价值空间。

二、大力发展现代农产品加工业和特色农业

以“粮头食尾”“农头工尾”为抓手，支持主产区依托县域形成农产品加工产业集群，尽可能把产业链留在县域，改变农村卖原料、城市搞加工的格局。支持发展适合家庭农场和农民合作社经营的农产品初加工，支持县域发展农产品精深加工，建成一批农产品专业村镇和加工强县。统筹农产品产地、集散地、销地批发市场建设，加强农产品物流骨干网络和冷链物流体系建设。培育乡村产业化龙头企业和联合体，推进现代乡村产业园、乡村产业融合发展示范园、乡村产业强镇建设。健全农村第一、第二、第三产业融合发展利益联结机制，让农民更多分享产业增值收益。

倡导“一村一品”“一县一业”。积极发展果菜茶、食用菌、杂粮杂豆、薯类、中药材、特色养殖、林特花卉苗木等产业，支持建设一批特色农产品优势区。创新发展具有民族和地域特色的乡村手工业，大力挖掘农村能工巧匠，培育一批家庭工场、手工作坊、乡村车间。健全特色农产品质量标准体系，强化农产品地理标志和商标保护，创响一批“土字号”“乡字号”特色产品品牌。

三、积极拓展农业的多种功能

积极开发农业多种功能，积极践行生产、生活、生态“三生融合”理念，挖掘农业和乡村的丰富价值内涵，提升农业的文化、科技、教育、旅游观光、休闲度假和运动养生等产业价值，推进农业与旅游、教育、文化、健康养老等产业深度融合。引导农村打造乡情文化特色节庆活动，开发乡村乡情及文化节庆衍生产品。加强农村人居环境工程建设，建设风景秀丽、文化丰富的美丽乡村，为发展休闲农业和乡村旅游业创造良好的发展环境，促进乡村文化设施建设，并助推城乡消费市场繁荣发展，丰富农村经济和产业发展内涵，

打造农民安居乐业的美丽乡村。建设一批具有历史、地域、民族特点的特色旅游村镇和乡村旅游示范村，有序发展新型乡村旅游休闲产品。鼓励有条件的地区发展智慧乡村游，提高网络营销能力。加强农村传统文化保护，合理开发农业文化遗产，大力推进农耕文化教育进校园，统筹利用现有资源建设农业教育基地和社会实践基地，引导公众特别是中小学生参与农业科普和农事体验。发展乡村旅游产业，促进农产品市场和农村消费、旅游市场有效对接。鼓励休闲农业和乡村旅游的文化融合、管理融合和商业模式融合。有序发展能源农业，为燃料乙醇、生物柴油发展提供原料支持，大力推广农林废弃物气化技术，发展生物质能源。

四、大力发展“互联网＋现代农业”

实施“互联网＋现代农业”行动，推进现代信息技术应用于农业生产、经营、管理和服务，鼓励对农田种植、畜禽养殖、渔业生产等进行物联网改造升级。鼓励采用大数据、云计算等技术，引进监测统计、分析预警、信息发布等先进信息技术手段，优化提升农业生产现代化和智能化水平，健全农业信息监测预警体系。推进新一代信息技术、生物技术等新兴技术对乡村产业进行交叉渗透和融合发展，加快乡村产业链的技术创新、业态创新和商业模式创新。推动科技、人文等元素融入农业，发展农田艺术景观、阳台农艺等创意农业。注重以消费者为中心的发展理念，以市场导向为引领，优化和升级农业生产方式和产业运作方式，提升科技含量和科技附加值，实现农业科技溢出效益，优先支持覆盖农业全产业链的科技创新和成果转化。促进生物技术与物联网、设施农业等技术的整合集成，培育农业发展方式转变的先行者。

鼓励发展农产品电子商务和乡村旅游电子商务，促进线上线下融合发展，完善配送及综合服务网络体系。引导电商、农业企业、行业协会、合作社和金融机构等参与农村电子商务网络建设，创新营销方式和商业模式，充分发挥农产品流通市场的网络经济效益和数字经济效益。支持农业企业、农业合作社和行业协会利用电子商务，加强农产品品牌建设、渠道建设和营销推广。

鼓励面向中高端城镇市场和超市，开拓生鲜农产品电商直采直销渠道，推广“田头市场＋电商企业＋城市终端配送”等营销模式，降低农产品流通成本，保证乡村产业链的经济利润空间，提升乡村产业经济效益，并促进乡村产业结构优化升级。支持电子商务行业协会发展，推进农村电商行业标准化、人员培训和诚信体系建设。创新农村电子商务监管方式，完善市场秩序。

在“互联网＋电商”领域，淘宝直播 2019 年 1 000 多亿元的销售额让所有人眼前一亮，快手、抖音等短视频平台也快速加入，京东、拼多多、苏宁易购等多家电商平台也进入了直播销售市场。2020 年疫情之后，农村电商领域的社交电商已成为县域经济新的增长点，直播带货、微商、社区团购、拼购等新模式、新业态在县域蓬勃兴起，手机变成了“新农具”，数据变成了“新农资”，直播变成了“新农活”。直播电商“全面上位”，农村直播电商、短视频电商空前火爆。黑龙江省虎林市市长化身为快递员参加音乐快板剧表演，推销“珍宝岛”牌大米，两小时收获 1 400 万次点赞，创造了一天近 400 万斤的预订销量纪录；广西桂平市市长在快手“百城县长直播助力”广西专场活动中，现场秀书法书写了“罗秀米粉”四个字，他还与直播主持人一起吃米粉、烫腐竹、涮火锅，做起了“吃播”，还宣传了桂平西山、龙潭国家森林公园等特色旅游资源，直播观看量达 315 万人次，现场下单数量达 5 766 单，销售金额达 33 万元；山东省商河县委常委、副县长创造了“10 秒卖出 100 个西瓜”“1 小时销售额突破 20 万元”“五一期间卖出 5 000 万元西瓜”的直播销售纪录；河南省镇平县副县王洪涛通过淘宝直播、快手短视频等形式，创造了“半小时售出黄桃近 3 000 单”“1 小时卖出平常数倍挂面”的好成绩。

因此，在“互联网＋现代农业”新时代，大力发展以“互联网＋乡村旅游”“互联网＋农村电商”为现代农业特色的数字经济，对促进乡村振兴、乡村产业融合具有积极的意义和价值。

五、培育多种产业融合经营主体

推进乡村产业融合发展，新型经营主体是发动机，必须按照政府扶持、市场作用、社会力量参与的多元化的经营主体格局，培育丰富多样的经营主体，充分发挥经营主体的引领带动作用，引导多种经营主体积极参与乡村产业融合发展，丰富产业融合发展模式和实践。农村三大产业融合发展需要具有较高水平和管理能力的新型农业经营主体为支撑，相比较于产业融合发展实践的需要，目前我国新型农业经营主体尚未得到充分的发展，很多地方农业资源“深在闺中”，缺少产业融合领头羊的引领，因此，需要加快培育一批技术和管理优良、示范带动能力强的新型农业经营主体。

首先，要提升家庭农场和专业大户的经营能力和经营规模，提高经营实力和竞争力，提升产业融合辐射带动能力，更好地发挥对产业融合的引领带动作用。支持家庭农场和专业大户发展和拓展产地初加工、精深加工和农产品营销渠道，鼓励其利用农村资源发展农产品加工业和乡村旅游业，提高家庭农场和专业大户的生产技术水平和经营管理水平，通过壮大经营主体实力，发挥带动普通农户参与农村三大产业融合发展的责任意识和带动能力。其次，要支持和扶持农业合作社的发展，并通过制度建设进行规范，充分发挥农业合作社农民组织化职能。鼓励农民合作社向农产品加工、营销物流、市场开拓等领域拓展，支持符合条件的农民合作组织向联合型、多功能性、组织化等服务功能发展，提升农民合作社组织农户、服务农户的功能。政府要从政策优惠和财政补贴等方面加大对农民合作社的支持力度，加强建设农民合作社技术支持，促进规模化经营、开拓市场、抵御市场风险。同时还要推进农民合作社的规范化和制度化建设，提高经营管理和组织化水平，使农民合作社真正服务于农户、服务于三农，真正能带动农民增收致富。再次，培育发展龙头企业，发挥引领带动作用。龙头企业是乡村产业化的天然主体，是产业融合经营主体中辐射带动能力最强、经营管理能力最强的经营主体，龙头企业在资金、技术、人才、管理、营销等方面具有突出优势，政府要加强对龙头企业在财税、金融、人才等方面的支持，鼓励龙头企业提升加工技术水平，面向全国乃至全世界寻找市场、建立市场销售网络，并不断拓展产业链，提升产业链的价值水平。当地政府要多方努力和支持龙头企业发展农产品精深加工、营销物流和电子商务，建设规模化、标准化的农产品生产基地，带动农户发展适度规模经营，龙头企业通过构建完善的利益合作模式与农户分工合作、利益共享、风险共担，充分发挥龙头企业在乡村产业融合发展中的领头羊作用。最后，鼓励社会资本力量投入乡村产业融合。搭建社会资本参与乡村产业融合的平台和渠道，同时保证社会资本力量合法、合规经营，并构建社会资本参与的合作机制，保障农民的利益。政府出台鼓励和扶持社会资本力量参与农村三大产业融合的政策，完善合作机制和利益联结模式，同时要完善社会资本进入乡村产业融合的公共服务体系，提升政务服务的便捷化和高效化，实现资源要素更好地流动和配置。

六、完善产业融合利益联结机制

良好的利益联结机制是乡村产业融合的利益联结纽带和支撑，推进农村三大产业融合需要建立健全而紧密的利益联结机制，而我国乡村产业融合利益联结机制尚处于起步阶段，需要政府、经营主体、社会化组织和农户多方努力，共同构建和完善利益联结机制。关于利益联结机制的构建，学者姜长云[106]提出要构建不同经营主体之间分工协作、优势互补、互惠共赢、风险共担的利益合作模式，各类经营主体之间激励相容，能激发不同经营主体参与乡村产业融合的主动性、积极性和创造性。

第一，探索创新发展多种利益联结形式，建立紧密的利益联结机制。拿订单农业来说，要创新发展订单农业合作模式，消除订单农业合作中农民的利益被弱化的问题，坚持平等互利、利益共享、风险共担的原则，提升农产品购销合同的合理性、公平性，通过法律制度建设规范订单合同内容，严格合同管理，提高合同履约率，加强合同监督制约，强化违约责任风险防控机制，建立利益共享、互利互惠、风险共担利益联结机制。第二，要鼓励发展农业合作股份制模式，要逐步开展土地和集体资产产权制度改革，促进农业合作股份制发展，鼓励探索土地承包经营权流转的实践和创新，逐步明确农村土地经营权和集体产权的确权和转让，促进经营权的流转和转让，探索农民以劳动、资本、经营权入股的合作模式，形成按股份分配产业融合利润的分配机制，实现农民权益合理的变现和收益，保障农民收入的稳定持续增长。第三，提升农业企业和农民合作社的社会责任意识，保障农民获得合理的利益。鼓励参与农村一二三产业融合的农业企业优先聘用当地农民，政府给与相应的鼓励政策和税收减免政策，鼓励企业给当地农民提供技术培训和就业、创业培训。引导农业企业充分发挥自身经营管理优势，带动农户规模化经营，提升农户的生产技术水平和经营能力，实现农户稳定增收。第三，健全风险防范机制。农业生产面临自然和市场双重风险，而农户抵御风险能力非常弱，因此要建立农业风险防范机制，规避让农民完全承担风险的不良现象，建立农业利益共享、风险共担合作模式，积极发展农业类保险，提升农户的风险抵御能力。

第七节　加快数字乡村建设　助力“互联网＋农业”发展

当今，世界正处在新一轮科技革命和产业变革蓄势待发的时期，以物联网、智能制造、人工智能、基因工程等新技术为代表的第四次工业革命已经拉开帷幕，世界经济步入数字化转型的快车道。社会发展脱离不了时代，推动中国农村发展，必然要置于数字化发展的时代浪潮中进行考量，只有让7亿左右的农村人知数字、懂数字、建数字、用数字，才能尽快缩小城乡的“数字鸿沟”，共享数字经济带来的红利，踏上致富幸福之路，绘就农业强、农村美、农民富的美好图景。数字乡村是什么？建设数字乡村的意义何在？

数字乡村是指乡村依托数字经济的发展，以现代信息网络为重要载体，以数字技术创新为乡村振兴的核心驱动力，实现乡村生产数据化、治理数据化与生活数据化，不断提高传统产业数字化、智能化水平，加速重构经济发展与农村治理模式的新型经济形态。数字乡村是伴随网络化、信息化和数字化在农业农村经济社会发展中的应用，以及农民现代信息技能的提高而内生的农业农村现代化发展和转型进程形态，既是乡村振兴的战略方向，也是建设数字中国的重要内容。加快推动数字乡村发展，着力弥合城乡“数字鸿沟”，对推进农业农村现代化，构建乡村数字治理新体系，培育信息时代新农民，走中国特色社会主义乡村振兴道路具有重要现实意义。

针对数字乡村建设，国家层面的政策、文件先后落地。2018 年 1 月，《中共中央、国务院关于实施乡村振兴战略的意见》明确提出，要实施数字乡村战略，做好整体规划设计，加快农村地区宽带网络和第四代移动通信网络覆盖步伐，开发适应“三农”特点的信息技术、产品、应用和服务，推动远程医疗、远程教育等应用普及，弥合城乡数字鸿沟；《国家乡村振兴战略规划（2018—2022 年）》也进一步明确了数字乡村建设的任务内容及实施方案；2019 年 5 月，中共中央办公厅、国务院办公厅印发了《数字乡村发展战略纲要》，要求各地区各部门结合实际认真贯彻落实。

为响应国家的《数字乡村发展战略纲要》，2020 年 4 月，河南省人民政府办公厅印发了《河南省人民政府办公厅关于加快推进农业信息化和数字乡村建设的实施意见》（豫政办〔2020〕10 号），提出“用 3 ~ 5 年时间，推动全省农业信息化和数字乡村建设取得重要进展，力争走在全国前列。全省农村固定宽带家庭普及率达到 90% 以上，移动宽带用户普及率达到 85% 以上，现代信息技术与农业农村发展深度融合，农业农村数据资源实现有效整合和开放共享，农业农村数字经济占农业农村整体经济比重进一步加大，乡村治理体系和治理能力现代化水平显著提升”的建设目标。广东省委办公厅和省政府办公厅于 2020 年 5 月印发的《广东省贯彻落实〈数字乡村发展战略纲要〉的实施意见》提出，到 2025 年，数字乡村建设取得重要进展，5G 网络实现农村重点区域普遍覆盖，培育形成一批特色农村电商典型企业，基本形成乡村智慧物流配送体系。浙江、贵州等省也都相继出台了政策文件。

综上所述，实施数字乡村战略应全面贯彻落实党的十九大精神，抓住数字经济建设和新一轮科技革命、产业变革的重大机遇，以创新引领、数据驱动为核心，以“数字产业化、产业数字化”为主线，以乡村为主战场，推进互联网、物联网、大数据、云计算、人工智能等新一代信息技术与农村实体经济的深度融合，积极培育新产业、新业态、新模式，大力打造数字化乡村治理新模式。本书在梳理数字乡村建设的相关政策、借鉴他人研究成果基础上，认为当下的中国已经拥有一定的信息经济产业基础、服务体系和发展生态，实施数字乡村战略正当其时，并给出建设策略如下。

一、通过数字乡村标杆进行示范、引领和带动

浙江乡村是中国乡村振兴的典范，可先行树立中国数字乡村建设标杆，进而在全国进行示范、引领和带动。首先，浙江乡村产业基础雄厚。电子商务作为数字经济的重要组成部分，在浙江乡村发展迅速；同时，在浙江，信息技术在乡村的融合渗透较为深入，不断推进传统产业的转型升级，大力推动了传统制造业向智能制造的转型升级，助推传统乡村实体经济进一步振兴。其次，浙江乡村服务体系完备。数字经济惠民成果在浙江乡村很普遍，农村商品、个体、企业、物流、服务等借助互联网技术整合到同一个平台，公有云、私有云、混合云、综合性数据平台建设齐头并进，城乡免费无线热点覆盖面广。最后，浙江乡村发展生态良好。从机关效能革命、建设政务服务，到“四张清单一张网”，再到“最多跑一次”改革，浙江乡村都是大数据时代重构政府管理模式的典范，政府城乡治理能力也在信息技术的驱动下加速提升。

二、以社区治理数字化带动乡村治理现代化

借助“互联网+”思维，建设涵盖社区在线、公众有效参与、法治自治德治融合的乡村社区治理数字化平台（图9-1）工程，实现乡村的村务、政务、事务、商务与服务在线化办理，通过信息公开、决策参与、咨询互动等途径提高村民的有效参与度，通过相辅相成的法治、自治、德治，实现“三治”融合，最终实现农村社区治理现代化。

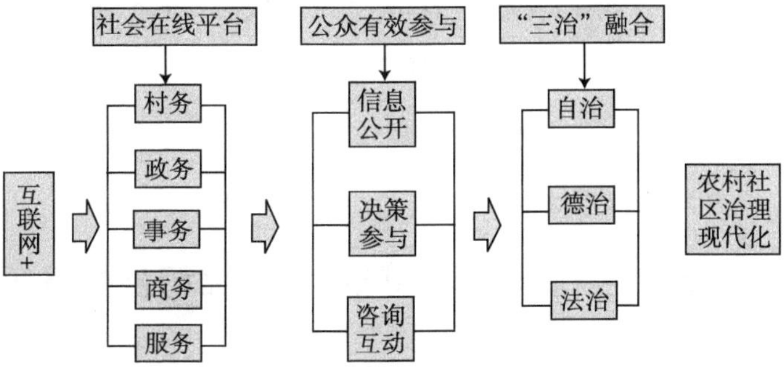

图9-1 基于“互联网+”的数字化乡村治理框架

三、大力实施乡村产业数字化建设工程

实施乡村产业数字化建设，驱动农业由生产导向转向需求导向，推进农村经济效率变革。利用现代信息技术加强农产品产地环境和投入品使用监测、产地安全保障与风险预警的网络化监控与诊断，实现农产品从“田间”到“舌尖”的全程监控，破解农产品同质竞争和“增产不增收”的难题；通过构建和完善“天空地”一体化的数据采集系统，加快建设农业农村数字资源体系；构建农产品质量安全追溯体系；发挥互联网连接人、连接商业、连接产业的作用，开发农业多种功能，延长产业链、提升价值链、完善利益链，加速农村第一、第二、第三产业融合，让农民合理分享全产业链增值的收益。

四、着力实施乡村生活数字化建设工程

首先，乡村生活数字化建设旨在推进“互联网+教育”“互联网+医疗”“互联网+文化”等的建设，通过使数据多跑路、农民少跑腿等途径，持续提升公共服务的便捷化、普惠化、均等化。其次，乡村生活数字化建设应抓住民生领域的突出矛盾和问题，坚持问题导向，强化民生服务，弥补民生短板，推进住房、就业、教育、社保、医药卫生、交通等领域大数据及智能技术的普及应用，深度开发各类便民应用。再次，乡村生活数字化建设应加强精准扶贫、生态环境领域的大数据运用，为打赢脱贫攻坚战和改善生态环境助力。

最后，乡村生活数字化还应把数字素养提升到战略高度，提高村民使用数字资源、数字工具的技能，进一步扩大数字生活领域。

第八节　完善乡村产业融合的政策保障和公共服务体系

推进乡村产业融合发展，要发挥好市场在资源配置中的决定性作用，同时政府要发挥积极引导、规划引领和政策保障的作用。政府的职能主要是通过规划引领、土地制度改革、财政税收、金融保险、科技政策、人才支持、市场监管、环境保护等政策措施，创造良好的制度保障和环境条件，为乡村产业融合发展提供制度支持和政策保障[68]。

一、创新管理体制

乡村产业融合发展涉及诸多部门和机构，需要从宏观上加强统筹协调和规划引导，打破部门分割和行业垄断，为产业融合发展创造良好的制度保障。在国家层面建立农村第一、第二、第三产业融合发展推进机构，负责农村第一、第二、第三产业融合发展规划编制、政策制定、区域协调、部门协调、推进实施、评价评估和监督指导，推动形成部门间有效协作机制，整合农业农村资源要素，发挥政府宏观规划和协调的作用。明确相关部门的职责分工、落实推进，改革部门相互独立、衔接和协调不够的问题，明确农业农村管理中发改、财政、农业、工信、商务、国土、环保、工商、科技、旅游、供销、银行、保险等相关部门的职责分工，并明确各部门工作任务，强化责任落实推进。各省级政府要结合实际情况，制订适合的农村第一、第二、第三产业加速融合发展的具体推进实施方案。

二、健全土地制度改革

土地是乡村产业融合发展的重要资源，既要破解农村土地流转的产权制度瓶颈，也要探索农地流转、集体建设用地制度改革等措施。稳定农户经营权，推进农村土地“三权分置”改革，支持和引导土地经营权有序、规范流转，在土地产权充分确权制度基础上，坚持依法、自愿、有偿的原则，允许和鼓励农民采取转包、出租、互换、抵押、入股等形式流转土地承包经营权。探索、创新土地流转方式，完善土地流转制度，培育农村服务中介组织，建立完善农村土地承包经营权流转市场和渠道，规范土地流转秩序，引导农民以土地承包经营权入股等方式参与产业融合模式。落实土地流转风险保证金制度，加强合同履约监督，建立土地流转纠纷调解仲裁体系和耕地质量监督检查机制，依法依规解决纠纷矛盾，保护合同双方合法权益。同时，要做好农村土地流转后农村劳动力转移，完善农民社会保障体系和养老制度建设。

三、加强财税政策支持

财税政策是推进乡村产业融合发展的重要保障，各级政府要加大产业融合发展的财政政策支持和税收优惠政策支持。加大财政资金对于乡村产业融合发展基础设施和公共服务的投入力度。扩大财政资金覆盖范围，完善对农产品加工企业、电子商务企业和乡村旅游企业的税收优惠政策，加大对农村基础设施改善的支持力度，通过税收优惠、财政补贴、专项扶持基金等方式，支持农业企业、农民合作社和新型农业经营主体开展技术提升、生产改进、科技推广、技术服务和营销推广等活动。

乡村产业融合最大的瓶颈是资金短缺，可设立乡村产业融合发展投资基金，农村第一、第二、第三产业融合发展投资基金作为支持乡村产业融合领域的专业性股权投资基金，通过引进先进基金管理模式，将股权投资与专业化管理相结合，发挥专业融资模式的作用，重点支持乡村产业融合领域有成长潜力和良好基础的企业。

四、完善金融保险政策

金融政策是推进乡村产业融合发展的重要支持政策，各地乡村产业融合普遍存在融资难的问题，要深化推进乡村产业融合，完善金融保险政策。

支持金融机构增加融资支持。完善农村农业金融服务体系，充分发挥农业农村政策性金融支持作用，增强商业性金融融资支持，进一步开放农村金融市场，降低社会资本进入农村金融市场的准入门槛，增加地方性金融机构对当地农村农业的支持力度，提高农村金融结构网点覆盖面。

完善落实农村信贷抵押担保政策。推进农村产权抵押制度的探索，探索集体经营性建设用地使用权、宅基地使用权、住房财产权等产权抵押的模式和制度创新，探索农村新型抵押担保方式。完善农村财产担保制度建设，鼓励各类担保机构为乡村产业融合提供融资担保服务，拓宽融资渠道。

五、健全农业科技和人才政策支持

加大对乡村产业融合发展需求的各类人才支持和培训力度，鼓励企业家、返乡大学生和返乡农民工等优秀人才到农村开展产业融合项目。加大农业类科技研发、推广的政策支持力度，提升农业优秀企业和优秀人才科技创新能力。建立农业人才培育和创新基金，对于参与产业融合发展的科技人员成效显著者，给予适当的奖励。改革农业科技成果转化收益分配机制，提高研发团队或科研人员在成果转化收益中的比例分配。鼓励高校、科研院所的农业技术人才对农业的科技扶持和指导，强化对农户科技知识和能力的培训和提升，制定政策鼓励外出务工人员和大学生返乡创业。加强对新型农业经营主体培训体系建设，完善新型职业农民教育培训体系。

六、加强基础设施建设和公共服务供给

完善的基础设施和公共服务是乡村产业融合发展的基础，是打造乡村产业特色优势的重要因素，同时也是吸引人才和资本资源的重要条件。基础设

施建设滞后是农村普遍存在的问题，乡村产业融合发展要补齐基础设施和公共服务短板。以推进城乡公共服务均等化为原则，建设好服务设施，提升公共服务和基础设施建设水平。

提升公共服务供给水平，要充分考虑为乡村生产生活服务的功能，合理布局建设学校、医疗卫生机构、文化体育场所等公共服务设施，提高公共服务的质量和水平，使农村居民能够享受更好的公共服务。提升教育资源配置和医疗资源配置，不断缩小与城市基本公共服务的差距。实施乡镇医疗卫生服务能力提升计划，提高乡镇医院的硬件设施和诊疗水平。大力提高教育教学质量，加快推进农村义务教提升工程，推动城乡教育资源的均等化，扩大优质教育资源覆盖面。

加强基础设施建设，第一，要按照适度超前、综合配套、集约利用的原则，加强农村道路、供水、供电、通信、污水垃圾处理、物流等基础设施建设，结合乡村振兴人居环境改善工程的实施，以治理垃圾和污水为重点，落实农村污水处理和垃圾处理设施建设，打造环境优美的人居环境；第二，加强交通基础设施建设；第三，加强农村信息基础设施建设，推动信息惠民工程的落实，加速光纤入户进程，建设高速通畅、服务便捷的宽带网络基础设施；第四，要聚焦居民生活，提升农村社区服务功能，合理布局农村的文化和娱乐实施，营造宜居宜业的人居环境。

七、优化营商环境，提升服务效能

为了更好地推进乡村产业融合发展，需要进一步优化营商环境。乡村振兴的核心是产业发展，产业的发展要遵循市场规律，政府与企业之间要建立良性互动的合作关系，遵循“政府引导、企业主体、市场化运作”的多元协作模式，政府要通过改革创新提高服务效能，农业企业应多关注产业运营。政府以制定规划、提供公共服务、搭建平台作为首要任务，为产业发展营造良好的平台和环境，鼓励市场资源参与产业开发和运营，集中精力做好发展定位、规划编制、基础设施、生态保护、公共服务和配套政策[107]。发挥政府强化规划引导、营造制度环境、提供设施服务等作用，顺势而为、因势利导，不要大包大揽。政府要明确产业定位并进行科学规划，努力争取国家、省级以及地方层面对乡村产业鼓励和扶持的优惠政策，努力创造良好政策环境，积极引导农业企业做出特色、做出品牌、做大做强，同时注重引导企业充分利用“互联网+”信息技术，推动旅游业、现代农业的融合发展，注重产业升级。企业和农户是乡村产业发展的主力军，政府要引导企业打造特色、有效投资、营销推广和提供优质产品，更好适应居民消费需求升级。提升乡镇政府行政审批和公共服务的便捷化和高效化，打造综合、便民和高效的基层政务服务平台，实行“一窗式受理”“一站式服务”。

八、提升乡村治理能力

十九大报告提出了要健全自治、法治、德治相结合的乡村治理体系，这是乡村产业融合和经济发展的基层领导保障，也是实现乡村振兴的组织保障，同时也是推进国家治理体系和治理能力现代化的重要方面。乡村产业融合是一个政府规划引领、市场多元力量参与的系统工程，尤其是产业融合发展，需要动员和协调社会各方面资源，单纯靠农业企业或农户是无能为力的，因此构建科学合理有效的乡村治理模式是实现产业融合的组织保障。

“三治结合”是针对当前农村基本国情而提出的具有较强针对性和操作性的乡村治理模式。[108]第一，要通过农村基层组织引导村民积极有序参与乡村事务决策和治理，提升广大村民政治参与意识，完善参与渠道和参与能力建设，使村民享有基层自治的参与权和监督权，保障村民政治参与的权利。第二，要继续强化乡村治理的法治建设。乡村社会利益阶层多元化，有不同的道德观念和认知，农村社会利益格局复杂，各种力量错综复杂，都会参与和影响基层治理和产业发展格局，同时影响资源使用权和利益分配格局，在这样一个阶层复杂、心态复杂且多元化的利益格局中，只有依靠法治才能保证乡村社会的和谐稳定发展。因此要通过法治来解决乡村经济社会发展所遇到的问题，要引导村民在法律框架下依法处理问题和从事经营活动，合理合法维护个人权益。同时乡镇政府和村干部应做好法制和政策宣传，做知法守法领头人，并自觉接受法治体系的监督检查，真正做到依法治理，形成尊法、守法的良好社会氛围。第三，要发挥德治在乡村治理中的重要作用，继承和发扬我国优秀传统文化美德，弘扬社会主义核心价值观，形成乡风文明、民风淳朴的优良社会氛围，注重乡村文化建设，实施乡村文化惠民工程建设，丰富村民的精神文化生活，提升村民的道德意识和道德责任感。重视新乡贤等优秀人才在乡村治理中的作用，发挥乡贤的道德感召力量和经济发展引导力，促进农村社会的和谐发展，为乡村产业融合发展提供良好的组织和领导保障。

参考文献

[1]R. H. Coase: The Nature of the Firm, Economic, New Series, Vol. 4, No. 16, (1937): pp. 386 –405.

[2]梁伟军. 交易成本理论视角的现代乡村产业融合发展机制研究[J]. 改革与战略, 2010, 26(10):87 –90.

[3]常耀中. 评林毅夫和张维迎之间的产业政策辩论——以交易成本理论视角[J]. 企业改革与管理, 2017(1):192 –193.

[4]吴悦, 周晓冬, 苏盈莹, 等. 交易成本理论下果品产业合作社规模优化研究——基于新疆库尔勒香梨合作社的分析[J]. 现代商贸工业, 2018, 39(15): 139 –141.

[5]肖小虹. 产业链理论研究综述[J]. 科技创业月刊, 2012, 25(12):74 –75.

[6]谭明交. 农村一二三产业融合发展:理论与实证研究[D]. 华中农业大学, 2016.

[7]王萍. 健全产业链　促进农村一二三产业融合发展[J]. 江苏农村经济, 2016(7):33 –34.

[8]朱啸枫, 张东玲, 陈景帅. 乡村产业链延伸、生产性服务业和农村教育耦合协调研究——基于山东省产业融合视角[J]. 青岛大学学报(自然科学版), 2020, 33(1): 62 –68.

[9]胡玉凤, 丁友强. 乡村产业融合背景下政府补贴对产业链增值的影响[J]. 财政研究, 2019(11):91 –101.

[10]付秀芸, 赵伶俐. 农村区域异质性与扶贫产业链式融合发展动力要素分析[J]. 南方农业, 2019, 13(21):83 –84.

[11][美]迈克尔·波特. 国家竞争优势[M]. 李明轩,邱如美,译. 北京:华夏出版社,2002:68.

[12]苏毅清，游玉婷，王志刚．农村一二三产业融合发展:理论探讨、现状分析与对策建议[J]．中国软科学，2016(8):17－28.

[13]易醇，张爱民．城乡一体化背景下的城乡产业融合协同发展模式研究[J]．软科学，2018，32(4):105－109.

[14]刘国斌，李博．农村一二三产业融合发展研究:理论基础、现实依据、作用机制及实现路径[J]．治理现代化研究，2019(4):39－46.

[15]王军民．中部地区乡村产业结构调整研究[M]．武汉:中国地质大学出版社，2009.

[16]靳相木，胡继连．有中国特色的乡村产业化理论[J]．调研世界，2000(5):7－10,13.

[17]芦千文．农村一二三产业融合发展的运行机理和理论阐释:例证皖省现代乡村产业化联合体[J]．山西农业大学学报(社会科学版)，2017，16(4):24－29.

[18]窦祥铭．发展乡村产业化联合体的理论阐释与个案分析[J]．甘肃广播电视大学学报，2019，29(4):68－73.

[19]马健．产业融合理论研究评述[J]．经济学动态,2002(5):78－81.

[20]陈世清.对称经济学术语表[EB/OL].光明网,2019－08－28[2020－04－26].

[21]李晓琴．基于“产业融合”理论的低碳旅游业态创新路径研究[J]．西南民族大学学报(人文社科版)，2016，37(2):126－130.

[22]孙军,高彦彦．“互联网＋”时代产业融合的理论范式与路径选择[J]．江海学刊，2017(5):228－233.

[23]周春波．文化产业与旅游产业融合动力:理论与实证[J]．企业经济，2018，37(8):146－151.

[24]荣慧艳．探索乡村产业融合发展的现实路径[J]．农村．农业．农民(B版)，2020(1):12－13.

[25]何立胜，李世新．产业融合与农业发展[J]．晋阳学刊，2005(1):37－40.

[26]赵海．论农村一二三产业融合发展[J]．农村经营管理，2015(7):26－29.

[27]王昕坤．产业融合——乡村产业化的新内涵[J]．农业现代化研究，2007(3):303－306 ＋ 321.

[28]]梁伟军．产业融合视角下的中国农业与相关产业融合发展研究[J]．科学经济社会，2011，29(4):12－17 ＋ 24.

[29]马晓河．推进农村一二三产业深度融合发展[J]．中国合作经济，2015(2)：43－44.

[30]宗锦耀．农村一二三产业融合发展理论与实践[M]．北京:中国农业出版社,2017.

[31]姜长云．推进农村一二三产业融合发展新题应有新解法[J]．中国发展观察，2015(2):18－22.

[32]乡村产业融合发展为乡村产业赋予新动能[EB/OL].2019－12－17[2019－12－17].http://www.moa.gov.cn/xw/bmdt/201912/t20191217_6333370.htm.

[33]范建华．乡村振兴战略的理论与实践[J]．思想战线，2018，44(3):149－163.

[34]魏后凯.中国农业农村经济形势分析及2019年预测[M].北京:社会学文献出版社,2018.

[35]国家统计局.农村经济持续发展,乡村振兴迈出大步[EB/OL].2019－9－10.https://www.sohu.com/a/340069131_293336.

[36]人民日报.乡村产业振兴　让农民有赚头[EB/OL].(2019－7－2).http://finance.people.com.cn/n1/2019/0702/c1004－31206999.html.

[37]农业农村部.乡村产业融合引领乡村产业高质量发展[EB/OL].2019－7－3.http://www.gov.cn/xinwen/2019－07－/03/content_5405560.htm.

[38]周阳敏，桑乾坤．乡村振兴战略背景下产业兴旺问题研究[J]．河南工业大学学报(社会科学版)，2018，14(6):49－54.

[39]李悦.产业经济学(第四版)[J].财经问题研究,2015(4),132.

[40]梁伟军．农业与相关产业融合发展研究[D]．武汉:华中农业大学，2010.

[41]王文涛．促进农村一二三产业融合发展的思考[J]．中国集体经济，2019(30):9－10.

[42]王乐君，寇广增．促进农村一二三产业融合发展的若干思考[J]．农业经济问题，2017，38(6):82－88＋3.

[43]林志鹏．乡村振兴战略需要坚持城乡融合发展的方向[J]．红旗文稿，2018

(18):23－24.

[44]金三林，曹丹丘，林晓莉．从城乡二元到城乡融合——新中国成立70年来城乡关系的演进及启示[J]．经济纵横，2019(8):13－19.

[45]韩晓莹．演进式视角下乡村产业融合发展的中国式探索[J]．商业经济研究，2017(5):189－192.

[46]姜长云．十八大以来党中央关于乡村产业融合思想的形成发展及创新价值[J]．全球化，2017(12):25－33,133－134.

[47]侯新，田诗卉，张晓丹．国内推进农村一二三产业融合发展的实践与启示[J]. 辽宁经济，2016(11):72－73.

[48]2019年湖南休闲农业经营主体近2万家,年营收预计480亿元[EB/OL]. 2019－7－3. https://k. sina. com. cn/article_2288064900_8861198402000ss9n. html.

[49]赵玮，韩高科．当前农村三大产业融合的理论及其影响研究[M]．长春:东北师范大学出版社，2018.

[50]于立．英国乡村发展政策的演变及启示[J]．中国乡村发现，2016(6):144－150.

[51]H. Plecher. Urbanization in the United Kingdom 2017 [EB/OL]. 2019－01－01 [2019－02－21]. http://www. statista. com/statistics/270369/urbanization－in－the－united－kingdom/.

[52]The World Factbook, urban population [EB/OL]. 2018－12－31[2019－02－21]. https://www. cia. gov/library/publications/theworld－factbook/fields/2212. html.

[53]Rocal J, Arellano. Defining rural areas [EB/OL]. 2017－03－15[2018－10－15]. https://assets. publishing. service. gov. uk/government/uploads/system/uploads/attachment_data/file/597751/Defining_rural_areas__Mar_2017_. pdf.

[54]虞志淳．英国乡村发展特色解析[J]．小城镇建设，2019，37(3):12－17.

[55]叶兴庆，程郁，于晓华．产业融合发展 推动村庄更新——德国乡村振兴经验启事[J]．资源导刊，2018(12):50－51.

[56]崔鲜花，朴英爱．韩国乡村产业融合发展模式、动力及其对中国的镜鉴[J]．当代经济研究，2019(11):85－93.

[57]金永烈,等.韩国农业的六次产业化和政策课题[M].首尔:金韩 M&B,2015:8 – 11.

[58]靳晓婷, 惠宁. 乡村振兴视角下的乡村产业融合动因及效应研究[J]. 行政管理改革, 2019(7):68 – 74.

[59]叶云, 汪发元, 裴潇. 信息技术产业与农村一二三产业融合:动力、演进与水平[J]. 农业经济与管理, 2018(5):20 – 29.

[60]潘启龙. “互联网 + 现代农业”的产业链融合创新分析[J]. 农业经济, 2017(3):9 – 11.

[61]杨海涛. 农村电商推动乡村产业结构转型升级研究[D]. 浙江海洋大学, 2017.

[62]张筑平. 农村区域电商发展的模式、问题及对策[J]. 商业经济研究, 2019(12):80 – 82.

[63]周冬, 叶睿. 农村电子商务发展的影响因素与政府的支持——基于模糊集定性比较分析的实证研究[J]. 农村经济, 2019(2):110 – 116.

[64]周莉莉, 苗银家, 蔡兰, 金朔, 王培, 郭依. 农村电商助力扶贫的作用途径——基于贵州多地的调研分析[J]. 江苏农业科学, 2018, 46(11):319 – 323.

[65]杨清清.2016 中国农村电商消费趋势报告发布:这些年,农民有啥“买卖经”?[N].21 世纪经济报道,2016 – 12 – 02(19).

[66]李云新, 戴紫芸, 丁士军. 农村一二三产业融合的农户增收效应研究——基于对 345 个农户调查的 PSM 分析[J]. 华中农业大学学报(社会科学版), 2017(4):37 – 44,146 – 147.

[67]傅晋华. 农产品加工企业依靠创新带动乡村产业融合的主要路径[J]. 科技中国, 2018(7):57 – 58.

[68]国家发展改革委宏观院和农经司课题组. 推进我国农村一二三产业融合发展问题研究[J]. 经济研究参考, 2016(4):3 – 28.

[69]国务院办公厅. 农村一二三产业融合发展年度报告(2017 年)[EB/OL]. 2018 – 04 – 20[2020 – 05 – 20]. https://www.gov.cn/xinwen/2018 – 04/02/5284269.html.

[70]肖卫东,杜志雄. 农村一二三产业融合:内涵要解、发展现状与未来思路[J].

西北农林科技大学学报(社会科学版),2019,19(6):120－129.

[71]蒋和平,杨东群．新中国成立70年来我国农业农村现代化发展成就？与未来发展思路和途径[J]．农业现代化研究，2019，40(5):711－720.

[72]李小云．乡村产业融合发展的演进趋势与推进策略[J]．学习论坛，2019(11):29－34.

[73]王南南．我国农村一二三产业融合发展问题研究[D]．东北师范大学,2018.

[74]农业农村部．推动我国农村以一二三产业融合发展助推乡村振兴[EB/OL]．2018－06－12[202－05－20].http://www.ocn.com.cn/touzi/chanye/201806/dvdom12203603.shtml.

[75]赵勇，郭亚然，李沛帆．我国城镇化进程中乡村建设发展的思考[J]．小城镇建设，2014(10):45－48.

[76]王兴国．推进农村一二三产业融合发展的思路与政策研究[J]．东岳论丛，2016，37(2):30－37.

[77]周振．原始农业与现代互联网技术的碰撞——当前“互联网＋农业”应用现状、问题与对策[J]．中国经贸导刊，2018(3)：56－59.

[78]李颖，胡可心，李伟．中国“互联网＋现代农业”面临的问题及分析[J]．中国集体经济，2019(31):4－5.

[79]张辉，李文纯．河南省“互联网＋现代农业”建设面临的问题及建议[J]．中国种业，2016(11):17－18.

[80]从乡村产业化到“三区”共建共享——解读乡村振兴背景下的“诸城模式”新内涵[J]．云南农业，2019(6):10－11.

[81]何立胜，李世新．产业融合与产业变革[J]．中州学刊，2004(6):59－62.

[82]段海波，曾福生．农业与相关产业融合的基本类型及促进措施[J]．湖南农业科学，2014(10):67－69.

[83]赵霞，韩一军，姜楠．农村三产融合:内涵界定、现实意义及驱动因素分析[J].农业经济问题，2017，38(4):49－57 ＋ 111.

[84]戴紫芸．组织一体化视角下农村一二三产业融合模式研究[J]．荆楚学刊，2017，18(3):46－51.

[85]赵海．论农村一二三产业融合发展[J]．农村经营管理，2015(7):26－29.

[86]夏英．乡村产业融合发展的路径和对策分析[J]．黑龙江粮食，2017(4):32－33.

[87]姜长云．推进农村一二三产业融合发展的路径和着力点[J]．中州学刊，2016(5):43－49.

[88]吕岩威,刘洋．农村一二三产业融合发展:实践模式、优劣比较与政策建议[J]．农村经济，2017(12):16－21.

[89]孙学立．农村一二三产业融合组织模式及其路径创新[J]．沈阳师范大学学报(社会科学版)，2018，42(1):57－63.

[90]陈卫东，汪建华，蒋军．安徽稻虾综合种养业迈入绿色高质量发展轨道的探索[J].中国国情国力，2020(2):42－44.

[91]刘艳丽．农村一二三产业融合发展模式分析[J]．南方农业，2018，12(31):62－65.

[92]付海英，童俊，闫伟昌．乡村产业融合发展动力与路径分析:以安顺市平坝区为例[J]．贵州农业科学，2017，45(12):157－161.

[93]覃津津．湖北农村一二三产业融合典型模式探析[J]．农村经济与科技，2019，30(17):191－192.

[94]西峡县人民政府．旅游概况[N]．西峡县人民政府网,2018－03－15.

[95]植草益．信息通讯业的产业融合[J]．中国工业经济，2001(2):24－27.

[96]李芸，陈俊红，陈慈．乡村产业融合评价指标体系研究及对北京市的应用[J]．科技管理研究，2017，37(4):55－63.

[97]蒋一井．乡村产业融合评价指标体系及应用——以北京市为例[J]．经济界，2017(2):83－90.

[98]蒋辉，张康洁，张怀英，刘兆阳．我国三次产业融合发展的时空分异特征[J].经济地理，2017，37(7):105－113.

[99]谭明交．农村一二三产业融合发展:理论与实证研究[D]．华中农业大学，2016.

[100]冯伟，石汝娟，夏虹，耿晴晴．农村一二三产业融合发展评价指标体系研

究[J].湖北农业科学,2016,55(21):5697－5701.

[101]姜峥．农村一二三产业融合发展水平评价、经济效应与对策研究[D]．东北农业大学，2018.

[102]梁伟军．农业与相关产业融合发展研究[D]．华中农业大学，2010.

[103]梁树广，马中东．乡村产业融合的关联度、路径与效应分析[J]．经济体制改革，2017(6):79－84.

[104]靳晓婷．基于 AHP 的资源型文化产业竞争力评价方法[J]．统计与决策，2013(10):81－84.

[105]范昊，景普秋．基于互动融合的中国城乡关联——共生发展区域测度研究[J]．商业研究，2018，496(8):51－60.

[106]姜长云．完善农村一二三产业融合发展的利益联结机制要拓宽视野[J]．中国发展观察,2016(02):42－43.

[107]金永亮．关于浙江创建特色小镇的实践及借鉴[J]．广东经济，2016(1):61－64.

[108]孙布克,潘晨光.关于现阶段我国乡村治理路径选择的思考[J]．农业经济，2019(1):43－42.

重要学术术语索引

C

产城融合　142

产业分工　11

产业链延伸　5

产业融合　2

产业兴旺　3

城乡均等化　83

城乡融合发展　20

D

订单农业　58

互联网+农业　125

G

股份合作　13

管理创新　124

J

交易成本　2

经营主体　8

L

利益联结机制　7

龙头企业　14

N

农民合作社　14

农民增收　11

农业电子商务　109

农业多功能拓展　134

乡村产业化　7

乡村产业集聚区　167

农业供给侧结构性改革　23

农业可持续发展　32

农业规模化经营　77

农业企业　68

农业增效　37

S

“三农”问题　20

生态环境　23

生态农业　12

生态宜居　9

数字乡村　119

X

乡村旅游　31

现代农业　7

乡村振兴　2

乡村治理　23

Z

智慧农业　48